방과후아동지도론

신혜영 · 유민임

창지사

머리말

여성의 경제 활동으로 맞벌이 가정이 증가하면서 방과후아동의 양육과 보호를 가정에서 수행하기 어려워 사회와 정부가 방과후아동지도에 관심을 가지게 되었다. 이러한 사회적 변화와 요구에 의해 방과후아동의 효율적이고 체계적인 지도를 위해 초등돌봄교실(교육부), 지역아동센터(보건복지부), 청소년방과후아카데미 사업(여성가족부) 등이 활발하게 전개되고 있다. 방과후아동지도는 그 대상이 되는 아동교육의 전반적 영역의 이해가 전제되어야 하며 방과 후에 아동들에게 어떤 내용을 어떻게 지도하는 것이 도움이 되는지에 대해 초점을 맞추어야 할 것이다.

1963년 8월 28일 워싱턴 링컨 기념관 앞에서 열린 인종차별에 대항하여 무저항 운동을 펼치던 마틴 루터 킹 목사는 광장에 모인 수많은 사람들 앞에서 "나에게는 꿈이 있습니다(I have a dream)."라는 명연설을 남겼다. 흑인도 백인과 똑같은 인간이며 동등한 삶을 영위하고 자유를 누리고 싶다는 소망을 담은 말이었다. 아이들도 마찬가지이다. 경제적인 형편을 이유로 방과 후에 방치되는 아이가 없도록 방과 후 운영되는 다양한 사업을 통하여 아이들이 꿈을 펼쳐 나갈 수 있도록 해야 한다. 이것이 방과후아동지도를 하는 우리 모두의 희망이다.

이 책은 16장으로 구성되어 있다. 1장 방과후아동지도에 대한 이해, 2장 방과후아동지도의 변천, 3장 국내의 방과후아동지도 현황, 4장에서는 외국의 방과후아동지도 현황을 살펴보았다. 5장 아동기 발달 특성, 6장 교수 학습 방법에 대한 이해, 7장 방과후아동지도 교사의 자격 및 양성, 8장 방과후아동지도 교사의 자질과 역할, 9장 방과후아동지도의 평가, 10장 방과후아동지도의 개선 방안에 대하여 기술되어 있다. 1장에서 10장까지는 방과후아동지도 프로그램 운영을 위한 이론적 기초를 다루었으며, 우리나라 방과후아동지도의 현실을 이해하는 것에 초점을 두어 기술되었다. 11장 방과후아동지도 프로그램의 운영, 12장 생활지도, 13장 숙제지도, 14장 건강 및 안전지도, 15장 문제 행동지도, 16장 성교육으로 방과후아동지도 운영에 요구되는 실제적 내용이다. 또 각 장별로 토의 및 발표 과제를 제시함으로써 방과후아동지도에 대한 개념과 실제적 운영 능력을 확립할 수 있도록 하였다.

부족하지만 본 교재가 방과후아동지도의 학문적 체제를 정립하는 데 일조하기를 바라는 마음이다. 또한 방과후아동지도를 담당하고 있는 모든 교사에게 지침이 되기를 바란다. 다양한 가족 형태와 여성의 사회참여 증가로 안전한 보호와 교육을 기반으로 한 방과후아동지도가 강조되고, 우리 사회의 주요 현안으로 떠오르고 있다. 따라서 방과후아동지도는 가정의 부모, 학교의 교사, 지역사회 및 방과후지도 교사가 연계하여 밝고 건강한 아동성장 환경을 마련해 주어야 한다.

출판에 애써주신 창지사 여러분들께 감사드린다.

2017년 4월

저자

차례

1

방과후아동지도에 대한 이해

AFTER SCHOOL PROGRAM

1. 방과후아동지도의 개념 및 대상

방과후아동지도는 초등돌봄교실, 방과후학교, 방과후과정, 방과후프로그램, 방과후보육, 방과후학교프로그램, 방과후아카데미, 방과후지역아동센터, 방과후교실 등의 용어로 혼용되고 있다. 이들을 통칭하여 사용되는 방과후아동지도의 개념은 맞벌이 부부가 많아진 현대 사회에서 방과 후 사회적 불안 요인에 노출되기 쉬운 아이들을 보살피고 교육해 정서적인 안정감을 제공하고 생활지도와 학습지도를 도와주는 것이다. 이는 학교에서 수업을 마치고 돌아와도 반겨주거나 돌봐줄 성인이 없는 아동을 위하여 제공되는 보육서비스이며, 어린이집 등의 유아교육시설, 지역사회기관, 교회 등의 종교시설과 초등학교와 같은 정규 교육 기관에서 방과 후에 아동이 성인의 보살핌을 받을 수 있는 모든 보육서비스를 일컫는다. 그러나 우리나라에서는 학령기 아동을 대상으로 하는 보습학원과 예체능을 포함한 특기지도, 과외 등 사교육 프로그램이 많아 방과후아동지도의 역할과 성격이 이들 프로그램과 유사하게 인식되기도 하지만 방과 후 프로그램은 이들과는 차별화된 프로그램이다.

일반적으로 방과후아동지도는 학령기 아동을 대상으로 학교 수업을 마친 후(after school), 학교 수업 시작 전(before school), 방학, 휴일 등에 아동을 안전하게 보호하는 것이다. 이는 아동의 사회적·정서적 발달을 도모하며, 학업성취 능력을 향상시키고, 가정과 같은 안락함을 제공해 준다. 맞벌이 부부와 한부모 가족 등 아동이 가정 내에서 보호받기 어려운 경우, 안정된 생활을 지원해주는 가족지원 서비스의 한 형태로 정의할 수 있다(양승희, 유지연, 조현정, 2012).

박선숙(1998)은 방과후아동 보육 프로그램을 before & after-school care를 일컫는 것으로 아동의 학습이나 기능 교육만을 실시하던 학습 프로그램과는 다른 일종의 보육 프로그램으로 보았다. 또한 취학 전 아동에서 학령기 아동으로 그 대상을 달리하였을 뿐 그들의 성장과 발달에 긍정적인 영향을 주는 교육(education), 보호(care), 보육(educare)의 개념으로 정의하였다. 또 서영숙 등은 방과후아동지도를 공식적인 학교 교육이 이루어지지 않는 방과 전·후나 방학 때 아동지도 전문가가 정규적으로 일정 시간을 학교를 포함한 공적으로 인정받은 기관이나 장소에서 아동이 건강하고 행복하게 생활할 수 있도록 보호·교육하는 것으로 보았다. 방과후아동지도는 제도교육과는 구별되는 자발적이고 자율적인, 그리고 휴식의 기능도 포함하는 활동을 통해 학교와 가정을 효율적으로 연결하는 역할을 한다(서영숙, 서혜전, 이향란, 김현자, 노성향, 안소영, 양윤이, 김진숙, 2014).

따라서 방과후아동지도는 부모가 직장을 다니고 있거나 질병, 사망, 이혼 등의 사유로 아동을 돌보지 못하여 방과 후에 혼자 지내거나 형제 자매와 지내야 하는 아동을 보호하고 교육하는 것을 말한다. 즉, 가정과 학교에서 필요로 하고 요구하는 보호와 교육의 미비점을 보완하여 아동을 보다 안전하게 보호하고 지도하는 것을 의미한다.

이러한 방과후아동지도의 주된 대상은 부모의 취업, 편부·편모 등 가정의 여러 이유로 방과 후에 부모의 보살핌을 받지 못해 많은 시간을 혼자 지내거나 형제 자매와 지내야 하는 아동들이다. 그러나 방과후아동지도는 특정 계층과 학년만을 대상으로 프로그램을 제공하는 것이 아니라 원하는 모든 아동, 즉 초등학교 전 학년이 그 지도 대상이라고 볼 수 있다.

2. 방과후아동지도의 필요성

우리 사회는 과거 어느 때와 비교할 수 없는 다양한 사회적 변화를 겪고 있으며 이러한 많은 사회적 변화 속에서 가정교육 기능의 약화가 가장 큰 문제가 되고 있다. 예로부터 가정은 자녀의 양육과 보호뿐 아니라 바른 생활습관 형성과 예의범절 전수 등의 중요한 교육적 기능을 담당했왔다. 그러나 사회가 다양화되면서 부모의 자녀양육 및 교육기능이 약화되어 가고 있는데 이는 핵가족화, 소자녀화 현상 등의 여러 가지 이유가 있지만 그중에서도 여성의 경제활동이 가장 큰 영향을 미치고 있다. 여성의 사회적 진출은 자녀를 돌보는 절대 시간 부족을 야기하여 모성 실조(mother deprivation) 현상이 일어나게 되었다.

핵가족화와 맞벌이의 증가로 시간에 쫓기며 사는 현대 부모들로 인해 유아교육의 대상 연령이 점차 낮아지고, 방과 후에 아이들이 보살핌을 받지 못하는 문제가 많이 발생하고 있다. 그럼에도 불구하고 여성의 사회 진출은 날로 증가하여 15세 이상 전체 여성인구 중 여성경제 활동참가율은 51.8%(통계청, 2015)이다. 1999년 이후 점진적인 경기 회복으로 2004년 49.9%, 2005년 50.1%로 최초로 50%를 넘어섰으며, 2009년 경제위기로 49.2% 수준으로 하락하였으나, 2010년 49.4%, 2015년 51.8%로 꾸준히 증가하고 있다. 따라서 현대 사회에서는 가족 구조와 가족 기능이 변화되어 자녀 양육 문제가 사회 공동의 문제로 인식되면서 사회적 양육의 필요성이 대두되고 있다. 또한 폭력과 안전사고 등에 노출되는 아동의 문제를 해결하기 위한 방안이 국가적 차원에서 모색되고 있다.

여성가족부 '제3차 가족실태조사' 결과에 의하면, 초등학생 3명 중 1명이 방과 후에 가족의 돌봄 없이 방치되는 '나 홀로 아동'인 것으로 나타났다. 초등생 자녀의 37%가 가족의 돌봄 없이 방과 후에 혼자 있는 것으로 나타났으며, 혼자 있는 시간은 1시간(16.8%), 2시간(10.3%), 4시간 이상(4.3%)의 순이었다. 급하게 자녀를 돌봐야 할 경우에는 부모(37.3%), 조부모(33.4), 친인척(9.1%)에게 주로 의존했고 도움을 받기 어렵다는 응답도 15.5%였다. 맞벌이를 하는 가정이 늘어나면서 방과 후부터 부모의 퇴근시간 전 사이에 도움이 필요하다는 의견이 많았다. 특히 한부모가정 자녀의 경우 63.7%가 나 홀로 아동으로 방치되는 것으로 나타나 '돌봄 공백'이 심각했다(세계일보, 2016. 2. 4).

방과 후 초등생 혼자 있는 시간(하루 평균)

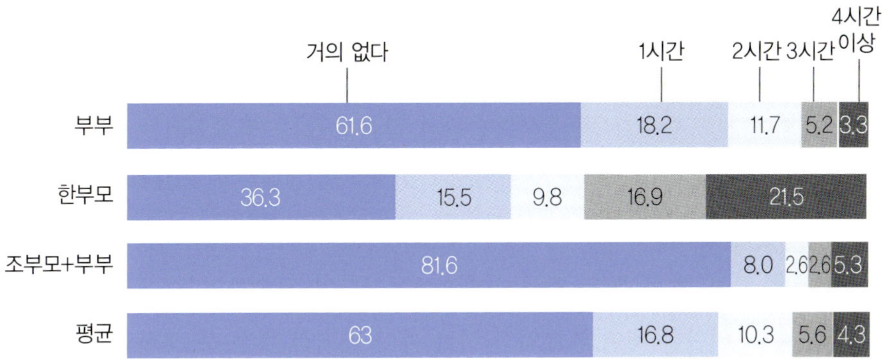

유아교육 단계에서 어린이집은 7:30~19:30까지의 운영을 기초로 하는 종일제 운영이 일반화되어 있어 방과후지도가 개별 어린이집 단위로 실천되고 있다. 유치원에서도 부모의 취업상태 및 요구에 따라 방과 후 과정을 운영하고 있으며 국가 지원도 이루어지고 있어 영유아기 아동에 대한 방과후지도는 제도적으로 실현되었다고 볼 수 있다.

영유아에 비해 초등학교 아동은 신체적·인지적으로 성숙하였고 하루 중 상당한 시간을 학교에서 지낸다는 이유로 상대적으로 보육의 사각지대에 놓여 있는 상황이다. 보통 초등학교 수업은 3시 이전에 끝나는데 부모가 직장에서 퇴근하는 저녁 시간까지 혼자 집에 있거나 학원을 전전하며 시간을 보내고 있어 각종 안전사고에 무방비 상태로 노출되어 있다. 따라서 유해한 성인문화와 접촉할 가능성이 높아서 청소년 비행으로 이어지는 부정적 결과를 초래할 가능성이 높다. Halpern(1992)은 성인의 보호 없이 혼자 지내는 아동은 사고 발생 확률이 높고, 특히 학령기 아동의 경우 유괴, 성폭행 등의 사건으로 신체적·정신적 상해를 입을 가능성이 높다고 하였다. 또한 자기 보호 아동의 경우 외로움과 지루함을 더 느끼며 격리감과 불안감도 크다고 하였다.

따라서 방과후아동지도의 필요성을 아동발달의 특성에 따른 요구, 가정의 변화 및 사회적 변화에 따른 요구로 나누어 볼 수 있다.

1) 아동의 발달 특성에 따른 요구

학령기 아동은 학습지도뿐 아니라 또래 관계와 사회성, 그리고 심리적 안정이 필요한 시기이다. 또한 기본적인 생활습관과 학습습관 등이 형성되는 중요한 시기이므로 적절한 방과후아동지도가 국가적·사회적으로 절실하게 필요하다. 형제 수의 감소로 인한 아동의 또래 관계와 또래 문화 형성, 그리고 가족과 이웃을 연결하는 공동체 문화 육성 등을 위해 방과후아동지도가 필요하며, 이에 방과후아동지도는 아동의 원만한 대인 관계와 건전한 자아 개념의 형성 등 사회적·정서적 발달을 도울 수 있을 것이다.

2) 가정의 변화에 따른 요구

첫째, 기혼 여성의 사회적 진출과 경제활동 증가로 혼자 있는 아동이 급격히 늘어 방과 후 돌봄의 기능이 요구되고 있다.

둘째, 산업화, 도시화로 자녀 양육의 기능이 취약한 한부모가정, 빈곤가정, 다문화 가정 등 다양한 가족의 형태가 늘고 있어 방과 후에도 적절한 돌봄과 가르침이 절실히 요구된다.

셋째, 핵가족화 및 외동이의 증가로 이들에 대한 과잉보호 양육태도 때문에 이기심 및 자기만이 최고라는 의식이 팽배하면서 바람직한 인성 형성에 큰 장애가 되고 있다. 따라서 방과후아동지도를 통해 또래 친구들과 어울려 지내며 타인에 대한 배려도 할 수 있도록 지도하는 것이 필요하다.

3) 사회적 변화에 따른 요구

첫째, 여성의 사회 참여 확대로 인해 맞벌이 부부가 증가하고 있다.

둘째, 많은 아동이 방과 후에 여러 가지 유해 환경에 그대로 노출되어 있다. 약물과 식품, 그리고 장난감 등 일상용품의 유해 요인뿐 아니라 유해한 대중 매체로부터 아동의 보호가 필요하다. 또한 아동의 경우 약물에 대한 중독이 매우 치명적이어서 단 1회의 본드 흡입으로도 뇌손상을 가져오는 수가 있으므로 유해 환경으로부터 몸과 마음을 보호하는 차원에서(심성경, 조순옥, 이정숙, 이춘자, 이선경, 이효숙, 2014) 방과후아동지도가 필요하다.

셋째, 아동권리에 대한 인식의 증가이다. 아동은 보호받아야 할 권리가 있으며, 민주시민으로 성장할 수 있도록 가정과 지역사회, 국가가 아동권리에 대한 인식을 가져야 한다는 점이 세계적으로 강조되고 있다.

넷째, 저출산·고령화로 인해 인구 절벽 문제에 당면하고 있는 우리나라는 그간의 출산장려와 함께 강력한 출산효율 정책이 필요하다. 즉, 우리 사회 성장동력의 근간이 되는 인구의 견실한 성장을 위해 학교부적응, 비행, 중도탈락의 예방과 회복이 요구된다(부산일보, 2010. 7. 22). 따라서 아동이 건강하고 우수한 인재로 자랄 수 있도록 하는 방안의 하나로 아동의 삶과 교육을 돌아보고 조정할 수 있는 질 높은 방과후아동지도가 필요하다.

3. 방과후아동지도의 목적

방과후아동지도의 목적은 방과 후에 성인의 보호 없이 지내는 아동을 위험하고 유해한 환경으로부터 보호하는 데 있다. 방과후아동에 대한 지도가 사회적 책임으로 확대되고 있어 아동의 요구를 충족하고 건강하고 안전하게 보낼 수 있도록 배려하는 것도 포함되어야 한다. 가정의 기능을 보완하여 아동들에게 가정과 같은 분위기를 만들어 주어야 한다. 또한 또래와의 생활 경험을 공유할 수 있도록 아동문화를 누릴 수 있는 기회를 제공하며 학교 교육 기능을 보충하는 숙제와 학습지도까지 포함하는 것이 방과후아동지도의 중요한 목적이다.

이옥(1994)은 방과후아동지도의 목적을 다섯 가지로 제시하고 있다.

첫째, 보육서비스가 없으면 자기 보호 아동일 수밖에 없는 학령기 아동에 대한 안전한 보호를 일차적 목적으로 한다. 장기간 자기 스스로를 돌보아야 하는 학령기 아동을 위하여 안전한 장소와 성인의 보호를 제공하는 것이다.

둘째, 방과후아동이 유해 환경에 노출되지 않도록 보호하며 건전한 생활환경을 제공하는 것이다.

셋째, 아동은 학습 과제 수행이나 사회적 기술을 습득해야 하는 발달 과제를 가지고 있으므로 적절하게 학업을 안내하고 지도해야 한다.

넷째, 학교에서 학습 활동과 집단생활 등 긴장된 상태로 일정 시간을 지내고 온 아동들에게 학습지도 외에 적절한 휴식과 레크리에이션을 마련하여 아동의 정서적·사회적 발달과 신체적 건강을 도모해야 한다.

다섯째, 방과후아동지도는 공동 육아라는 점에 초점을 맞추어, 공동 육아의 최대 이점인 지역사회의 공동체 활동을 실현할 수 있도록 아동들에게 보육 집단과 또래에 대한 소속감을 느끼게 하여 공동체 의식을 자연스럽게 심어주어야 한다.

또한 한국여성개발원(1996)에서는 방과후아동지도의 목적을 네 가지로 제시하고 있다.

첫째, 아동을 안전하게 보호한다.

둘째, 학교 교육을 보완하여 아동의 흥미와 욕구를 충족시키는 활동이나 생활지도 등을 통하여 아동의 건전한 사회·정서적 발달을 도모한다.

셋째, 학업 성취 능력 향상의 기회를 제공한다.

넷째, 아동의 부모 및 가족 전체의 안정되고 건전한 생활을 지원한다.

이를 종합해 보면, 방과후아동지도의 목적은 다음과 같다.

첫째, 방과후아동은 유해한 환경으로부터 안전하게 보호되어야 한다.

둘째, 방과 후에 적절한 성인의 보호를 받지 못하는 아동들의 신체적, 정서적,

인지적, 사회적 발달이 이루어질 수 있도록 돕는다.

셋째, 방과 후 또래와의 생활 경험 공유를 통해 사회적 기술 습득, 자기표현 학습, 책임감 향상 등의 기회를 제공할 수 있어야 한다.

넷째, 방과후아동지도는 학교 교육을 보완하는 기능으로 아동의 흥미와 욕구를 충족시킬 수 있는 교육적 경험 및 환경을 제공해야 한다.

다섯째, 부모가 안심하고 일할 수 있도록 생활습관지도, 학습과제 수행 보조, 숙제지도 등을 도와준다.

이러한 목적을 가진 방과후아동지도는 가정에서 느낄 수 있는 편안함과 안락함을 최대한 반영한 자유로운 분위기가 조성되어야 한다. 따라서 방과후아동지도는 아동의 자질을 개발할 수 있는 교육의 장을 마련해 주는 교육적 기능과 가족을 대신하여 아동을 적절히 보호하는 정서적 기능을 포함하는 포괄적이고 종합적인 목적을 가지고 있다.

토의 및 발표 과제

1. 방과후아동지도의 개념에 대하여 발표한다.
2. 방과후아동지도가 필요한 이유를 가정적 측면, 교육적 측면, 국가 · 사회적 측면에서 토론한다.

2

방과후아동지도의 변천

AFTER SCHOOL PROGRAM

방과후아동지도 사업의 변천 및 추진 경과를 시대적 흐름에 따라 1990년대 이전, 1990~1995년, 1996~2003년, 2004~2009년, 2010~2017년대로 구분하고자 한다. 이를 관계 부처별 내용을 중심으로 연차별로 살펴보면 다음과 같다(김재인, 유희정, 조연순, 박영애, 서영숙, 이옥, 이향란, 이순형, 최일섭, 이소은, 황혜신, 2000; 보건복지부, 2017; 여성가족부, 2016; 한국교육개발원, 2017).

1. 1990년대 이전(공부방 운영 시기)

방과후아동지도의 시발점은 공부방이라고 해도 과언이 아니다. '공부방'은 1980년대부터 각 지역에서 지역 탁아소를 시작한 실무자들이 중심이 되어 공단 및 빈민 지역 내에서 맞벌이 부모들이 출근한 후 집과 골목에 방치되고 있는 아이들을 안전하게 보호할 수 있는 공간을 제공하기 위해 시작되었다. 서울에서는 1983년에 하월곡동 〈산돌 공부방〉과 〈밤골아이네〉로부터 시작되었다. 이 무렵부터 인천, 대구, 부산 등의 대도시를 중심으로 전국적으로 공부방들이 생겨나기 시작하였다. 공부방은 저소득층 아동을 대상으로 하는 민간 주도의 시설로 초등 및 중등학교 학생들도 함께 돌보았다(http://swis.or.kr/).

2. 1990~1995년대(방과후아동지도 프로그램 개발기)

1) 1993~1994년

한국여성개발원에서 '방과후아동지도사 교육 프로그램 개발'을 통해 방과후아동지도의 필요성을 제시하고, 시범·운영을 통해 '방과후아동지도사' 66명을 수료·배출했다.

2) 1995년

한국여성개발원에서 1995년 10~12월까지 2개월간 서울 소재 2개 초등학교(안산, 상암) 교실을 개방하여 시범·운영을 하였다. 그 후 방과후아동지도 제도 도입 및 운영 방안을 위한 공청회 개최로 방과후아동지도 담당 주무 부처 선정과 관련 법 개정 등 제도 도입 방안에 관한 안이 마련되었다.

- 법 : 영유아보육법을 아동보육법으로 개정하자는 의견과 아동복지법의 제2조에 '방과후아동지도 시설'의 삽입 가능성 타진 의견이 나옴.
- 제도 : 보육교사 양성과정을 보육교사 과정과 방과후아동지도사 과정으로 분류해야 한다는 의견이 나옴.
- 주무 부처 : 교육부, 보건복지부, 문화관광부 등이 연계하여 협력적 관계 속에서 이루어져야 한다는 의견이 나옴.

세계화 추진위원회의 '여성 참여 확대 10대 과제' 중의 하나로 '방과후아동지도 제도 도입'이 정책으로 채택되었다.

3. 1996~2003년대(방과후아동지도 운영기)

1) 1996년

1996년 1월 주무 부처인 보건복지부에서는 「영유아보육법」 제16조에 근거하여 시행규칙을 개정 '방과후아동지도'를 보육교사 양성과정과 재교육 과정에 교과로 삽입하고, '방과후아동지도 시설 설치 규정'을 마련하였다. 또 6월에는 보건복지부에서 3개년에 걸쳐 공립 600개소, 사립 1,400개소로 총 2,000개소 설치 계획에 대한 '방과후아동지도 활성화 방안'을 발표하였다.

이러한 시행규칙의 개정으로 인해 '보육교사'가 방과후아동지도를 담당하게 됨으로써, 보육교사 양성과정에서 '방과후아동지도' 관련 교과가 16시간 배정되었고, 40시간의 '보육교사 재교육과정'이 마련되었다.

2) 1997년

한국여성개발원(삼성복지재단 후원)에서는 '방과후아동지도 프로그램'을 개발하여 방과후아동지도의 지표를 마련했다. 한국아동학회는 '방과후아동지도사' 관련 강의를 20시간 정도 교육시킨 후 수료증을 부여하였다.

3) 1998년

- 서울특별시에서는 '시민복지 5개년 계획' 중 '아동복지 5개년 계획'의 일환으로 초등학교 교실을 개방, 방과후아동지도를 실시할 계획(1개 구당 약 2개 학교 예정, 초등학교 25개소 개방 실시 및 예정)을 발표하였다.
- 보건복지부는 '방과후아동지도 시설 설치·운영 기준'과 '초등학교 내 방과후 보육시설 설치요령' 등 세부 지침을 마련하였으며, 「영유아보육법 시행규칙」 개정으로 보육교사 양성과정의 '방과후아동지도' 교과 시간을 16시간에서 20시간으로 늘렸다.
- 삼성복지재단과 한국여성개발원에서 개발한 『방과후아동지도 프로그램』 교재는 관련 교사 양성 및 아동 교실에서 교재로 활용되었다.
- 한국여성개발원에서 '농촌 지역 방과후아동지도 프로그램 시범 적용'이라는 연구를 하여 농촌 지역 방과후아동지도의 도입 및 운영 활성화 방안을 마련하였다.

4) 1999년

대통령 직속 여성특별위원회에서 '유망 여성 직종 자격증 개발' 연구의 일환으로 '방과후아동지도사'의 자격증 개발 관련 연구를 실시하였다.

5) 2000년

한국여성개발원에서 '방과후아동지도사 1, 2급 국가기술 자격종목 개발연구' 및 '방과후아동 보육실태 분석 및 종합대책 연구'를 수행하였다.

6) 2002년

2002년 보건복지부의 '방과후아동보육의 합리적 제도화 방안'과 한국산업인력공단에서의 '방과후아동지도사 1, 2급 국가기술 자격종목 개발연구보고서'가 제시되었다.

7) 2003년

2003년, 보육업무가 보건복지부에서 여성부로 이관됨에 따라 방과후아동 보육업무도 함께 이관되었으나, 여성부에서 영유아 보육업무만을 수행했기 때문에 방과후아동지도 시설을 운영하는 현장에서는 운영주체의 부재로 인한 불만이 야기되었다.

4. 2004~2009년대(방과후아동지도 활성화기)

1) 2004년

(1) 교육부

- 2004년 사교육 수요를 공교육으로 흡수하고자 하는 정책에 의해 교과 보충학습을 다시 적극적으로 도입하게 되었고, 이때 초등학교 저학년 '방과후교실' 도입 정책을 발표하고 28개교에서 시범·운영되었다. 더불어 방과후학교에 돌봄기능이 포함되기 시작하였다. 이에 따라 방과후아동지도는 교육인적자원부의 '방과후교실'과, 보건복지부의 '지역아동센터'를 통한 저소득층 아동의 방과후아동보육으로 정책화 시도를 하도록 잠정적으로 결정하였다.
- 서울시 교육청에서는 '에듀 케어(Edu-Care)의 확대 운영' 차원에서 초등학교 저학년 '방과후교실'을 신설 확대하였다.

(2) 보건복지부

- 아동복지법을 개정하여 '지역아동센터(구, 공부방)'를 아동복지시설로 법제화하고, 총 895개소에 23,347명의 아동을 대상으로 서비스를 지원하였다.

2) 2005년

(1) 교육부

- 2005년에 초등학교 저학년을 대상으로 전국 681개 학교에서 875개 방과후교실이 운영되었으며 2006년까지 1,000개교로 늘리고, 2008년까지 전국 초등학교의 50% 수준(2,500여 개 이상)으로 확대한다는 계획을 발표했다.

여기에 투입된 재정은 2005년 84억 원에서 2006년 459억 원으로 5.5배 증가한 금액이다. 방과후교실의 혜택을 받는 초등학생 수도 2005년 1만 5천 538명에서 2006년에는 2만 명 수준으로 증가할 전망이다(부산일보, 2005. 11. 28).

(2) 보건복지부

- 지역아동센터의 양적 증가로 전국에 1,709개소로 확대 운영되었다.

(3) 여성가족부

- 청소년위원회 주요 정책과제로 채택된 '청소년방과후아카데미' 시범 사업이 46개소에서 실시되었다.

3) 2006년

(1) 교육부

- 2006년, 정부는 방과 후 활성화 방안의 일환으로 2007년부터 전국 초·중·고교에서 피아노, 태권도, 인라인스케이트 등 각종 예체능 교육과 원어민 영어회화, 논술 등을 수강할 수 있는 '방과후학교'를 실시한다고 밝혔다.
- 교육부는 2008년까지 전국적으로 700여 개 학교가 방과후학교를 운영하게 될 것이라고 밝혔다(한국교직원신문, 2005. 11. 7). 이를 위해 '바우처(Voucher: 자유수강권) 제도'가 도입되었다. 바우처 제도를 통해 학생들은 수강권(쿠폰)으로 비영리기관이나 공공기관에서 운영하는 방과후학교를 선택해 수강할 수 있다. 정부는 이를 위해 2006년 도시 저소득층 지역과 농어촌 지역의 9개 시·군을 방과후학교 활성화 시범지역으로 선정해 135개교 4만 5천 명을 대상으로 바우처 모델을 개발하는 방안을 검토하고 있다(부산일보, 2006. 1. 31).

(2) 보건복지부

- 2006년 1월 '지역아동정보센터'를 설치·운영하였으며, 이를 통해 조사연구사업, 교육사업, 정보제공사업 등 종합적 운영·지원을 추진하였다.

(3) 여성가족부

- 청소년방과후아카데미 사업이 전국 100개소로 확대되었다.

4) 2007년

(1) 보건복지부

- 2007년 1월, 아동복지교사 지원사업 실시 및 '아동복지교사지원센터'를 설치·운영하여, 전문분야별 교육프로그램 지원을 위해 7개월간 2,700명의 아동복지교사를 파견하였다. 사업운영체계로 '아동복지교사지원센터(중앙 1, 권역 14)'를 설치·운영하였다.

(2) 여성가족부

- 청소년방과후아카데미 사업이 전국 150개소로 확대되었다.

5) 2008년

(1) 보건복지부

- 2008년 8월, '지역아동센터 시범평가'가 실시되었으며, 아동복지교사 지원사업은 계속사업으로 확대·운영되었다.

(2) 여성가족부

- 청소년방과후아카데미 사업이 지역별로 185개소로 확대 운영되었다.

6) 2009년

(1) 교육부

- 초등학교 교실을 야간까지 운영하는 종일돌봄교실을 300개교에서 시범 운영하였다.

(2) 보건복지부

- 전국의 총 3,224개소 지역아동센터 평가 및 컨설팅사업이 실시되었으며, 종사자 역량강화를 위한 교육을 실시하였다.

(3) 여성가족부

- 청소년방과후아카데미 사업이 사업평가 결과에 따른 운영 중단 제도를 도입하여 178개소로 축소되었다.

5. 2010~2017년대(방과후아동지도 정착기)

1) 2010년

(1) 교육부

- 2010년에는 초등돌봄교실로 명칭을 변경하고, 기존 방과후교실에서 저녁 시간을 연장한 종일돌봄이 시작되었다.

(2) 보건복지부

- 지역아동센터 평가 후 우수시설에 대한 운영비를 916개소, 월 30만 원 추가 지원하였다.

(3) 여성가족부

– 청소년방과후아카데미 사업이 사업평가 결과, 부실 운영 등의 이유로 161개소로 축소되었다.

2) 2011년

(1) 교육부

– 종일돌봄에 아침돌봄을 추가한 엄마 품 온종일 돌봄을 2011년에서 2013년부터 시범·운영하였다. 엄마 품 온종일 돌봄은 소외계층 자녀의 보호·교육 지원 확대로 맞벌이·저소득층 가정의 사교육비 부담 완화가 목적이었다. 또, 주 5일 수업제 전면 자율 도입에 따른 토요돌봄 수요의 흡수, 종일돌봄교실 운영에 필요한 인력을 채용함으로써 고학력 경력 단절 여성들의 일자리 창출에 기여하였다(서영숙, 서혜전, 이향란, 김현자, 노성향, 안소영, 양윤이, 김진숙, 2014). 아침돌봄은 6시 30분~9시까지, 오후돌봄은 방과 후~오후 5시, 저녁돌봄은 오후 5~10시까지이다.

(2) 보건복지부

– '지역아동센터지원단(중앙 1개소, 시도 15개소)'을 통합 설치·운영하였으며, 지역아동센터 평가우수시설 500개소에 인센티브를 지원하였다.

(3) 여성가족부

– 청소년방과후아카데미 사업이 200개소로 확대되었다.
– 청소년 기본법을 개정(추진 근거 마련)하고, 신규모형(특별지원: 장애, 다문화) 개발 및 시범·운영을 실시하였다.

3) 2012년

(1) 보건복지부

- '지역아동센터평가센터' 설치 및 3년 주기 제1기 평가체계를 구축하고, 평가우수시설 인센티브를 기능강화사업(거점형, 특수목적형)으로 변경하였다. 또, 학교의 주 5일제 전환에 따른 지역아동센터 토요 운영을 지원하였다.
- 2012년 8월, 「아동복지법 시행령·시행규칙」 개정을 통한 종사자 자격기준 및 시설 설치기준을 강화하였다. 10월에는 방과 후 돌봄서비스 관계 부처(복건복지부, 교육부, 여성가족부, 안전행정부) 간 업무협약 체결을 실시하였다.

4) 2013년

(1) 교육부

- 초등 방과 후 돌봄 강화 모델학교 78개교가 시범·운영되었으며, 방과 후 돌봄서비스 범정부 통합 지원 시범·운영이 6개 지역(서울 노원구, 부산 서구, 울산 울주군, 경기 성남시, 전북 진안군, 전남 나주시)에서 이루어졌다.

(2) 보건복지부

- 방과 후 돌봄서비스와의 연계로 종합적 지원·관리체계를 마련하고, 지역아동센터 맞춤형 사회복지시설 정보시스템 고도화를 구축하였다.

5) 2014년

(1) 교육부

- 초등학교 1~2학년 희망 학생 대상 돌봄교실을 운영하고, 2014~2015년에 걸쳐 17개교 대상 초등돌봄 연구학교를 운영하였다.
- 초등돌봄교실 추가 설치 및 운영 내실화 추진, 프로그램 운영을 위한 재료비 및 저녁돌봄 안전관리 시스템 및 보조인력 지원을 하였으며, 2014년 8~10월, 3회에 걸쳐 만족도 높은 2015년 초등돌봄교실 운영 방안 모색을 위한 토론회를 개최하였다.
- 2014년 12월, '2015년 만족도 높은 초등돌봄교실 운영 계획'을 수립하였다.

(2) 보건복지부

- 지역아동센터 1기(2012~2014년) 시설평가 완료, 표준 프로그램 개발, 지역아동센터 아동패널 구축 및 조사가 실시되었다.

(3) 여성가족부

- 청소년방과후아카데미 사업이 200개소에서 운영되었다.
- 지역돌봄협의체 구성 및 우수운영기관 5개 기관에 대한 시상을 하였다.

6) 2015년

(1) 교육부

- 돌봄이 필요한 맞벌이, 저소득층, 한부모가정 학생 대상으로 만족도 높은 돌봄교실을 운영하고, 1~2학년 중심 돌봄교실 운영 및 3학년 이상 방과후학교 연계형 돌봄교실을 운영하였다.

- 돌봄전담사를 위한 원격 연수자료를 개발·활용하였으며, '2016년 초등돌봄교실 운영 방안 모색을 위한 정책토론회'를 개최하였다.

(2) 보건복지부

- 지역아동센터 2기(2015~2017년) 평가지표를 마련하고, 지역별 돌봄계획 지표를 개발하였으며, 사회복지시설 정보시스템 전국 실태조사를 실시하였다.

(3) 여성가족부

- 조손가정, 다문화가정 및 세 자녀 이상 가정 청소년으로 참가 대상을 확대하였으며, 운영전담인력의 인건비를 인상하였다.
- 2015년 4월, 국무조정실 유사 중복 사회보장사업 조정회의를 통하여 방과후아카데미는 중학생 중심으로 특화(사업 간 연계·범위 조정)하였다.

7) 2016년

(1) 교육부

- 2016년 1월, '2016년도 초등돌봄교실 운영 방안'을 수립하였으며, 학년 특성을 반영한 돌봄교실 운영으로 전 학년 돌봄을 완성하였다.
- 2016년 9월, 저학년 아동을 위한 돌봄교실 놀이 프로그램 표준 모델을 개발·보급하였다.

(2) 보건복지부

- 지역아동센터 신규 및 기존 종사자 교육과정 차별화로 의무교육을 강화하고, 지역별 돌봄계획 수립 지원을 위한 시·도별 컨설팅을 실시하였으며, 방과 후 돌봄 연계체계 활성화 방안을 마련하였다.

8) 2017년

(1) 교육부

- 2017년 1월, '2017년 초등돌봄교실 운영 방안'을 수립하였으며, 2월에는 초등돌봄교실 돌봄전담사 우수사례 발굴 및 보급을 하였다.

초등돌봄교실은 2013년까지는 1~6학년의 학생들이 모두 해당되었지만 2014년부터는 돌봄 시간에 따라 유형이 달라졌다. 오후돌봄은 저학년(1~2학년) 모든 희망자가 위주로 편성되었으며, 그 위 학년인 3~6학년은 저소득층과 한부모가정을 우선으로 하고, 저녁돌봄에는 꼭 필요한 대상자들만을 대상으로 하였다. 2015년부터 초등학교 돌봄교실의 필요성이 커지면서 학년에 상관없이 확대되고 있는 추세이다.

토의 및 발표 과제

1. 방과후아동지도의 역사에 대하여 조사·발표한다.
2. 기관별로 운영되는 방과후아동지도의 장 · 단점에 대하여 토론한다.

3

국내의 방과후아동지도 현황

AFTER SCHOOL PROGRAM

영유아교육의 양적 성장에 따라 사회와 정부가 초등학교 방과후 아동에 대해 관심을 가지기 시작한 것은 국내·외를 막론하고 그 역사가 매우 짧다. 1980년대 저소득층 등 사회적·경제적으로 취약한 계층이 밀집된 지역에서 발생하는 아동 문제에 관심을 가지고 있던 개인이나 민간단체가 지역사회를 위한 봉사 활동의 일환으로 시작한 '공부방'이 우리나라 방과후아동지도의 시작이었다고 볼 수 있다. 그러나 개인과 민간단체 주도의 방과후아동지도는 미미한 수준이었고, 우리나라에서 방과후아동지도에 대한 필요성이 제기되어 이에 대한 사회와 정부 주도의 노력은 1990년대부터 시작되었다.

특히 1995년 5·31 교육개혁위원회의 교육개혁방안에서 방과 후 특기적성 활동으로 제안되었다. 1996년 '방과 후 교육활동 활성화 방안'을 통해 의무적으로 운영하던 보충수업을 폐지하고 사교육을 교내에서 저렴하게 시행하고자 운영되었다. 그러나 시행과정에서 특기적성 계발보다는 학교 교육에 도움이 되는 교과활동 위주의 운영 문제로 인하여 1999년 '특기적성교육 활동'으로 명칭을 변경했다. 2004년 사교육 수요를 공교육으로 흡수하고자 하는 정책에 의해 교과 보충학습을 다시 적극적으로 도입하게 되었다. 또한 방과후학교에 돌봄기능이 포함되기 시작해 '방과후교실' 도입 정책이 발표되어 28개교에서 시범적으로 운영되었다. 2009년에는 야간돌봄으로 확대하여 종일돌봄교실로 개편, 2010년 초등돌봄교실로 명칭을 변경한 이후 20여 년 동안 양적 성장을 해왔다.

보건복지부 식품의약품안전처 조사에 따르면 15~19세 청소년 중 80%가량이 최근 6개월 사이에 술을 마신 적이 있다고 응답하였다. 10대 청소년의 음주율 또한 2013년 16.3%에서 2015년 16.7%로 나타나 다소 높아진 것으로 드러났다. 대한소아과학회에 따르면 음주경험이 있는 청소년의 25.2%는 사흘에 한 번 이상 술을 마시고, 음주량도 적지 않아 한 번 마실 때 소주 5잔(맥주의 경우 3병, 양주는 5잔) 이상 마신다는 경우가 무려 43.5%에 달했다. 음주만큼이나 흡연 청소년 비율도 만만치 않다. 교육부가 최근 국회에 제출한 자료에 따르면 지난해 흡연으로 인해 학교에서 징계를 받은 청소년은 중학생이 1만 2천 22명, 고등학생이 3만 3천

122명이었다(영남일보, 2016. 12. 6).

전국교직원노동조합 산하기구인 참교육연구에서 조사한 〈어린이들의 문화 및 생활실태〉 보고서에 따르면, 10명 중 5명의 어린이는 평일 아침식사를 부모님 없이 형제(자매) 혹은 혼자 식사를 하거나 거르는 것으로 나타났다. 아침을 부모님과 함께 먹는 어린이는 50.2%로 나타났다. 전체 어린이의 60.6%가 2시간 이상 학원에 다니며, 어린이들이 방과 후에 가장 많은 시간을 보내는 곳은 '학원'이었다. 그 다음으로 공부하기(숙제 포함, 29.1%), 스마트폰(27.1%), TV 시청(24.2%) 순으로 나타났다. 반면, 방과 후 가장 많은 시간을 보내고 있는 학원이 즐겁다고 답한 어린이는 3.5%에 그쳤다. 학원에 다니는 것이 어린이들의 자발적 요구라기보다는 어른들의 필요에 따른 상황임을 반영한 것이다. 결국, 경제 수준이 어려운 가정의 어린이들은 스마트폰을 사용하거나 집에 혼자 있기, 집 밖을 돌아다니는 비율이 그렇지 않은 어린이들보다 높았다. 이는 부모가 경제활동을 하느라 방과 후에 어린이 혼자 있는 시간이 많아 스마트폰 사용 및 친구들과 어울려 집 밖을 돌아다니는 것으로 보인다(대전투데이, 2014. 5. 6.).

이처럼 부모의 관리와 지도를 벗어난 아동과 청소년의 비행 문제, 사교육비로 인한 가계 부담이 방과후아동지도를 더욱 절실하게 요구하고 있다고 할 수 있다.

1. 공부방의 방과후아동지도

1970년대 우리 사회의 산업화·도시화는 여성 인력 수요를 증대시켰고, 이로 인해 대도시의 저소득층 지역에서 1980년대부터 시작된 보육 운동은 1991년 「영유아보육법」 제정 전까지 맞벌이 가정의 방치된 영유아를 대상으로 활발하게 전개되었다. 공부방 초기에는 민간단체, 종교단체, 지역사회 운동단체 등의 자원봉사자들이 영유아 보육에 관심을 가지고 시작하였으나 점차 학령기 아동의 방과 전·후 생활지도를 위한 시설로서 저소득층 맞벌이 가정의 자녀를 대상으로 운영되어 왔다.

이렇게 공부방은 열악한 공단 및 빈민지역, 농어촌과 탄광 지역의 빈곤 아동과 청소년들이 대상이었다. 이들에게 학습지도와 특별활동, 자치회 활동, 생활지도, 상담 등을 통해서 아동 개인에 대한 문제, 나아가 가정과 지역 그리고 사회문제 등을 총체적으로 고려하여 열악한 현실을 극복할 수 있도록 폭넓은 교육활동을 수행해 왔다. 공부방은 복지관, 종교단체, 시민단체, 개인 등의 운영주체에 따라 설립 배경과 운영 방식에 다소 차이가 있다. 그러나 가난한 아동들의 보호, 교육 및 그들의 권리 회복과 건강한 인격 형성을 위해 활동한다는 일치된 목적을 기반으로 한다. 이들 기관은 서로의 차이를 뛰어넘어 상호 연대는 물론 지역사회와의 유기적인 연대를 형성하면서 활동하고 있다.

민간 공부방은 1984년부터 시작되어 1989년 서울 지역 공부방 연합회가 발족되면서 더욱 활발하게 전개되어 왔다. 공부방은 대개 공단이나 저소득층 지역에 위치하고 있으며, 20여 평의 공간에 약 10~30명 이상의 아동을 돌보고 있다. 학년별로 나누어 지도하기는 하지만, 공간이 협소해 충분한 활동을 할 수 있는 면적을 확보하지 못하고 있는 실정이다. 공부방 교사들은 연합회를 통하여 분기별로 주로 아동 교육, 과목별 학습지도 방법, 생활지도와 상담 등에 대해 교육받는다.

공부방은 월요일에서 금요일까지 방과후아동을 대상으로 하루 3~4시간 동안 학년별로 나누어 실시하고 있다. 공부방은 민간 차원의 비공식 시설이어서 운영 상태에 대한 정확한 파악은 어렵지만 대체로 전담 교사와 자원봉사자들이 교대로 숙제지도와 생활지도, 그리고 여러 가지 활동들을 지도하고 있다. 최근까지 파악된 공부방 형태의 방과후아동지도 시설은 서울 지역에만 130여 개소가 있는 것으로 추정되고 있다. 그중에서 30개의 민간 공부방 시설이 '공부방 연합회'를 구성하여 학령기 아동의 방과후지도에 대한 문제를 공동으로 대처해 나가고 있다(이옥, 노성향, 1996).

공부방은 설립 주체와 목적이 매우 다양하고, 시설과 프로그램도 다르기 때문에 일반적으로 다음과 같은 특징을 가지고 있다(이옥 외, 1996).

첫째, 저소득층 맞벌이 가정의 학령기 아동을 대상으로 한 방과후아동지도 시설이지만 초등학교에 재학 중인 아동만이 아니라 중등학교에 다니는 청소년을 위한 학습실을 겸하고 있는 곳도 있다.

둘째, 재정 상태가 열악하여 독자적인 건물에 방과후아동지도 시설을 가지고 있지 못하고 주로 일반 주택의 일부를 임대하여 사용하고 있다.

셋째, 담당 보육교사가 전문가라기보다는 자원봉사자들이 많아 아동지도 경험과 전문지식 면에서 아동보육 전문가의 도움이 필요한 경우가 많다. 그러나 방과후아동지도 교사들의 열의와 지역사회에서의 공부방 운영 경험은 아동과 가족의 요구에 부응하면서 지역사회자원을 동원하는 보육 운동에 큰 자원이 될 수 있을 것으로 여겨진다.

공부방이 어느 부분에 더 큰 비중을 두고 활동하는가에 따라 분류하면 다음과 같다(이경화, 고진영, 2001).

■ 학습지도 중심형

학원에 보낼 처지가 아닌 영세 지역의 특성상 주로 중·고등학생을 대상으로 하는 공부방에서는 자녀의 학습지도에 대한 욕구가 높다. 또 공부방이 협소한 경우, 대상 아동이 많기 때문에 경우에 따라 하루 2시간 정도 학년별로 운영한다. 이러한 공부방의 경우에는 학습지도를 주로 하며 생활습관 교육이나 기타 특별활동은 사정에 따라 융통성 있게 진행하고 있다.

■ 특별활동 중심형

매일의 프로그램을 특별활동 중심으로 이끌어가는 형태이다. 즉, 월요일에는 신문 활용 교육, 화요일에는 과학 교육 등 요일별로 다른 프로그램이 운영되는데, 다양한 욕구를 가진 아동에게는 좋은 방법이 될 수 있다.

■ 보육활동 중심형

초등학교 아동을 중심 대상으로 하는 공부방의 유형이다. 즉, 자기 보호 기술이 부족한 초등학교 아동에게 안전한 보호와 건전한 생각을 할 수 있도록 하며 숙제지도를 통해 학습 의욕을 고취시킨다. 보육활동 중심형은 종일 프로그램으로 구성한다.

위의 세 가지 유형의 공부방은 재정적으로 열악한 상황이므로 여러 가지 주변의 환경적인 영향을 많이 받을 수 있다. 따라서 공부방은 장소와 인적 자원 그리고 아동의 상황에 따라 융통성 있게 변화·발전할 수 있다는 장점이 있다.

2. 국내의 방과후아동지도 유형

사회적 변화와 요구에 의해 시행되어 온 방과후아동의 효율적이고 체계적인 지도를 위해 교육부의 초등돌봄교실, 보건복지부의 지역아동센터, 여성가족부의 청소년방과후아카데미 사업 등이 활발하게 전개되고 있다. 교육부의 초등돌봄교실은 초기에는 초등학교 저학년이 주요 대상이었으나 2016년부터 전 학년을 대상으로 확대하여 방과후돌봄교실에서 교육서비스와 함께 돌봄서비스를 제공하고 있다.

보건복지부에서 지원하고 있는 지역아동센터는 지역사회 아동의 보호, 교육, 건전한 놀이와 오락을 제공하고 보호자와 지역사회가 연계되어 종합적인 아동복지 서비스를 제공하고 있다. 또 여성가족부에서 지원하고 있는 청소년방과후아카데미는 학교와 가정, 지역사회가 연계하여 방과 후 돌봄이 필요한 '나 홀로 청소년'을 대상으로 가정과 공교육의 기능을 보완하는 공적 서비스이다. 주관 부서는 다르지만 정부 부처와 지역사회가 방과 후에 홀로 있는 아동을 대상으로 다양한 사업을 수요자 중심으로 전개하고 있는 것은 매우 바람직한 일이다.

방과후아동지도는 초등학교에서도 실시되던 '초등학교 방과후교육활동'에서 하루 1~2시간 컴퓨터 및 영어 회화 등을 실시하거나 종합사회복지관 등에서 운영하는 프로그램 위주의 교육이 대부분이었다. 2000년대에는 종합사회복지관, 어린이집, 초등학교의 공부방은 총 21,348개소가 있으나 방과후아동지도를 하고 있는 시설은 533개소에 불과했다. 종합사회복지관에서 운영하는 방과후아동지도 시설 273개소, 보육시설인 어린이집에서 121개소, 초등학교에서 운영하는 방과후교실이 24개소, 그리고 공부방 형태로 운영되는 시설이 115개소가 있었다(김재인 외, 2000).

2004년 교육인적자원부는 저소득층과 맞벌이 가정의 자녀 등을 위한 방과후아동지도를 위해 방과후교실을 운영하기로 하였다. 이를 위해 16개 시·도 교육청에서 시범학교를 지정하여 운영하였으며, 현재는 초등돌봄교실이라는 명칭으로 운영되고 있다.

초등돌봄교실은 학교의 방과 후 돌봄서비스 강화를 통해 돌봄수요를 충족하고, 부처별로 운영되는 기관과의 연계를 통해 아동과 학부모가 만족하는 질 높고 안전한 돌봄서비스 중복 및 사각지대를 해소하고자 노력하고 있다.

각 부처에서 운영되는 교육부의 초등돌봄교실, 보건복지부의 지역아동센터, 여성가족부의 청소년방과후아카데미를 구체적으로 살펴보면 다음과 같다(교육부 보도자료, 2017; 보건복지부, 2015, 2017; 여성가족부, 2015a, 2015b; 한국교육개발원, 2017).

1) 초등돌봄교실

(1) 개념

초등돌봄교실과 방과후학교 연계형 돌봄교실로 나누어 살펴보면, 초등돌봄교실'은 별도 시설(전용 또는 겸용교실 등)이 갖추어진 공간에서 돌봄이 필요한 아동을 대상으로 정규수업 이외에 이루어지는 돌봄활동을 말한다.

'방과후학교 연계형 돌봄교실'은 방과 후 돌봄이 필요한 3~6학년 맞벌이, 저소득층, 한부모가정 등의 학생 중 방과후학교 프로그램에 참여하면서, 돌봄교실을 이용하지 않는 아동을 대상으로 일반교실 등에서 이루어지는 방과후돌봄활동을 말한다. 초등돌봄교실 홈페이지 주소는 http://www.afterschool.go.kr이다.

(2) 대상

- 오후돌봄: 1~2학년은 돌봄교실에서 맞벌이, 저소득층, 한부모가정 등의 돌봄이 꼭 필요한 학생을 대상으로 하고, 1~2학년 학생을 수용한 후, 추가 수용이 가능한 경우 3학년 이상은 학교 여건에 따라 우선순위(예: 저학년 우선, 방과후학교 참여 여부, 저녁돌봄 참여 여부 등)를 정해 수용한다.
- 저녁돌봄: 오후돌봄에 참여한 맞벌이, 저소득층, 한부모가정 등의 추가돌봄이 필요한 학생을 대상으로 한다.
- 방과후학교 연계형 돌봄교실: 방과 후 돌봄이 필요한 3~6학년 맞벌이, 저소득층, 한부모가정 등의 학생 중 방과후학교 프로그램에 참여하면서, 1~2학년 중심 돌봄교실을 이용하지 않는 학생 등을 대상으로 한다.

(3) 운영시간

학기 중 오후 또는 저녁까지 운영되는 돌봄교실이 방학 등 휴일에도 학부모 수요를 반영하여 오전부터 운영하도록 적극 권장하고 있으며, 시작시간과 종료시간은 학부모의 수요와 학교의 여건을 바탕으로 조정한다.

(4) 프로그램

매일 1개 이상 무상프로그램을 제공하고, 학부모 수요 및 학교 여건을 바탕으로 수익자 부담 방과후학교 프로그램과 연계하여 운영이 가능하다.

(5) 비용

- 급·간식은 수익자 부담으로 제공하되, 교육비 지원대상 학생은 무상으로 제공한다.
- 프로그램은 무상프로그램 이외의 학부모가 수익자 부담으로 추가 제공을 요구하는 경우에는 유상으로 운영하되, 교육비 지원 대상 학생은 무상으로 제공한다.

(6) 추진경과

표 3-1 | 초등돌봄교실 추진 경과

연도	내 용
2004년	• 초등 저학년 '방과후교실' 도입 정책 발표 및 시범·운영('04년, 28개교) – 운영 시간: 학기 중 12:00~19:00, 방학 중 08:00~19:00
2009년	• 종일돌봄교실(초등보육교실을 야간까지 운영) 시범·운영(300개교)
2010년	• 초등보육교실을 '초등돌봄교실'로 명칭 변경 및 확대(6,200실)
2011년	• '엄마 품 온종일 돌봄교실' 시범·운영(2011~2013년) – 아침돌봄(06:30~09:00), 오후돌봄(방과 후~17:00), 저녁돌봄(17:00~22:00)
2013년	• 초등 방과 후 돌봄 강화 모델학교 시범·운영(78개교) • 방과 후 돌봄서비스 범정부 통합 지원 시범·운영(6개 지역: 서울 노원구, 부산 서구, 울산 울주군, 경기 성남시, 전북 진안군, 전남 나주시)
2014년	• 초등학교 1~2학년 희망 학생 대상 돌봄교실 운영(10,966실) • 초등돌봄 연구학교 운영(2014~2015년, 17개교) • 초등돌봄교실 추가 설치 및 운영 내실화 추진(4월) • 2014년 2학기 초등돌봄교실 운영 개선 지원(8월) – 프로그램 운영을 위한 재료비 및 저녁돌봄 안전관리 시스템 및 보조인력 지원 • 만족도 높은 '2015년 초등돌봄교실 운영 방안 모색을 위한 토론회'(2014년 8~10월, 3회) • 2015년 만족도 높은 초등돌봄교실 운영 계획 수립(12월)
2015년	• 돌봄이 필요한 맞벌이, 저소득층, 한부모가정 학생 대상 만족도 높은 돌봄교실 운영 – 1~2학년 중심 돌봄교실 운영, 3학년 이상 방과후학교 연계형 돌봄교실 • 돌봄전담사 원격연수자료 개발 및 활용(10월) • 2016년 초등돌봄교실 운영 방안 모색을 위한 정책토론회(10월)

연도	내 용
2016년	• 2016년 초등돌봄교실 운영 방안 수립(1월) • '2016년 학년 특성을 반영한 돌봄교실 운영'으로 전 학년 돌봄 완성(3월) • 저학년 학생을 위한 돌봄교실 놀이 프로그램 표준 모델 개발·보급(9월)
2017년	• 2017년 초등돌봄교실 운영 방안 수립(1월) • 초등돌봄교실 돌봄전담사 우수사례 발굴 및 보급(2월)

출처: 한국교육개발원(2017). 2017 초등돌봄교실 운영 길라잡이.

(7) 프로그램 내용

- 1~2학년 중심 돌봄교실에서는 외부강사와 교원이 학년 특성에 맞는 놀이·안전 등 창의·인성 프로그램을 매일 1개 이상 무상으로 지원한다.
- 3학년 이상의 방과후학교 연계형 돌봄교실에서는 자원봉사·교육 기부 등 다양한 전담인력이 학생 출결을 관리하고, 방과후학교 프로그램 중간 독서·운동 등의 틈새 프로그램을 자율적으로 운영한다.
- 특히, 2017년도에는 3~6학년 대상의 방과후학교 연계형 돌봄교실 활성화를 위해 17개 시범학교를 운영하여 학년별 특성에 맞는 다양한 모델을 발굴·보급할 예정이다.

(8) 현황

초등돌봄교실은 2004년에 도입된 이래, 2016년 현재 5,998개 초등학교에서 11,920실, 초등학생 24만여 명이 참여하고 있으며, 참여 학부모의 95.7%가 만족한다고 평가하고 있다.

표 3-2 | 2016년 초등돌봄교실 운영 현황

시·도	오후돌봄			저녁돌봄		
	학교 수 (개)	교실 수 (실)	이용학생 수 (명)	학교 수 (개)	교실 수 (실)	이용학생 수 (명)
서울	571	1,666	33,094	378	393	2,537
부산	303	585	11,773	180	223	1,788
대구	218	425	8,159	90	90	353
인천	246	538	11,168	172	255	1,297
광주	150	313	6,061	146	149	275
대전	147	366	7,737	117	172	1,078
울산	119	273	5,976	31	32	116
세종	37	98	1,821	10	10	111
경기	1,238	2,760	54,171	204	227	2,065
강원	357	617	10,449	11	11	178
충북	260	431	8,835	58	71	426
충남	416	706	14,394	14	15	150
전북	416	720	15,192	61	67	814
전남	422	621	13,035	71	71	770
경북	487	802	14,952	32	35	240
경남	506	818	17,689	25	26	290
제주	105	181	3,974	0	0	0
계	5,998	11,920	238,480	1,600	1,847	12,488

출처: 교육부 보도자료(2017. 1. 11). 「2017 초등돌봄교실 운영 계획」 발표.

(9) 초등돌봄교실 개선 방안

표 3-3 | 2017년 초등돌봄교실 개선 방안

구분	'16년		'17년
실당 운영비	• 오후 : 30백	⇨	• 오후 : 40백(10백만 원 증액)
운영 시간	• 학부모 수요 및 학교 여건을 고려하여 탄력적으로 운영	⇨	• 학부모 수요 및 학교 여건을 고려하여 탄력적 연장·조정 운영 및 방학 등 휴업일 중 오전부터 운영 권장
프로 그램	• 매일 1개 이상 무상 프로그램	⇨	• 매일 1개 이상 무상 프로그램 지속 강화 • 방과 후 연계형 돌봄교실 내 다양한 돌봄인력을 활용하여 틈새 프로그램 운영
돌봄 전담사	• 원격교육 운영 지원 • 대체인력풀 구축 권장	⇨	• 시 · 도별 처우개선 방안 마련 • 돌봄전담사 대상 집합·원격교육 운영 및 대체인력풀 구축·활용
시설	• 시설 증축	⇨	• 시 · 도의 수요 반영하여 시설 증축(약 200실) • 겸용교실을 전용교실로 전환 지원 • 방과후학교 연계형 돌봄교실 구축 및 기존 노후 시설 보수 등 환경개선 지원
지역 연계	• 학교 및 지역돌봄기관 간 협의체 운영 강화 • 자원봉사 인력 등 활용	⇨	• 저녁 및 방학 등 휴업일 중 돌봄 연계체제 강화 • 대학생, 퇴직교원, 학부모 등 교육 기부 자원 활용 확대
홍보	• 교육청·학교 홈페이지, SNS 등 활용	⇨	• 정책 소통 기회 마련, 돌봄교실 우수사례 확산 등 적극적인 홍보 실시 • 교원 대상 정책 인식 개선

출처: 교육부 보도자료(2017. 11). 2017 초등돌봄교실 운영 계획 발표.

(10) 돌봄교실 운영 예시

표 3-4 | 3~6학년 방과후학교 연계형 돌봄교실 운영 방안(예시 1)

가. 운영 장소 : 도서실과 가까운 3학년 일반교실

나. 관리인력: 교사와 대학생 자원봉사자

다. 학생관리(출결 및 안전관리) 방법
- 운영관리(출결, 기획, 운영, 안전관리 책임) : 돌봄업무 담당교사
- 학생관리(이동관리, 안전관리 및 개인활동 보조) : 자원봉사자

라. 방과후학교 프로그램과 연계방안(일정 구성)
- 개인관리카드로 참여하는 방과후학교 프로그램 및 귀가 시간 조사
- 교육 기부 프로그램(탐구교실) 개설하여 운영 : 수요일(1일)

마. 운영 방법
- 개인활동 시간에는 도서실 이용이 가능하도록 함(도서실 사서 관리지원)
- 자율귀가 원칙이나, 귀가 시 관리교사에게 알린 후 귀가하도록 함

바. 운영 규모(학급 편성) : 3~6학년 2학급 oo명

사. 요일별 시간표

시간	관리인력	활동 내용				
		월	화	수	목	금
14:00~15:00	관리교사	출결 확인 및 독후활동				
15:00~16:00	자원봉사자	방과후학교 프로그램 참여 및 개인활동(독서, 숙제, 놀이 등)				
16:00~16:50	자원봉사자	방과후학교 프로그램 참여 및 개인활동		자원봉사를 활용한 자체 무료 프로그램	방과후학교 프로그램 참여 및 개인활동	
16:50~17:00	관리교사	정리정돈, 청소, 출결 확인, 하교				

출처: 한국교육개발원(2017). 2017 초등돌봄교실 운영 길라잡이.

표 3-5 | 3~6학년 방과후학교 연계형 돌봄교실 운영 방안(예시 2)

가. 운영 장소 : 도서실
나. 관리인력 : 관리교사와 퇴직교원 지원봉사자
다. 학생관리(출결 및 안전관리) 방법
- 운영관리(기획, 운영, 안전관리 책임) : 돌봄업무 담당교사
- 학생관리(출결, 아동관리 및 개인활동 보조) : 관리교사 및 자원봉사자

라. 방과후학교 프로그램과 연계 운영 방안(일정 구성)
- 개인관리카드로 참여하는 방과후학교 프로그램 및 귀가 시간 조사
- 방과후학교 프로그램에 참여하지 않는 시간에는 도서실에서 개인활동

마. 운영 규모(학급 편성) : 3~6학년 1학급 oo명
바. 요일별 시간표

시간	활동내용				
	월	화	수	목	금
관리인력	관리교사	자원봉사자	관리교사	자원봉사자	관리교사
15:00~15:10	출결 확인				
15:10~16:50	방과후학교 프로그램 참여 및 개인활동(독서, 숙제, 놀이 등)				
16:50~17:00	정리정돈, 청소, 출결 확인, 하교				

출처: 한국교육개발원(2017). 2017 초등돌봄교실 운영 길라잡이.

2) 지역아동센터

(1) 목적

지역아동센터에서는 방과 후 돌봄이 필요한 지역사회 아동의 건전육성을 위하여 보호·교육, 건전한 놀이와 오락의 제공, 보호자와 지역사회의 연계 등 종합적인 복지서비스를 제공한다. 지역아동센터 홈페이지 주소는 https://www.icareinfo.go.kr이다.

(2) 대상

지역사회 내 방과 후 돌봄서비스를 필요로 하는 18세 미만의 아동이 원칙이나, 18세 이상인 경우에도 재학 중인 아동은 포함한다. 신고정원의 90% 이상을 우선보호아동으로 유지하고, 일반아동은 10% 이내에서 이용 가능하다. 우선보호아동이란 중위소득 100% 이하로 지역사회의 방과 후 돌봄을 필요로 하는 18세 미만의 아동을 말하며, 일반아동이란 지역사회의 방과 후 돌봄이 필요한 아동을 말한다.

(3) 비용

방과 후에 돌봄이 필요한 아동은 누구나 학교 또는 집 근처에 있는 지역아동센터를 이용할 수 있다. 국민기초생활보장 수급자, 차상위 계층이나 조손가정, 한부모가정의 아동이 우선 이용할 수 있다. 저소득층은 무료이고, 형편이 나은 경우에는 월 5만 원 정도 이용료를 내기도 한다.

(4) 운영시간

운영시간은 월요일에서 금요일까지 주 5일, 1일 8시간 이상을 상시 운영한다. 학기 중 및 방학의 기본운영시간은 아래와 같이 하고, 센터별 여건 등에 따라 운영시간의 조정이 필요할 경우 지자체에 보고 후 변경하여 운영 가능하다.

■ 필수 운영시간(기본 운영시간 8시간)
- 학기 중 : 14:00~19:00(필수 운영시간)
- 방학(단기방학 포함) : 12:00~17:00(필수 운영시간)

※ 필수 운영시간을 포함하여 8시간 이상 운영하여야 함

(5) 프로그램 내용

프로그램은 기본프로그램과 특화프로그램으로 구성되어 있으며, 기본프로그램은 보호, 교육, 문화, 정서지원, 지역사회 영역으로 구성되어 있다. 특화프로그램은 지역사회 특수성 및 주요대상의 특성을 고려한 맞춤형 운영프로그램을 의미한다.

표 3-6 | 기본 프로그램 내용

영역 (대분류)	세부 영역 (중분류)	세부 프로그램 (소분류)	프로그램 예시 (시설별 선택 운영)
보호	생활	일상생활관리	센터생활적응지도, 일상생활지도, 일상예절교육, 부적응아동지도 등
		위생건강관리	위생지도, 건강지도 등
		급식지도	급식지도, 식사예절교육 등
	안전	생활안전지도	저녁돌봄 등
		안전귀가지도	안전귀가지도, 생활안전지도 등
		5대 안전의무교육	교통안전, 실종유괴예방, 약물오남용예방, 재난대비, 성폭력예방 등
교육	학습	숙제지도	숙제지도, 학교생활관리 등
		교과학습지도	수준별 학습지도, 온라인교육(IPTV 학습 등), 학습부진아 특별지도 등
	특기 적성	예체능활동	미술, 음악, 체육지도 등
		적성교육	진로지도, 적성교육(독서, 요리, 과학 등) 등
	성장과 권리	인성·사회성 교육	인성교육, 사회성교육 등
		자치회의 및 동아리 활동	자치회의, 동아리 활동 등
문화	체험 활동	관람·견학	공연 및 연극 관람, 박물관 등 견학 등
		캠프·여행	체험활동, 캠프 및 여행 등
	참여 활동	공연	공연 등
		행사(문화/체육 등)	전시회, 체육대회 등
정서 지원	상담	연고자 상담	부모 및 가족 상담, 연고자 상담 등
		아동 상담	아동 상담 등
	가족 지원	보호자교육	보호자교육 등
		행사 · 모임	부모 소모임, 가정방문 등
지역 사회 연계	홍보	기관홍보	기관홍보 등
	연계	인적연계	자원봉사활동, 인적 결연후원, 후원자 관리 등
		기관연계	지역조사와 탐방, 전문기관 연계 복지단체 연계 등

출처: 보건복지부(2017). 2017 지역아동센터 지원 사업안내.

(6) 현황

과거 '공부방'으로 불렸던 지역아동센터는 2003년 아동복지시설로 법제화되었으며, 2004년부터 지역사회 아동의 보호, 교육, 건전한 놀이와 오락의 제공, 보호자와 지역사회의 연계 등 아동의 건전한 육성을 위해 종합적인 서비스를 제공하는 아동복지시설로서 정부로부터 인건비, 운영비, 급식비 등을 지원받고 있다.

(7) 지역아동센터 추진경과

표 3-7 | 지역아동센터 추진경과

연도	내 용
2004년	• 아동복지법 개정으로 '지역아동센터(구. 공부방)'를 아동복지시설로 법제화 – 총 895개소 시설에 23,347명 아동서비스 지원
2005년	• 지역아동센터의 양적 증가 및 확대 운영 – 전국 1,709개소로 확대 운영(총 43,749명 아동지원)
2006년	• '지역아동정보센터' 설치·운영(2006.1) – 조사연구사업, 교육사업, 정보제공사업 등 종합적 운영·지원 추진 •「건축법 시행령」 개정으로 설치가능 건축물 용도 확대(2006. 6) – 노유자시설(교육연구 및 복지시설, 8개 용도) → 제1종 근린생활시설(15개 용도)
2007년	• 아동복지교사 지원사업 실시 및 '아동복지교사 지원센터' 설치·운영(2007. 1) – 전문분야별 교육 프로그램 지원을 위해 7개월간 2,700명 아동복지교사 파견 – 사업운영체계로 '아동복지교사 지원센터(중앙 1, 권역 14)'를 설치·운영
2008년	• 지역아동센터 시범평가 실시(2008. 8) • 아동복지교사 지원사업 계속사업으로 확대·운영
2009년	• 전국 지역아동센터 평가진행(총 3,224개소) 및 컨설팅사업 실시 • 종사자 역량강화를 위한 교육 실시(총 7,700명) •「건축물 시행령」 별표 1 개정으로 건축물 용도 확대(2009. 7) – 제1종 근린생활시설 → 제1종 근린생활시설, 단독주택, 공동주택
2010년	• 지역아동센터 평가우수시설 운영비 추가지원(916개소, 월 30만 원) • 사회복지시설 정보시스템 활용 의무화(2010. 1)
2011년	• '지역아동센터지원단(중앙 1개소, 시도 15개소)' 통합 설치·운영 • 지역아동센터 평가우수시설 인센티브(총 500개소, 월 898천 원)

연도	내 용
2012년	• '지역아동센터 평가센터' 설치 및 3년 주기 제1기 평가체계 구축 • 평가우수시설 인센티브를 기능강화사업(거점형, 특수목적형)으로 변경 • 학교의 주 5일제 전환에 따른 지역아동센터 토요운영 지원 • 「아동복지법 시행령·시행규칙」 개정을 통한 종사자 자격기준, 시설 설치기준 강화('12. 8) • 방과 후 돌봄서비스 관계 부처(복건복지부, 교육부, 여성가족부, 안전행정부) 간 업무협약 체결(2012. 10)
2013년	• 신규시설장의 현장실습·컨설팅 참여의무화 • 방과 후 돌봄서비스 연계로 종합적 지원·관리체계 마련 • 지역아동센터 맞춤형 사회복지시설 정보시스템 고도화 구축
2014년	• 지역아동센터 1기(2012~2014년) 시설평가 완료 • 표준 프로그램 개발 • 지역아동센터 아동패널 구축 및 조사
2015년	• 지역아동센터 2기(2015~2017년) 평가지표 마련 • 지역별 돌봄계획 지표개발 • 사회복지시설 정보시스템 전국실태조사 탑재
2016년	• 지역아동센터 신규 및 기존 종사자 교육과정 차별화로 의무교육 강화 • 지역별 돌봄계획 수립 지원을 위한 시도별 컨설팅 실시 • 방과 후 돌봄 연계체계 활성화 방안 마련

출처: 보건복지부(2017). 2017 지역아동센터 지원 사업안내.

표 3-8 | 지역아동센터 운영 문의

지원단명		대표전화번호	팩스번호	대표 이메일
중앙지원단		02) 365-1264 / 581-1264	02) 325-3504	icareinfo@hanmail.net
서울지원단		02) 2632-3125	02) 720-1920	sosc@sosc.or.kr
부산지원단		051) 440-3020~1	051) 440-3022	bseducarer@hanmail.net
대구지원단		053) 756-9799	053) 756-9199	dgcare@childfund.or.kr
인천지원단		032) 425-7327~8	032) 425-7329	iceducarer@hanmail.net
광주지원단		062) 522-9976 / 521-9975	062) 521-8806	gjeducarer@hanmail.net
대전지원단		042) 226-2729	042) 226-2731	djeducarer@hanmail.net
울산·경남 지원단	울산	052) 223-2729	052) 247-2731	useducarer@hanmail.net
	경남	055) 274-2730	055) 262-2740	gneducarer@hanmail.net

지원단명	대표전화번호	팩스번호	대표 이메일
경기북부지원단	031) 595-7859	031) 595-6692	ggbeducarer@hanmail.net
경기남부지원단	031) 236-2729	031) 236-2641	gsbusrugy@naver.com
강원지원단	033) 255-1008~9	033) 255-1003	033ymca@hanmail.net
충북지원단	043) 287-9095	043) 295-9093	cbeducarer@hanmail.net
충남 · 세종지원단	041) 557-2729~30	041) 557-2731	cneducarer@hanmail.net
경북지원단	054) 463-7275	054) 463-7278	gbicareinfo@hanmail.net
전북지원단	063) 274-5479	063) 274-5480	jbeducarer@hanmail.net
전남지원단	061) 272-7951~2	061) 272-7954	jnicare@daum.net
제주지원단	064) 756-5579	064) 727-5579	jjeducarer@hanmail.net
평가센터	02) 3275-1264	02) 365-1277	icarevalue@hanmail.net

출처: 보건복지부(2017). 2017 지역아동센터 지원 사업안내.

(8) 시도별 지역아동센터 현황

전국에 있는 지역아동센터(2015년 12월 기준)는 4,102개소로 2004년 895개소에 비교하면 양적으로 성장되었음을 알 수 있다.

표 3-9 | 시·도별 시설 현황

단위: 개소

연도	2004	2005	2006	2007	2008	2009	2010	2011	2012	2013	2014	2015
전체	895	1,709	2,029	2,618	3,013	3,474	3,690	3,985	4,036	4,061	4,059	4,102
서울	104	157	210	262	302	354	367	395	404	405	409	414
부산	43	95	110	134	155	171	185	194	196	200	200	205
대구	21	28	35	60	75	115	147	171	177	188	191	200
인천	58	105	117	143	157	175	174	182	187	186	181	179
광주	39	80	92	143	164	201	218	272	278	285	292	300
대전	24	62	83	122	133	139	144	149	146	147	147	146
울산	17	33	41	49	51	54	52	56	57	58	56	56

연도	2004	2005	2006	2007	2008	2009	2010	2011	2012	2013	2014	2015
경기	192	336	402	534	601	656	679	722	735	728	751	757
강원	41	94	102	114	139	159	159	164	164	162	163	166
충북	56	102	118	137	156	176	185	201	202	199	190	188
충남	39	79	87	125	151	181	200	216	214	221	224	232
전북	59	130	147	173	212	255	267	286	288	287	281	281
전남	87	182	216	279	307	343	368	399	392	392	383	387
경북	34	91	108	143	164	206	232	252	256	261	257	259
경남	66	106	128	158	189	219	244	254	257	260	255	253
제주	15	29	33	42	57	70	69	72	72	73	69	68
세종	–	–	–	–	–	–	–	–	11	9	10	11

출처: 보건복지부(2015). 전국 지역아동센터 실태조사 보고서.

(9) 지역아동센터의 운영주체

지역아동센터는 법인이나 단체에서 운영하는 것보다 개인이 운영하는 경우가 68.2%로 가장 높은 비중을 차지하고 있다.

표 3-10 | 지역아동센터 운영주체

단위: 개소(%)

구분	2009년	2010년	2011년	2012년	2013년	2014년	2015년
전체	3,474 (100)	3,690 (100)	3,985 (100)	4,036 (100)	4,061 (100)	4,059 (100)	4,102 (100)
시민단체	92 (2.6)	95 (2.6)	112 (2.8)	101 (2.5)	100 (2.5)	109 (2.7)	67 (1.6)
재단법인	235 (6.8)	252 (6.8)	281 (7.1)	305 (7.6)	447 (11.0)	431 (10.6)	300 (7.3)
사단법인	148 (4.3)	142 (3.8)	176 (4.4)	190 (4.7)	226 (5.6)	225 (5.5)	249 (6.1)
사회복지 법인	324 (9.3)	331 (9.0)	340 (8.5)	341 (8.5)	336 (8.3)	332 (8.2)	331 (8.1)

구분	2009년	2010년	2011년	2012년	2013년	2014년	2015년
종교단체	737 (21.2)	710 (19.2)	568 (14.3)	425 (10.5)	250 (6.1)	231 (5.7)	272 (6.6)
개인	1,873 (53.9)	2,079 (56.4)	2,455 (62.6)	2,614 (64.8)	2,650 (65.2)	2,669 (65.7)	2,796 (68.2)
기타	65 (1.9)	81 (2.2)	53 (1.3)	60 (1.4)	52 (1.3)	62 (1.6)	87 (2.1)

※ 기타는 지자체 및 의료법인, 학교법인, 주민자치위원회, 아파트 운영회 등임.

출처: 보건복지부(2015). 전국 지역아동센터 실태조사 보고서.

(10) 지역아동센터 종사자 현황

지역아동센터 종사자 현황은 2015년 12월 말 기준으로 9,415명이 종사하고 있으며, 남자에 비해 여자가 매우 높은 수치를 보이고 있다.

표 3-11 | 종사자 현황

단위: 명(%)

종사자 총인원	시설장			생활복지사		
	소계	남	여	소계	남	여
9,415 (100)	4,102 (43.6)	1,024 (10.9)	3,078 (32.7)	5,313 (56.4)	548 (5.8)	4,765 (50.6)

출처: 보건복지부(2015). 전국 지역아동센터 실태조사 보고서.

3) 청소년방과후아카데미

(1) 목적

기초생활보장 수급가정, 한부모가정 장애 등 방과 후 돌봄이 필요한 취약계층 청소년에게 체험활동, 학습지원, 상담 등 종합서비스를 제공한다. 또한 복지, 보호, 지도 등 다양한 지원을 통해 건강한 성장과 스스로 자립할 수 있는 역량을 배양하고, 취약계층 청소년의 사교육비 절감 및 방과 후 비행 노출을 예방한다. 청소년방과후아카데미 홈페이지 주소는 http://www.youth.go.kr이다.

(2) 지원 대상

저소득층 맞벌이 가정 자녀와 부모의 실직, 파산, 장애 등으로 가정형편이 어려운 초등학교 4학년부터 중학교 2학년까지의 청소년이 대상이다.

우선순위 지원대상은 저소득층(기준중위소득 60% 이하), 한부모가정, 조손가정, 다문화가정, 장애가정, 세 자녀 이상 가정 등 방과 후 돌봄이 필요한 청소년이고, 기타 지원대상은 학교장 및 지역사회 추천서와 추천내용 증빙자료를 기준으로 청소년방과후아카데미 지원협의회에서 승인받은 청소년을 말한다.

(3) 운영형태

지역 특성에 적합한 운영 유형을 선택한다. 지원형은 기본지원형, 농산어촌형, 특별형(장애형, 다문화형)이 있으며, 혼합지원형은 무료 참가(취약계층) 50%와 유료 참가(일반청소년) 50%로 구성하여 운영한다.

표 3-12 | 운영 유형 및 인원

운영유형		기본형(2개 반)	확장형(3개 반)	축소형(1개 반)
기본지원형 · 농산어촌형		40명	60명	30명
특별	장애형	20명	30명	·
	다문화형	30명	·	·
혼합지원형		40명	·	·

출처: 여성가족부(2015). 2016년도 청소년방과후아카데미 운영 지침.

(4) 운영방법

청소년방과후아카데미별 기본형의 경우 시설당 40명(반당 20명 구성)으로 구성하고, 1일 5시간 내외로 운영한다. 토요일(월 1회 야외활동) 운영과 방학 운영도 실시한다.

(5) 운영내용

자기주도 학습, 주요 과목 보충, 전문체험활동, 상담지원, 캠프, 부모교육, 급식 및 건강지원, 귀가 차량지원 등을 한다.

표 3-13 | 방과후아카데미 프로그램 편성 기준

구 분		편 성 시 수
주중 (20시간 이상)		• 전문체험활동 4시간 • 교과학습지원 4시간 • 보충학습지원 5시간 • 자기개발활동 주중 2시간 이상(의무) • 생활지원과정 5시간 이상(급식, 상담, 건강관리 등)
주말 (토)	월 1회 (주말체험)	• 주말체험활동 4시간 • 생활지원과정 1시간(급식, 상담, 건강관리 등)
	월 3회 (자기개발)	• 자기개발활동과정 2시간 이상(선택)

출처: 여성가족부(2015). 2016년도 청소년방과후아카데미 운영 지침.

(6) 추진경과

청소년방과후아카데미는 초등학교 4학년부터 중학교 2학년까지의 청소년을 대상으로 전문체험과 학습 프로그램, 청소년 생활관리 등 종합서비스를 지원하는 사업이다. 2005년에 처음 46개소가 시범 실시되었고, 2006년부터 본격적으로 운영하여 현재 청소년수련관, 청소년문화의 집 등 244개소에서 운영되고 있다. 방과후아카데미는 청소년이 와서 귀가할 때까지 생활, 교육, 체험, 안전 등을 종합적으로 지원하고, 지역자원과 네트워크를 구축하여 집중적으로 지원하는 장점을 갖고 있다.

표 3-14 | 추진 경과

연도	내 용
2005년	• 청소년위원회 주요 정책과제로 채택 • 청소년방과후아카데미 시범사업 46개소 실시(20억)
2006년	• 전국 지역별 운영 도입(46개소 → 100개소)
2007년	• 청소년방과후아카데미 150개소 확대 지원
2008년	• 농산어촌 운영 활성화 방안 마련 및 운영 • 운영개소 수 확대(150개소 → 185개소)
2009년	• 실시 개소 수 축소 운영 178개소 지원 ※ 사업평가 결과에 따른 운영중단 제도 도입
2010년	• 사업평가를 통한 부실 운영 아카데미 폐쇄조치 등 161개소 지원
2011년	• 청소년 기본법 개정(추진 근거 마련) • 신규모형(특별지원 : 장애, 다문화) 개발 및 시범·운영 • 운영개소 수 확대(161개소 → 200개소)
2012년	• 200개소 지원
2013년	• 200개소 지원
2014년	• 200개소 지원 • 지역돌봄협의체 구성 및 우수운영기관 시상(5개 기관)
2015년	• 조손가정 및 다문화가정, 세 자녀 이상 가정 청소년으로 참가대상 확대 • 국무조정실 유사중복 사회보장사업 조정회의(2015. 4) – 방과후아카데미는 중학생 중심으로 특화(사업간 연계 · 범위 조정) • 운영전담인력 인건비 인상(전년대비 3%)

출처: 여성가족부(2015). 2016년도 청소년방과후아카데미 운영 지침.

(7) 청소년방과후아카데미 연도별 운영 현황

표 3-15 | 연도별 운영 현황

구분	2005	2006	2007	2008	2009	2010	2011	2012	2013	2014	2015
지원 (개소)	46	100	151	185	178	161	200	200	200	200	244
참여 인원(명)	2,350	4,200	6,300	7,980	7,560	6,672	8,200	8,060	8,200	8,043	9,490
국고예산 (억 원)	21	77	120	150	129	121	155	155	161	144	183

출처: 여성가족부(2015). 2016년도 청소년방과후아카데미 운영 지침.

표 3-16 | 지역별, 지원유형별 운영 현황(2015년 12월 현재)

지역	지원형	혼합형	특별형	계
서울	21		3	24
부산	15			15
대구	12			12
인천	8			8
광주	6		1	7
대전	5			5
울산	6			6
세종	2			2
경기	37	1	3	41
강원	16			16
충북	10		1	11
충남	16			16
전북	17			17
전남	22		1	23
경북	14			14
경남	19			19
제주	8			8
계	234	1	9	244

출처: 여성가족부, 한국청소년활동진흥원(2015). 청소년방과후아카데미 종사자 관리체계 개선 및 2015년 사업 효과 만족도 조사연구.

(8) 청소년방과후아카데미 추진 체계도

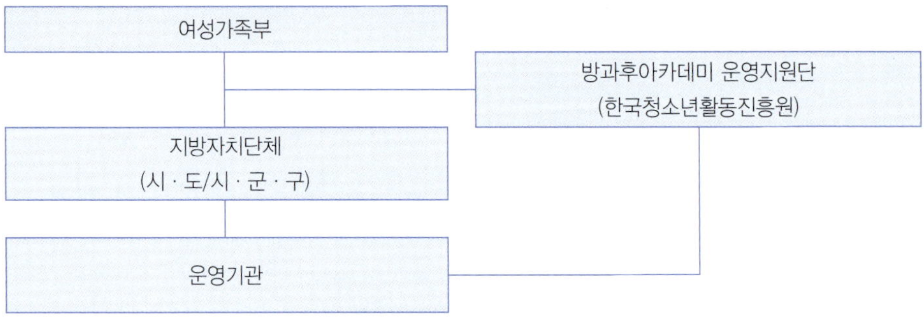

그림 3-1 | 추진 체계도

상기에서 살펴본 바와 같이 방과후아동을 위한 프로그램은 다양하게 운영되고 있으나 방과후아동지도의 질 높은 운영을 위해 여러 가지 문제점이 해결되어야 한다.

방과후교실은 가정과 같은 편안함을 느낄 수 있도록 방과 후 전용 교실이 있어야 하는데, 일반 교실에서 운영되는 경우도 있으므로 이때 아동은 학교 교육의 연장으로 인식하고 신체적·정신적으로 긴장의 연속이 될 수도 있다. 따라서 이러한 문제점이 조속히 해결되어 방과후아동지도가 질적·양적으로 확대·운영되어야 한다.

3. 방과후아동지도 프로그램의 비교

방과후아동지도는 교육부의 초등돌봄교실, 보건복지부의 지역아동센터, 여성가족부의 청소년방과후아카데미로 운영되고 있으며, 이에 대한 내용을 간략히 정리하면 〈표 3-17〉과 같다.

표 3-17 | 방과후아동지도 프로그램 비교

구분	초등돌봄교실	지역아동센터	청소년방과후아카데미
주관부처	교육부	보건복지부	여성가족부
대상	• 초등학생 (1~2학년 초등돌봄교실/ 3학년 이상 방과후학교 연계형 돌봄교실)	• 지역사회 내 방과 후 돌봄 서비스를 필요로 하는 18세 미만의 아동	• 방과 후 돌봄이 필요한 초등학교 4학년~중학교 3학년
내용	• 진로 적성 계발을 위한 교과 및 특기 적성 프로그램 운영	• 신체적 · 정서적 보호 및 지원, 학습지도, 급식, 상담, 문화제공, 지역사회 연계 등의 서비스를 수행하는 예방적 아동복지 시설	• 지역 여건 및 학부모의 수요를 고려한 체험활동, 기초학습, 급식, 상담, 부모교육 및 캠프 운영, 자기개발, 귀가 차량 지원 등
비용	• 프로그램 : 매일 1개의 무상 프로그램 제공 (학부모가 요구하는 별도 프로그램은 유상) • 급 · 간식비 : 수익자 부담 ※교육비 지원대상은 전부 무상	• 전액 지원 (저소득층 이외의 아동은 프로그램 실비 부담)	• 지원형 : 전액 무료(기본지원형, 농산어촌형, 특별지원형) • 일반형 : 수익자 부담 • 혼합형: 유료 및 무료 참여 청소년이 혼합된 형태
운영 주체	학교	법인, 개인 등 민간, 지자체	지자체 관할 공공시설
근거법	• 초 · 중등교육과정 고시 2013-7호 고시 2015-74호	「아동복지법」 제52조, 제59조	「청소년기본법」 제48조의2

토의 및 발표 과제

1. 초등돌봄교실에 대하여 조사하여 발표한다.
2. 지역아동센터에 대하여 조사하여 발표한다.
3. 청소년방과후아카데미에 대하여 조사하여 발표한다.

4

외국의 방과후아동지도 현황

AFTER SCHOOL PROGRAM

우리나라보다 선진 외국은 학령기 아동을 포함하는 방과후아동지도의 역사가 길며 활발하게 실시되고 있다. 외국의 방과후아동지도 현황을 미국, 독일, 일본을 중심으로 살펴보고자 한다.

1. 미국

미국에서는 1912년 아동국(The Children's Bureau)이 설립되고, 1917년 공립 초등학교에서의 연장 보육(extended day school) 프로그램이 만들어졌다. 1960년대 이후 여성의 사회 참여 급증으로 방과 후에 부모의 보호를 받지 못하는 학생들을 위해 복지 차원에서 검토되기 시작하여, 그 필요성에 따라 자연 발생적으로 생겨났다. 미국의 경우 학령기 아동을 위한 방과후아동지도는 학교에서의 정규 수업 외에 행하는 모든 유형의 방과후아동지도를 포함하고 있다. 따라서 실시 기관이나 프로그램의 형태가 매우 다양하지만 이들 프로그램은 방과후학교 프로그램의 큰 틀 안에서 운영되고 있다.

이를 계기로 1960년대 아동발달국(OCD)이 설립되어 보육서비스를 제공하기 시작했고, 1970년대 사립학교가 자발적으로 운영하기 시작했으며, 1986년에는 방과후보육 발전을 위해 구성된 방과후보육 사회운동기구인 NSACCA(The National School Age Child Care Alliance)가 조직되었다. 이를 통해 1980년대 16개 주에서 학령기 아동의 방과 전·후 보육지원을 법제화였다(이향란, 2006).

NSACCA에서는 방과 후 프로그램 제공자, 아동복지 운동가, 지역의 보육연맹 지도자, 공립학교 교사, 정책 입안자, 행정가들이 참여하여 방과후보육을 위한 정책 건의, 공립학교 시설 사용 확대 운동, 교통수송 문제해결 방안, 방과후보육 규정 수립과 방과후보육교사들에 대한 연수교육 실시를 위해 노력하였다(Miller & Mark, 1990).

1994년에는 21세기 지역사회학습센터 법(21st Century Community Learning Centers Act: 21st CCLC)을 만들어 "지방이나 도시 내부 지역사회의 교육, 건강, 사회 서비스, 문화, 오락의 요구를 지원하기 위한 프로젝트"를 위해 보조금을 지급하도록 하였다. 21st CCLC에서는 저소득층 자녀의 보호와 학습부진아의 학습능력 향상이 주된 목적이고, 주요 프로그램은 학령기 아동보호, 청소년개발, 보충심화학습, 특기적성개발 등으로 구분된다(김지민, 2010).

특히, 2004년부터는 학생들이 방과 후에 홀로 보내는 것에 문제의식을 가지고, 방과 후 연합(Afterschool Alliance)을 결성하여 '방과 후 3시간' 에 대한 연구를 통해 보고서를 발표하고 있다. 2014년도에 발간된 '방과 후 3시간' 보고서에서는 지난 10년간 학생들이 오후 3시부터 6시까지 어떻게 보내는지, 프로그램에 대한 부모의 만족도, 프로그램 참여에 대한 어려움 등에 대한 조사를 실시하여 반영하고 있다. 또 이 보고서에서는 학생들의 신체 활동과 급식, 학업성취도의 효과 등도 살펴보았다. 이 보고서에는 지난 10년간 방과 후 프로그램 참여 학생이 약 200만 명 이상 증가했다. 그럼에도 불구하고 2014년 현재 5명 중 1명(약 1,130만 명)은 방과 후 '나 홀로 아동'으로 남아 있다(Afterschool Alliance, 2014, http://www.afterschoolalliance.org).

1) 지원 현황

미국의 방과 후 프로그램은 학교 안에서도 이루어지지만 학교 밖인 대학, 연구소, 지역사회, 종교기관 등 다양한 기관에서도 운영되고 있다. 이들 프로그램에 참여하기 위해서 학부모가 비용을 부담해야 하는 경우도 있지만 무료로 운영되는 프로그램들도 많다. 특히, 연방 정부와 주 정부에서 저소득층 및 소외계층 가정의 자녀들을 위한 경제적 지원은 물론 급식지원까지 하고 있다.

2) 방과 후 프로그램

미국의 방과 후 프로그램은 비영리단체인 YMCA와 YWCA 등에서 운영하는 것도 있으며, 정부의 대표적인 재정지원 프로그램이나 정책은 CCDF, TANF, 21st CCLC, ESEA Title I 등이 있다. 이 프로그램들은 대부분 저소득층 아동에 대한 방과 후 지원을 하고 있다(김지민, 2010; 교육정책네트워크 정보센터 기획기사, 2013a; 최정은, 2014).

표 4-1 | 방과 후 프로그램 내용 비교

프로그램명	프로그램 내용
CCDF (Child Care and Development Fund: 아동보육발달기금)	• 12세 미만의 자녀가 있는 저소득층 가정을 지원하기 위한 복지 프로그램으로 주 정부에서 관리 · 감독
TANF (Temporary Assistance for Needy Families: 빈곤가족 한시 지원)	• 경제적으로 어려운 가정의 학부모가 성공적인 직업 훈련을 통해 정착할 수 있도록 지원하는 프로그램 • 재정의 30%는 CCDF로 전환이 가능하여, 많은 주에서 이를 통해 방과후학교를 지원하기도 함
21st CCLC (21st Century Community Learning Centers: 21세기 지역사회학습센터)	• 연방정부가 직접 방과후학교를 활성화하고 지원하기 위해 마련한 프로그램 • 21st CCLC로부터 지원받은 단체나 기관은 지역사회 아동 및 청소년들의 보호와 육성을 위해 다양한 방과 후 프로그램을 운영 • 많은 주와 학교에서는 이 프로그램의 재정을 이용하여 소외계층 학생들의 방과후학교를 지원
ESEA Title Ⅰ (Elementary and Secondary Education Act Title I: 「초 · 중등교육법」 제1장 초 · 중등학교 교육기회 균등화 관련 내용)	• 소외계층 가정의 학생들을 지원하기 위한 미국의 대표적인 복지 프로그램으로 「초 · 중등교육법」에 의거하여 전국의 초 · 중등학교의 교육기회를 균등화하기 위해 1965년에 처음 시행 • 방과 후 프로그램뿐만 아니라 소외계층에게 필요한 다양한 프로그램의 재정 지원을 함

표 4-2 | 재정지원에 따른 학령기 방과 후 활동 프로그램 유형

유형		내용
정부	연방정부 지원	• 미국 전 지역에 걸쳐 학교 중심의 방과 후 프로그램을 확산시키기 위해 지역사회 학습센터를 지원함
	주 지원	• 주에 따라 초등학교에 아동보육 프로그램을 위한 보조금 제공 –미주리 주: 초 · 중등 교육부를 통해 지원 –켄터키 주: 교육개편법(Education Reform Act)을 통해 각 초등학교 내에 가정자원센터를 만들어 20% 이상의 아동에게 점심을 무료로 제공하거나 삭감해 줌
	시 지원	• 텍사스에서는 약 30여 개 지역의 회사들이 연합한 단체를 만들어 피고용인의 자녀를 위한 아동보육 프로그램의 자금을 지원해 줌
민간단체	교회 지원	• 대부분의 교회 지원 아동보육 프로그램은 주일학교 교실과 같은 교회의 시설을 활용함
	사립학교 지원	• 많은 사립학교는 전통적으로 학생들을 유치하기 위해 보육 프로그램을 제공함 –방과 전 · 후 활동을 위한 과외 수업료를 지불해야 함
	민간단체 지원	• YMCA, YWCA 등과 같은 다양한 단체들이 방과 전 · 후 보육을 지원함 • 지역사회 안에서 지방 공립학교와 아동관련 기관이 서로 협력 체계를 맺음 –하와이 주: 지역의 YMCA가 학교 시설을 이용하여 방과 전 · 후 프로그램을 운영함 –협력적 지원체계 안에서 학교가 물리적 공간, 장비 등을 지원하면 지역의 기관은 교직원과 프로그램 등을 지원함

(1) 학교 내 방과 후

미국의 학교 내 방과 후 프로그램은 학교마다 제공하는 내용이 다르지만 대부분의 학교가 다양한 예체능을 비롯해 영어와 수학과 같은 학업 성취 관련 프로그램들도 제공하고 있다. 방과 후 프로그램이 학생의 학업뿐 아니라 정서 및 행동 발달에도 긍정적인 영향을 미친다는 연구결과가 나오면서 많은 공립학교에서 방과 후 프로그램을 운영하고 있다. 학교 내 프로그램들은 보육에 초점이 맞춰져 있기보다는 학생들의 특기 및 학업 능력 신장을 위한 프로그램들이 대부분이다.

(2) 학교 외 방과 후

학교 밖에서 제공하는 방과후보육(돌봄) 프로그램은 프로그램의 장소가 제한

이지 않기 때문에 매우 다양한 프로그램이 있다. 이 기관에서는 학생들을 돌보고, 숙제와 책 읽기 등 학부모를 대신하여 다양한 돌봄교실을 운영하고 있다. 비영리단체 및 종교기관에서도 다양한 방과후아동보육 프로그램을 실시하고 있으며, 정부로부터 예산의 일부를 보조받기 때문에 학부모의 비용 부담은 적은 편이다.

3) 방과 후 프로그램의 효과

미국의 방과 후 프로그램은 이제는 더 이상 선택이 아닌 필수 사항이 되고 있다(교육정책네트워크 정보센터 기획기사 재인용, 2013a. 8. 25).

첫째, 방과 후 프로그램에 참여한 학생들의 사회 정서 발달에 긍정적인 영향이 있었다. 특히, 참여한 학생은 문제행동 빈도가 낮고, 약물 및 알코올 섭취 가능성도 줄어든 것으로 나타났다(Policy Studies Associates, Inc., 2007).

둘째, 학생들의 학교생활은 물론 학업 성취에도 긍정적인 영향을 미치는 것으로 나타났다(Durlak, Weissberg, &Pachan, 2010).

셋째, LA 지역의 'BEST 방과 후 프로그램'에 참여한 학생은 그렇지 않은 학생보다 범죄를 저지를 가능성이 30% 이상 낮게 나타났다. 특히, 이들 방과 후 프로그램에 1달러를 투자할 때 범죄와 관련된 사회적 비용을 2.50달러 절약할 수 있는 것으로 나타났다(UCLA National Center for Research on Evaluation, Standards and Student Testing, September, 2007).

넷째, James Heckman 박사에 의하면 학생들이 어렸을 때부터 방과 후 교육을 받을수록 약물을 할 가능성이 최대 절반 가까이 줄어들었다(University of Chicago, 2006).

다섯째, 방과후보육 프로그램의 부족으로 학부모들은 매년 평균 5일 정도 결근하고 있으며, 이들의 공백은 매년 3,000억 달러 정도의 경제적 손실을 발생시키고 있다(Catalyst & Brandeis University, 2006).

2. 독일

독일의 학령기 학생을 위한 돌봄 프로그램은 초등학생과 중등 1단계 학생을 대상으로 하고 있다. 독일학교는 전통적으로 반일제로 운영되어 2000년 이전에는 교내에서 방과 후 돌봄 프로그램이 거의 실시되지 않았지만 학교에서의 온종일 교육과 돌봄은 교육개혁, 여성의 경제활동 증가, 가족정책, 노동시장정책 등으로 인하여 지속적인 요구가 있었다. 이로 인하여 연방 정부가 교육과 돌봄을 위한 정책을 실시하였고, 최근까지 독일의 온종일학교는 양적, 질적으로 크게 활성화되었다.

1) 지원 정책

온종일 학교 프로그램의 비용은 주마다 다르지만 약 60% 정도의 학교에서 학생들이 유상으로 프로그램에 참여하고 있다. 점심식사도 유상으로 제공되고 있으나 사회 소외계층의 경우 모든 주에서 학교 운영주체인 지자체나 타 기관에서 급식비와 프로그램에 대한 지원을 받을 수 있다.

연방정부는 2003년부터 2009년까지 "돌봄과 교육을 위한 미래" 프로그램을 통해 40억 유로를 지원하고, "더 많은 것을 위한 아이디어! 온종일학습(Ideen fur mehr! Ganztagig lernen)" 프로그램을 통해 2014년까지 매년 430만 유로를 온종일 학교 프로그램을 위해 지원했다. 또한, 온종일학교 연구 정책인 "StEG(Studie zur Entwicklung von Ganztagsschulen: 온종일학교 발전을 위한 연구)"를 위해 2012년부터 2016년까지 600만 유로의 재정을 지원하고 있다(교육정책네트워크 정보센터 기획기사, 2013b. 8. 25).

독일의 방과후학교인 호르트(Hort)는 1년 단위로 부모의 신청에 의해 다닐 수 있으며, 호르트 참여비, 급식비, 재료비 등을 부담하여야 한다. 호르트 비용은 자녀의 돌봄시간, 호르트에 다니는 자녀 수, 가족의 소득 수준에 따라 차등 적용된다. 부모가 실업자, 생활보호대상자, 한부모가정의 자녀일 경우 담당 청소년관청에 신청하면 호르트 비용을 면제받거나 지원받을 수 있다.

2) 학교 내 프로그램

온종일학교 프로그램은 주, 지역, 단위 학교마다 다르며 학교 형태나 학년에 따라서도 다르다. 단위 학교가 프로그램에 대한 실질적인 권한을 가지고 학교 형태나 학년을 고려하여 온종일학교 프로그램을 결정·운영하고 있다.

독일의 온종일학교는 대부분 개방형이다. 하지만, 학교 외부의 다양한 외부 기관과 협력하여 지원하는데 오전 수업 후 호르트(초등학생 연령대상 방과후보육기관)와 연계하여 운영하는 복합형태도 있다(교육정책네트워크 정보센터 기획기사, 2013b. 8. 25).

표 4-3 | 독일의 온종일 학교

<table>
<tr><th>프로그램명</th><th>프로그램 참여자</th><th>프로그램 내용</th></tr>
<tr><td>의무형 온종일 학교
(Gebundene Ganztagsschule)</td><td>모든 학생이 의무적으로 참여</td><td rowspan="4">• 온종일 학교 참여 시간과 프로그램은 학생이 자율적으로 결정
• 제공되는 프로그램
1. 학습지원 관련 프로그램
2. 수학, 정보학, 자연과학, 테크닉 관련 프로그램
3. 언어, 인문학 관련 프로그램
4. 음악, 미술, 실생활, 직업예비교육 관련 프로그램
5. 여가, 스포츠, 건강, 사회성 학습 관련 프로그램</td></tr>
<tr><td>부분 의무형 온종일 학교
(Teilweise Gebundene Ganztagsschule)</td><td>취약계층 학생이나 이주민 학생 등 일부 학생들만 의무적으로 참여</td></tr>
<tr><td>개방형 온종일 학교
(Offene Ganztagsschule)</td><td>학생이 스스로 참여 여부를 결정</td></tr>
<tr><td>교육적 점심 돌봄
(Schulen mit Padagogischer Mittagsbetreuung)</td><td>점심식사를 제공하며 짧은 시간 돌봄을 제공</td></tr>
</table>

3) 학교 외 프로그램

학령기 학생을 위한 학교 외 돌봄 프로그램은 대부분 지자체 청소년 관청의 관리하에 있는 '호르트(Hort)'에서 이루어진다. '호르트'란 독일 아동과 청소년 지원 기관의 중요 프로그램 중의 하나로 초등학교 입학생부터 14세까지의 청소년이 이용 가능한 학교 외부의 보육·교육기관이다.

호르트의 시작은 '취학 아동의 집(Hort: 호르트)'이라는 사회교육기관에서 별개의 방과 후 활동을 전담해 오면서부터였다. 호르트는 학령기 아동을 위한 주간 보호기관으로 영유아 보육 기관과 마찬가지로 대부분 지방행정 당국의 지원을 받았다. 1871년에 슈미트 슈바르첸베르그(Schmidt Schwarzenberg) 교수가 에를랑엔에 민중교육협회를 창설한 1년 뒤 '해바라기'라는 독일 최초의 호르트가 출현하였다. '해바라기'는 도시 지역 영세민 가족의 소년들을 위한 호르트로서 소년들은 일주일에 세 번, 하루에 두세 시간씩 목공일이나 정원일을 배우는 것이었다. 이러한 활동은 무미건조한 학교생활을 하는 소년들에게 자극과 활기를 주었다.

이 때문에 호르트는 급속하게 확산되어 소년들뿐만 아니라 매춘의 수렁에 빠지는 소녀들을 위한 호르트로서 베를린, 뮌헨, 함부르크 같은 대도시에 생기기 시작했다. 이와 함께 혼성 호르트도 증가해서 1913년에는 독일의 256개 지역에 1,245개의 호르트가 생겼고, 81,241명의 아동이 호르트를 이용하였다. 초기에는 호르트가 이혼한 부모의 아동이나 다루기 힘든 아동을 위한 탁아소로 잘못 인식되었고, 교사 양성과정에서조차도 호르트는 강조되지 않았다. 그러나 1920년부터 1932년까지의 기간은 호르트 교육의 개화기로서 '학령기 아동의 보호'라는 취지 아래 모든 의무 교육 연령층 아동의 복지를 포괄하는 다양한 호르트 프로그램의 기초를 다졌다(정미리, 2000).

하지만 현재, 독일의 학령기 학생을 위한 돌봄 프로그램은 온종일 학교의 확대와 통합으로 학교 외부 교육기관인 호르트는 감소추세에 있으며 일부 호르트는 학교와 협력하여 학교 내에서 운영되고 있기도 하다.

3. 일본

일본은 제2차 세계대전 이후 급속한 산업화 과정에서 여성의 노동력이 요구되었고, 맞벌이 가정이 늘어나면서 이로 인한 사회적 문제가 발생하여 방과후아동이 안전하게 머물고 지원받을 수 있는 방과후보육에 대한 대책을 마련하게 되었다.

일본의 방과후아동지도 시설 수는 1988년에 6,100여 개였고, 그 후 1995년 방과후교실은 8,143개이지만, 운영 주체나 형태가 자치단체에 따라 크게 다르며, 그 목적이나 내용도 매우 다양하다. 설치 주체에 따라 공립공영, 공설민영, 공설위탁, 위탁방식, 보조방식, 공동보육으로 나누어지며, 운영주체에 따른 분류는 설치주체와 분류는 동일하지만 위탁 여부에 따라 달라진다. 학령 보육 대상 아동의 연령에 관한 규정은 각 지방마다 다르지만 대부분 초등학교 1~3학년 아동을 대상으로 규정하고 있다. 학령 보육시설을 이용할 수 있는 아동에 대한 규정 역시 각 지방마다 다양한데, 주로 ① 하교 후 보호자의 취업으로 인하여 보호자, 근친자 혹은 이웃이 보호할 수 없는 상태의 빈집 가정의 아동, ② 보호자의 장기 질병으로 인하여 보호자를 대신할 자가 없는 가정의 아동, ③ 보호자의 부재 상태로 있는 기간이 연 150일 이상 3개월까지 지속되는 경우의 아동, ④ 학교 교육법에 규정된 소학교에 재적하는 자, ⑤ 보육 결핍이 인정되는 아동, ⑥ 빈집 가정 아동을 중심으로 맞벌이 가정, 부자 가정, 모자 가정 아동 등으로 규정하고 있다(한국선, 2002).

2011년도 문부과학성 조사에 따르면(김수동, 양애경, 2014), '방과후아동교실'은 9,733곳이 있으며, 그중 초등학교 교실에서 실시하고 있는 곳이 진체 초등학교의 71.8%(6,993개소)에 이른다. 지원금액은 5,157백만 엔으로 방과후아동교실을 이용함에 있어서 부모의 비용 부담은 없다.

후생노동성에서 지원하는 방과후아동 건전육성사업인 '방과후아동 클럽'은 2012년 5월 기준, 21,085곳에서 운영되며, 초등학교 내에서 실시하는 곳이 51.6%(10,864곳)이다. 맞벌이 가정의 초등 1~3학년을 대상으로 실시하는데, 평일과 토요일이나 방학기간, 학교 휴업일에 대비해 8시간 이상 운영하고 있다. 2012년 기준으로 2만 1,805곳에서 실시하고 있으며, 학교 안에서 실시하는 곳은 절반 정도 된다. 운영은 보통 저녁 6시 또는 7시까지 하고 있으며, 운영 주체는 공립 공영이 40.3%, 공립 민영이 43%, 사립 민영이 16.7%를 차지한다(최정은, 2014).

1) 지원

방과 후 어린이 플랜 사업의 재정은 문부과학성과 후생노동성, 도, 도, 부현, 시, 정, 촌이 각각 1/3씩 부담하고 있으며, 2011년도 재정 가운데 국고보조는 51억 5,700만 엔이었다.

2) 방과 후 사업 현황

지자체에 따라서 방과 후 어린이 교실과 방과 후 아동 클럽을 별도로 운영하는 곳이 있는가 하면 통합하여 운영하는 곳도 있어 지역의 실정에 맞게 다양한 형태로 운영되고 있다고 할 수 있다. 방과 후 어린이 플랜 사업을 정리하면 다음과 같다(교육정책네트워크 정보센터 기획기사, 2013c. 8. 25).

표 4-4 | 방과 후 어린이 플랜 사업

주관부처	명칭	내용
문부과학성	방과 후 어린이 교실	• 비용: 무료 • 자연체험, 환경학습 관련 프로그램: 자연관찰, 자연에서의 놀이와 생활, 노작체험 • 교과학습에 관한 프로그램: 국어, 영어 그 외 어학관련 프로그램, 산수, 과학, 사회관련 프로그램 • 스포츠 프로그램: 실내 스포츠, 실외 스포츠 • 전통문화계승과 이문화 이해 프로그램: 일본 전통문화 프로그램, 이문화 이해 프로그램 • 음식, 요리체험 프로그램: 일본음식, 해외음식 만들기 프로그램 • 예술 체험활동 프로그램: 미술체험, 음악감상 및 체험 프로그램 • 다른 연령, 세대 간의 교류 프로그램: 초 · 중학생 교류, 학교 간 교류 발표회, 세대 간 교류 • 놀이 프로그램: 단체 놀이, 소인원 놀이 • 그 외 프로그램: 정보화, 국제화 대응 프로그램, 안전대책 중시 프로그램, 자원봉사활동 프로그램 등
후생노동성	방과 후 아동 클럽 (방과후아동 건전육성 사업)	• 대상: 맞벌이 가정의 초등학교 1~3학년의 학생 • 정원: 40명(최대 70명까지. 그러나 적정 인원 초과 시 재정보조가 줄어듦) • 운영일 및 시간 – 평일 오후 6~7시 – 토요일 및 방학기간: 오전 8~9시 시작, 오후 6~7시 종료(평균 8시간 이상 운영) • 비용: 무료

토의 및 발표 과제

1. 외국의 방과후아동지도에 대한 내용을 조사하여 발표한다.
2. 외국의 방과후아동지도와 국내의 방과후아동지도를 비교하여 발표한다.

5

아동기 발달 특성

AFTER SCHOOL PROGRAM

학령기란 조직적 생활이 시작되는 초등학교 1학년부터 초등학교를 졸업하는 12세까지의 시기를 말하며, 학동기라고도 한다. 학령기를 Piaget는 구체적 조작기, Freud는 잠재기, Erickson은 근면성이 발달하는 시기라고 하였다. 이 시기는 정신적으로나 신체적·사회적으로 여러 가지 발달적 특징을 가진다. 신체적으로 발달속도가 완만하게 이루어지며, 정신적으로는 두뇌의 발달에 있어서 거의 성인에 가까워지고, 그 기능도 조직적으로 분화·발달한다.

학령기는 생활의 중심이 가정에서 학교로 옮겨지는 시기이며, 공동생활을 통해 타인을 이해하고 부모의 영향권에서 벗어나 또래들 간의 접촉이나 인정에 민감한 반응을 보이는 시기이다. 그러므로 이 시기부터는 사회적 환경이 훨씬 광범위해져서 또래 집단, 대중 매체 등의 영향을 받게 된다. 특히 이 시기는 도당 시기(gang age)로 아동이 친구와 함께 집단 속에서의 생활에 몰두한다. 이 시기의 아동은 또래 집단으로부터 직접적으로 우정과 적의, 질투와 배반, 사회적 구조, 내집단과 외집단, 지도력과 추종력, 정의와 부정 등에 대해 배운다. 또한 사회생활에 필요한 여러 방법을 터득하고 자신이 속한 문화의 가치관과 행동 양식을 획득한다. 이 시기는 대인 관계의 확대와 더불어 개인적으로 자기를 주장하여 사회적 환경에 적응할 수 있는 행동 양식과 습관을 형성하게 되므로 사회적·도덕적 발달이 두드러지게 이루어진다. 특히 사물의 지각과 판단에 있어서 자기 중심성(ego centrism)과 지각 의존성(perceptual dependency)이 극복된다(김재인 외, 2000).

학령기 아동은 자기 자신을 이해하고, 통제할 수 있으며, 또래들과 잘 어울리는 방법을 습득하는 정서적·사회적 발달을 이루어야 한다. 또한 일상생활에서 부딪히는 다양한 사회적 상황과 문제 상황에서 해결책을 찾고 풀어나가는 효율적인 적응 방식을 습득해 나가야 한다.

Piaget와 Havighurst는 아동의 발달 특성을 다음과 같이 제시하고 있다. Piaget는 인간의 발달을 감각운동기(0~2세), 전조작기(2~7세), 구체적 조작기(7~11세), 형식적 조작기(11~15세)로 분류하고 각 단계에서 나타나는 인지 구조의 특성을 제시하였다. 학령기 아동은 구체적 조작기에 해당하고 초등학교에 입학하면서 시작되며, 심리적 발달 측면에서는 잠재기로서 비교적 평온한 상태지만 인지적 발달 면에서는 소극적으로 결코 조용한 시기가 아니라고 하였다. 즉, 이 시기의 아동은 주위 환경에 대한 탐색과 아울러 지적 탐색이 매우 활발한 활동적인 시기인 것이다. 실제로 이 시기의 아동은 운동이나 게임 그리고 지적 활동과 같은 사회적으로 용납되는 행동에 에너지를 투여하게 된다.

Havighurst(1972)는 인간의 발달 단계를 영아기와 유아기(0~6세), 아동기(6~12세), 청년기(12~18세), 성년 초기(18~30세), 중년기(30~60세), 노년기(60세 이후)로 분류하여 단계별 발달 과업을 제시하였다. 아동기의 발달과업으로는 일상적인 활동에 필요한 신체적 기술 배우기, 성장하는 자신에 대한 건전한 태도 형성하기, 친구와 사귀는 법 배우기, 읽기, 쓰기, 셈하기의 기본 기술 익히기, 일상생활에 필요한 개념 학습하기, 양심, 도덕, 가치 체계 발달시키기, 적절한 성역할 학습하기, 사회집단과 제도에 대한 태도 기르기 등을 들고 있다(민영순, 1996).

아동기에 나타나는 일반적인 발달 특성은 다음과 같다(이경화 외, 2001).

첫째, 신체적인 성장 속도는 더욱 완만해진다. 신체적으로 가장 두드러진 변화인 2차 성징은 빠르면 초등학교 4학년경부터 나타나기 시작한다.

둘째, 인지 발달의 결정적인 변화가 온다. 이 시기는 Piaget가 말하는 구체적 조작기와 형식적 조작기에 해당되는데, 아동이 뇌 속에 저장하는 지식의 양이 많아지는 시기로 학교에서의 다양한 학습에 적응하고 이를 사고할 수 있는 능력을 갖추게 된다.

셋째, 학교생활의 시작과 적응, 그리고 또래 문화의 형성과 발달이 이루어진다. 학교라는 공간을 통해 새로운 세계를 접하고 지식을 습득하게 되는 변화의 시기이다. 또래 문화와 또래 관계는 사춘기와 청소년기를 거치면서 없어서는 안 될 인생의 중요한 요인으로 작용하게 되며 성인이 된 후 사회생활과도 밀접한 관련이 있다.

넷째, 외모, 재능, 지적인 능력 그리고 취미에 있어서 개인차를 보이면서 각기

개성을 지닌 하나의 고유한 인격체로 성장해 나간다.

이런 특성을 지닌 학령기 아동에 대한 발달을 신체 및 운동, 사회성, 정서, 언어, 인지 발달로 나누어 살펴보고자 한다.

1. 신체 및 운동 발달

1) 신체 발달

아동의 신체적 발달은 정신 발달과 밀접한 관계가 있다. 그러므로 아동의 신체적 발달에 관한 인식이 필요하다. 이 시기의 신체적 결함은 신체적 의미만 있는 것이 아니라 정신적·정서적으로도 큰 영향을 미치기 때문이다. 아동기의 신체 성장과 발달은 영유아기나 청년기에 비해 비교적 느리게 진행되지만, 영구치가 나고 대·소근육의 조절과 협응 능력이 급격히 향상된다. 또 이미 획득된 운동기술이나 근육들의 협응이 보다 세련되고 정교해진다. 더불어 반응에 소요되는 신체적 움직임, 즉 동작이 신속해진다.

우리나라 남아의 경우, 평균 신장이 6세경에 119cm이고, 초등학교를 졸업하는 12세경에는 151cm 정도가 된다. 여아의 평균 신장은 6세경에 118cm에서 12세경에는 160cm로 자라게 된다. 1년에 평균 5cm 정도 신장이 증가된 것이다. 이 시기는 체중의 변화도 현저하다. 남아의 경우 평균 체중이 6세경에 22kg이었던 것이 12세경에는 42kg이 된다. 여아는 6세경에 평균 21kg이었던 것이 12세경에는 43kg으로 증가한다. 가슴둘레 역시 남아의 경우 6세경에 59cm 정도였다가 12세경에는 73cm로 커진다. 여아의 경우 6세경에 57cm이고 12세경에는 75cm이다. 신체 발달은 매년 성장 추세를 보이고 있는데, 국가 경제력이 커질수록 국민의 영양 섭취가 좋아지고 운동 환경이 나아지기 때문이라고 볼 수 있다. 특히 신체 발육 상황은 사회·경제적으로 상류층일수록 발달이 양호한 것으로 나타난다(박미아, 문현경, 김을상, 조금호, 이규한, 1996).

우리나라 여아의 초경은 만 12세 14.1%, 13세 36.9%, 14세 30.8%, 15세 12.0%로 전체 여아의 94%가 12~15세 사이에 초경을 하는 것으로 나타났다. 또 남아의 몽정 경험은 13세 17.0%, 14세 29.9%, 15세 30.2%, 16세 12.2%로 전체 남아의 90%가 13~15세 사이에 몽정을 경험하는 것으로 나타났다. 따라서 2차 성징인 초경이나 몽정이 나타나는 시기가 여아가 남아보다 1~2년 빠른 것을 알 수 있다(윤영애, 강순미, 조대현, 2012). 아동기 초기에는 남아와 여아가 성별에 따라 차이를 별로 보이지 않다가 사춘기가 되면 2차 성징이 나타나면서 남아와 여아 간에 뚜렷한 차이를 보이기 시작한다.

2) 운동 발달

운동 발달은 신체 발달과 병행하는 것으로 소뇌 발달과 밀접한 관계가 있다. 소뇌는 걷기를 배우기 시작하는 영아기에 가장 빨리 발달하고, 5세까지 성인의 크기와 비슷해진다. 아동은 이 시기에 일생을 통해 활동하게 될 모든 기초를 다 습득하게 된다. 즉, 이 시기는 유아기에 배운 운동 기능을 더욱 완성시키면서 새로운 기능을 습득해 가는 실행기이자 통합의 시기이며, 이전에 비해 성숙 요인보다 학습 요인이 발달에 더 큰 영향을 준다고 할 수 있다.

5~7세 사이는 중추 신경 및 대뇌 발달이 이루어져서 지각이나 운동 발달이 보다 더 세련되고 정교화되며 반응에 소요되는 동작 시간과 결정 시간이 모두 신속해지므로 운동 능력이 발달하게 된다. 이러한 운동 발달은 지적, 사회적, 정서적 발달을 촉진시킬 뿐 아니라 성격 형성에도 중요한 영향을 준다. 또한 빨리 달리고 운동 능력이 뛰어난 아동은 또래 집단 사이에서 인기가 있어 자아존중감이 높아진다. 이 시기는 장난감이나 기구를 사용하는 것보다는 자신의 신체를 사용하는 것에 더 흥미를 가지게 된다. 12세에 이르면 팔, 어깨, 손목의 근육 통제는 거의 성인

수준에 달한다. 12세까지는 남아와 여아의 성차가 별로 나타나지 않으면서 운동 속도와 세기 등이 점점 더 증가한다. 아동기의 운동 발달 과정에서 나타나는 대·소근육 발달을 연령별로 살펴보면 다음과 같다(이옥 외, 1996; 최경숙, 박영아, 2005).

표 5-1 | 아동기의 대근육 발달과 소근육 발달

연령	대근육 발달	소근육 발달
6세	• 적절하게 몸과 발을 움직이면서 공을 던질 수 있다. • 작은 공을 여아는 평균 5m 79cm, 남아는 평균 10m 36cm까지 던질 수 있다. • 줄넘기를 할 수 있다. • 여아와 남아 모두 평균 18cm까지 위로 뛰어오를 수 있다. • 제자리멀리뛰기를 여아는 평균 84cm, 남아는 평균 91cm까지 뛸 수 있다. • 여아는 동작을 정확하게 할 수 있으며, 남아는 힘이 세다.	• 그림을 그리고 색칠하는 것을 좋아한다. • 자르고, 풀로 붙이고, 미숙하지만 바느질을 할 수 있다. • 찰흙으로 단순한 형태를 만드는 것을 즐긴다. • 칼을 이용해서 빵에 버터나 잼을 펴 바를 수 있다. • 신발끈을 묶고 옷을 여밀 수 있다.
7세	• 한 발로 균형을 잡는 것이 가능해진다. • 5cm 너비의 평형대 위를 걸을 수 있다. • 작은 네모 칸 안으로 정확하게 뛸 수 있다. • 깡충 뛰기 운동을 정확하게 할 수 있다. • 바닥에 그려 놓은 그림을 따라 한 발이나 두 발로 뛰어다닐 수 있다. • 팔 벌려 뛰기를 할 수 있다. • 작은 공을 여아는 평균 7m 62cm, 남아는 평균 13m 72cm까지 던질 수 있다. • 여아는 평균 20cm, 남아는 평균 23cm까지 위로 뛰어오를 수 있다. • 제자리멀리뛰기를 여아는 평균 1m 4cm, 남아는 평균 1m 9cm까지 뛸 수 있다. • 오랜 시간 동안 같은 자세를 유지할 수 있다.	• 손의 움직임이 안정된다. • 크레파스보다는 연필을 선호하기 시작한다. • 철자를 거꾸로 쓰는 것이 줄어든다. • 그림이 작아진다. • 머리를 잘 빗을 수 있다.

연령	대근육 발달	소근육 발달
8세	• 남아와 여아 모두 5kg 정도의 무게를 들 수 있다. • 다양한 방식으로 리듬감 있게 뛰기를 할 수 있다. • 여아는 평균 10m 36cm, 남아는 평균 17m 98cm까지 공을 던질 수 있다. • 여아는 평균 23cm, 남아는 평균 25cm까지 위로 뛰어오를 수 있다. • 제자리멀리뛰기를 여아는 평균 1m 27cm, 남아는 평균 1m 40cm까지 뛸 수 있다. • 남아와 여아 모두 게임을 가장 많이 하는 시기이다.	• 쥐는 힘이 강해진다. • 망치와 같은 도구를 사용할 수 있다. • 먼지 털기와 쓸기 같은 집안일을 도울 수 있다.
9세	• 남아는 1초에 5m를 달릴 수 있다. • 여아는 평균 12m 50cm, 남아는 평균 21m 64cm까지 공을 던질 수 있다. • 여아는 평균 25cm, 남아는 평균 28cm까지 위로 뛰어오를 수 있다. • 제자리멀리뛰기를 여아는 평균 1m 35cm, 남아는 평균 1m 45cm까지 뛸 수 있다. • 지각 · 운동 협응이 더욱 세련된다. • 먼 거리에서 날아오는 작은 공의 위치를 추정하여 잡을 수 있다.	• 손을 더욱 원활하게 사용할 수 있다. • 철자 크기가 더 작아지고 더욱 일정해진다.
10세	• 여아는 1초에 5m 정도를 달릴 수 있다. • 여아는 평균 14m 94cm, 남아는 평균 28m 65cm까지 공을 던질 수 있다. • 여아는 평균 25cm, 남아는 평균 28cm까지 위로 뛰어오를 수 있다. • 제자리멀리뛰기를 여아는 평균 1m 45cm, 남아는 평균 1m 55cm까지 뛸 수 있다.	• 유용한 물건을 만들 수 있고, 간단한 수선 작업을 할 수 있다. • 여아가 남아보다 소근육 기술이 앞선다. • 음식을 만들 수 있다.
11세	• 남아는 1.8m 정도 넓이뛰기를 할 수 있고, 여아는 남아보다 조금 덜 뛴다. • 여아는 평균 17m 68cm, 남아는 평균 32m 31cm까지 공을 던질 수 있다. • 여아는 평균 28cm, 남아는 평균 31cm까지 위로 뛰어오를 수 있다. • 제자리멀리뛰기를 여아는 평균 1m 58cm, 남아는 평균 1m 68cm까지 뛸 수 있다.	• 자신이 머리를 감고 말릴 수 있다. • 정교한 공예품을 만들 수 있다.

2. 사회성 발달

초등학교에 입학하면서 학교, 놀이터, 학원 등 가정 이외의 장소에서 친구들과 어울려 노는 데 많은 시간을 보내면서 친구 관계를 중요하게 생각하고 또래 집단을 형성하게 된다. 이 시기에는 자신의 용모, 능력과 행동 등의 사회적 비교를 통해 현실적인 자신을 평가하게 되고, 이를 통해 다른 사람의 기대치를 내면화함으로써 이상적인 자기 모습을 형성하게 된다(윤영애 외, 2012).

1) 또래 집단과 사회성 발달

아동기의 사회적 환경은 가정과 이웃에서부터 학교나 학급으로 확대되며 아동이 학교에 입학하면서부터 사회적 행동에 변화가 생긴다. 아동은 부모에게 덜 의존하게 되며 대인 관계의 범위가 점차 넓어진다. 따라서 자기 중심성에서 점차 탈피하여 행동이 사회화되고, 관심 또한 주관적 세계에서 객관적 세계로 옮겨가며, 개인주의 시기에서 집단행동의 시기로 변화한다.

대부분 저학년 아동은 자기 중심적 특성이 있어서 사회적 관계에 미숙하고 생활 전반에 걸쳐서 성인에 의존하는 경향이 남아 있다. 그러나 4학년부터는 학교생활에 익숙해지고 학급의식을 넘어 우리 의식(we-consciousness)이 발달하여 교우관계가 리더를 중심으로 한 집단이 형성된다. 이 집단을 도당이라고 하며 9~12세까지의 시기를 도당 시기라고 한다. 이때 사회적 의식이 급속도로 발달하게 되어 사회성이 발달하면서 점차 이기성이 줄고 실용성이 증대한다. 이는 단순한 연령 증가에 따른 변화가 아니며 부모나 교사의 지도에 의하여 사회화되는 데에 따르는 것이다. 그리고 친구들과 어울려 생활하는 가운데 다른 아동의 욕구를 알게 되고 그 입장을 인식하게 된다. 즉, 사회적 통찰이 발달하게 되어 타인과의 교섭이나 협동에 익숙해지고, 사회생활에 대한 적응 능력이 생기게 된다(김재인 외, 2000).

이렇게 형성되는 또래 집단은 다음과 같은 이유에서 중요하다(이옥 외, 1996).

첫째, 아동 개개인에게 소속감을 준다. 아동은 또래 집단의 가치, 태도, 공격적 행동 등에 동조하고 그들만의 세계를 만들어 소속되고자 한다.

둘째, 또래 집단의 구성원들은 서로 교사로서의 역할을 한다. 부모나 교사와는 달리 수평적 관계가 유지되므로 억압되는 것 없이 모범적인 또래를 동일시하게 되며 서로 간에 교사의 역할이 가능하다. 또래 집단은 아동이 사회에서 살아가는 방법을 배우게 한다. 아동은 자신의 요구와 욕망을 조절하는 방법과 시기를 배우고 양보를 배운다.

셋째, 또래는 서로의 문제 해결을 돕는 심리 치유자의 역할을 한다. 또래 집단은 아동으로 하여금 살아가는 데 필요한 가치를 선택하도록 해 주며 다른 아동과 의견, 감정을 교류하며 정서적 안정감을 제공한다. 때로는 어른이 줄 수 없는 편안함을 또래가 줄 수도 있다.

7~8세경의 아동은 이성 친구보다 동성 친구에게 더 많은 관심을 보이고 어울리며, 때로는 남아들이 무리지어 다니며 여아들을 놀리기도 한다. 9~11세에는 어색하지만 이성 친구에게 관심을 나타내기 시작한다.

2) 가정과 사회성 발달

아동이 최초로 접하는 사회는 가족이고 전적으로 의존하고 지지받을 수 있는 존재는 부모이다. 이러한 부모와의 관계는 아동의 성격 형성에 큰 영향을 끼친다. 규제를 많이 하는 어머니 밑에서 자란 아동은 흔히 순종적이고 의타적이며, 부끄러워하는 경향을 나타내며, 지배적인 면이 적은 반면 예의 바르고 깔끔하며 여유가 있다. 이러한 아동은 호기심이 적고 스스로 시작하는 활동이 적다. 어머니와의 관계가 긍정적일 때 아동이 스스로 자율성을 키우고 자아에 대해 생각하게 된다. 부모는 아동의 모델이 되어야 하며 지도자로서의 역할을 해야 하며 지속적인 관심을 가지고 지켜보는 것이 무엇보다도 중요하다.

형제가 있고 없는 것 또한 아동의 성격 형성에 상당한 영향을 준다. 외동이는 자신이 가족의 중심이라는 관념을 떨쳐버리기 어려워 밖에 나가 또래 친구들과의 관계에서도 자신이 중심이 될 것을 기대하고, 그렇지 못할 경우 좌절한다. 반면 형제가 많은 집의 아동은 가족 밖의 아동이나 단체에 훨씬 쉽게 적응하는데 이는 그들이 가정에서 보다 많은 사회적 기회를 경험했기 때문이라고 볼 수 있다.

3) 도덕성과 사회성 발달

도덕이란 사회생활의 규범이며 인간 행동의 규칙이다. 도덕적 규칙은 사회에 따라 다르기 때문에 무규범적인 아동은 사회생활을 통해 도덕성을 발달시켜야 한다. 참다운 도덕성이란 사회적 규범에 일치하며, 개인에 의하여 자율적으로 행하여지는 행동으로 실현된다고 할 수 있다. 그러므로 도덕성은 어려서부터 생활 속에서 건전한 방향으로 길러지도록 노력해야 한다. 그렇다고 해서 결코 강제로 되는 것은 아니므로 아동의 지적·정서적 및 사회적인 성장과 발달의 수준에 맞는 바람직한 생활습관을 통해서 도덕성 발달이 이루어져야 할 것이다. 아동기에 있어서 도덕의식은 결과론적인 것에서부터 동기론적인 것으로 이행하는 것이 일반적인 발달적 경향이다.

도덕적 행동과 성격의 발달을 이루는 요인으로서는 선천적 조건과 후천적 조건의 두 가지 측면을 생각할 수 있다. 선천적인 조건은 지능, 연령, 도덕의식 등의 유전적 영향을 들 수 있으며, 후천적인 조건에는 가정, 교우 관계, 교회, 학교, 오락 등의 환경적 영향을 들 수 있다. 이 두 방향은 다른 심신의 특성에 있어서와 같이 독립하여 움직이는 것이 아니고 끊임없이 하나의 체제로서 상호작용적인 관계를 유지하며, 아동의 도덕의식에 커다란 영향을 미친다(김재인 외, 2000).

3. 정서 발달

정서(emotion)란 희로애락의 급격한 감정의 흥분 상태, 즉 어떤 외적 자극이나 개체의 내적 조건에 의해서 일어난 변화를 계기로 동요되고 흥분될 때 경험하는 심리 상태라고 볼 수 있다. 인간이 느끼는 정서에는 흥미, 사랑, 기쁨, 놀람, 두려움, 분노, 혐오, 공포, 수치, 죄의식, 고뇌 등이 있고 정서적인 경험은 개인과 문화에 따라 다르며 한꺼번에 다양한 정서를 느낄 수 있다. 부정적인 정서에는 두려움, 분노, 실망, 슬픔, 혐오감 등이 있는데 이 정서는 기분 나쁘게 하고 위험하거나 불편함의 신호가 된다. 반면 긍정적인 정서에는 기쁨, 사랑, 호기심, 즐거움 등이 있는데 이는 아동에게 안정감과 편안함을 주며 아동으로 하여금 어떤 행동이나 관계가 자신에게 좋을 것이라고 여기게 한다. Hurlock(1955)은 아동에게 나타나는 가장 공통적인 정서의 유형으로 공포, 노여움, 질투, 애정, 기쁨, 호기심 등을 들고 있다(민영순, 1996, 재인용).

학령기 아동은 인정받고 비평받는 것 모두에 민감하여 남이 자신을 좋아할 수 있도록 타인에게 관대하고 협조적이 된다. 긍정적인 강화는 아동들이 바람직한 태도로 행동하도록 도와주기 때문에 긍정적인 자아 존중감의 발달을 강화시킨다. 또한 이 시기의 아동은 또래 집단에 동조하지 못하는 것에 두려움을 느끼고 또래의 압력에 쉽게 동조하는 경향이 있다. 그 밖에도 학업에서의 실패, 무서운 이야기, 상처, 부모나 친구 또는 자신의 죽음 등에 두려움을 느낀다. 이러한 아동에게는 자신의 무서움이나 두려움을 표현하도록 해 주며, 노력하면 괜찮아질 것이라는 점을 확신시켜 주어야 한다. 또한 상상력의 사용을 타당화시키고 안전에 관한 예방책을 가르쳐야 한다.

이 시기의 아동은 유치한 감정을 나타내며 당황하기도 하므로 아이들이 이끄는 대로 존중하고 따라 주어야 한다. 그리고 혼자 있을 때나 다른 사람들 앞에서 자신의 감정을 표현하도록 강요하지 않아야 한다(정민자, 박초아, 이진숙, 1997).

1) 부정적인 정서

(1) 공포심

공포심은 유아 시절 '낯선 사람에 대한 불안'으로부터 시작된다. 공포는 일상생활에서 자신의 안정을 위협한다고 느껴지는 대상으로부터 멀리하여 개체의 안정을 유지하려 할 때에 일어나기도 하고, 시각적이고 청각적인 대상이나 구체적이고 직접적인 자극에 의해 일어나기도 한다. 그러나 성장함에 따라 상상적이고 비현실적인 것에 대한 공포로 이동하는 경향이 있다.

또한 공포의 대상은 연령의 증가에 따라 변화한다. 유아기에는 공포의 대상이 주로 직접적 환경 내의 사건에 국한되어 있던 것이 성장하면서 점차 과거를 회상하고 미래를 예상하는 능력을 가지게 되면서 미래에 일어날 가능성이 있다고 생각하는 상상의 대상과 공상적인 현상에 대해서도 공포를 갖게 된다. 이러한 공포 대상의 변화는 아동의 성장 발달에 따른 심리적 세계와 경험의 확대에 의해서 일어나는 것이다.

공포는 아동의 행동 발달에 많은 영향을 미친다. 아동이 지닌 불안이나 공포의 대부분은 정당한 근거는 희박하지만 신중하게 행동하는 동기를 부여한다. 즉, 공포는 아동으로 하여금 어떤 종류의 위험을 피하게 하며, 일어날지도 모르는 위험에 대하여 준비 자세를 취하게 한다.

(2) 분노

아동기의 분노란 욕구 불만이나 욕구의 좌절에 의해서 일어나는 정서를 말한다. 아동기에는 분노가 공포보다 더 자주 나타난다. 그 이유는 아동의 생활환경에는 공포를 일으키는 자극보다 분노를 일으키는 요소가 더 많고 아동이 화내는 일이 주의를 끌거나 욕구를 만족시키는 좋은 방법임을 알기 때문이다.

아동기의 분노 표출을 연령별로 살펴보면 다음과 같다. 7세에는 그 이전보다 공격 행동은 줄어들지만 형제 혹은 친구끼리 자주 싸운다. 8세에는 신체적 공격이 줄고 언어적 공격, 즉 말다툼, 별명 부르기, 욕 등의 표출이 많아진다. 9세에는 말다툼이 상호 간의 비판에 의한 공격으로 변한다. 10세에는 남아는 동료로부터 소외되었을 때, 여아는 용모나 옷차림에 대해 놀림을 받았을 때 말다툼을 하게 된다. 11세에는 말다툼이 감정을 상하게 하는 방법을 취하고 분노를 억제할 수 있다. 12세에는 부모나 교사의 행동을 비판하면서 분노를 나타낸다. 말다툼이 논리적으로 되고 계획적인 복수도 하며 분노를 불평으로 나타내기도 한다.

형제나 친구와 싸우고, 누군가를 때리고 위협하며, 돌 던지기, 별명 부르기, 달아나며 위협하기 등의 행동은 분노의 표현이다. 아동은 자제력을 키우고, 문제 해결력을 기를 필요가 있다. 따라서 교사는 아동에게 분노를 조절하는 긍정적인 역할 모델을 제공하며, 분노를 표현하는 바람직한 방법을 가르쳐 주어야 한다. 아동에게 화가 날 수는 있으나 그 감정을 말로 표현하고 화난 이유를 말로 설명해야 한다는 것을 가르쳐야 한다. 더불어 아동 모두가 사랑받고 있음을 확신할 수 있도록 해 주어야 한다.

(3) 불안

불안은 공포의 일종으로 무서워하는 대상이 확실하지 않은 심리 상태, 즉 막연한 공포를 의미한다. 아동기는 지적 발달 특히 상상력의 발달과 생활 여건의 확대에 따라 여러 가지 문제에 대해서 불안이 생긴다. 이 시기의 불안은 주로 부모와 자녀와의 관계에서 발생하는 갈등과 교사의 통제적 지도에 대한 공포, 그리고 가정생활과 학교생활과의 부조화의 영향을 크게 받는다.

(4) 질투

질투는 분노의 특수한 경우로서 애정의 상실로 인해 나타내는 반응이다. 즉, 질투는 노여움, 공포, 애정 등의 혼합형으로서 자기에게 사랑과 관심을 쏟던 사람이 다른 사람에게 사랑과 관심을 쏟게 될 때 일어난다. 아동기의 질투는 대부분 학업 성적, 명예나 지위 등에 있어서의 경쟁, 친구나 교사를 독점하려는 욕구에서 기인한다. 질투를 느낄 때는, 상대방을 때리거나 들볶거나 짓궂게 구는 것과 같은 신체적 표현을 많이 사용한다. 이 시기의 질투는 사회성 발달에 지장을 주어 사회 적응을 곤란하게 하는 경우도 있다.

질투심은 대체로 내향적인 아동보다도 적극적이고 공격적인 아동에게 많고, 리드당하는 아동보다는 리드하는 아동에게 더 많다. 또한 지능이 높은 아동일수록 질투심이 많고, 남아에 비해 여아가 질투심이 많으며, 가족 수가 많은 가정의 아동일수록 질투심이 적다.

2) 긍정적인 정서

(1) 애정

아동기에 있어서 애정은 공포나 분노처럼 뚜렷한 정서적 특성이 없는 단순한 감정의 상태이다. 이 욕구가 부모에 의해 충족되고 있는가의 여부가 아동의 성격 발달에 커다란 영향을 미치며, 특히 자아 개념 형성에 중요한 영향을 미친다. 즉, 타인으로부터의 애정과 인정을 받고 수용되는 것이 자기를 승인하고 자기를 수용하는 전제가 된다.

아동의 바람직한 정서 발달을 위해서는 안정된 환경과 자극 상태가 주어져야 한다. 욕구가 충족되고 신체적 상태가 좋을 때에는 자신과 사회관계를 맺고 있는 사람에게 애정과 신뢰감을 표현하며 안정감을 갖는다. 따라서 긍정적인 인간관계의 경험을 갖도록 기회를 제공하고 바람직한 친구 관계 등을 격려할 필요가 있다.

부모 자녀 간의 애정 관계가 원만하지 못한 아동의 경우에는 부적응 행동, 정서적 부적응, 이상 행동을 나타내며 안정감이 부족한 아동일수록 애정을 받으려고 갈구하고, 애정을 얻기 위해서 주의 획득적(attention-getting)으로 행동한다. 반면에 자녀에 대한 부모의 애정이 지나치게 과잉 충족되었을 때 아동의 사회성 발달이 지연되고, 독립성, 자율성을 가로막는 결과를 가져온다. 또한 사람의 접촉이 제한되어 있는 시설의 아동은 방어적이거나 다른 사람들의 따뜻한 사랑을 순수하게 받아들이지 못해 불안해하거나 의심을 나타내는 경우가 많다(민영순, 1996).

(2) 기쁨

기쁨의 정서도 다른 정서 표현과 마찬가지로 처음에는 감각적, 생리적인 욕구의 충족에서만 기쁨을 느끼다가 성장·발달함에 따라 사회관계의 중요성이나 자아실현의 기회를 뚜렷하게 느끼게 되면서 사회적·정신적 욕구의 충족에서 기쁨을 느끼게 된다.

(3) 호기심

호기심이란 정보와 지식, 특히 반쯤 알고 있는 사건과 사태에 대해 더 알고 싶어하는 경향이다. 아동기의 호기심은 아동의 성장·발달에 따라 다르게 나타난다. 아동기 호기심의 대상은 주로 자연현상에 관한 객관적인 지식인데, 직접적인 탐구 또는 질문을 통해 만족을 얻지 못한 호기심은 독서를 통해서 만족하게 된다. 호기심에 영향을 주는 주요인에는 생활환경, 교우 관계, 시간적 조건, 아동의 내적 조건 등이 있다(김재인 외, 2000).

4. 언어 발달

언어의 사용은 인간만이 가능한 것으로 지적 활동의 중요한 매체일 뿐 아니라 언어를 통한 의사소통은 다른 사람과의 관계를 맺는 사회생활의 기본이 된다. 따라서 언어는 개인이 가지고 있는 가장 가치 있는 적응 기제 중의 하나라고 볼 수 있다. 언어는 개인의 감정이나 의사 또는 지식을 전달하는 데 사용되는 도구이며, 의사소통(communication)의 매개체이고 문화 획득과 전달, 창조의 수단이다. 따라서 쓰이는 수단이 소리에 의한 것이냐 문자에 의한 것이냐에 따라서 문어와 구어로 구분된다.

아동기에는 어휘량이 증가할 뿐만 아니라 점차적으로 길고 복잡한 문장을 사용한다. 아동의 어휘는 6세경부터 현저하게 발달하게 되는데, 이때의 사용 어휘 수는 대체로 2,500개 정도 되는 것으로 알려져 있다. 또한 6세경에는 약 1만 개의 단어를, 10세경에는 약 4만 개의 단어를 이해할 수 있다(Anglin, 1993). 이처럼 단어를 이해하는 능력이 증가하면서 주어진 언어적 정보를 통합하여 의미를 추론할 수 있다. 이를 통해 발화의 내용에는 드러나지 않는 숨겨진 의미를 파악할 수 있다. 따라서 이러한 능력은 상위 언어 능력으로 언어에 대한 지식의 발달과 더불어 나타난다. 언어 능력의 발달은 학년에 따라 특수한 능력 구조를 갖는다. 1~2학년에는 문자력, 3~4학년에는 발표력과 문법 능력, 5~6학년에서는 독해력 등이 발달한다(Hurlock, 1955). 대체적으로 언어 능력에는 언어 이해, 추상 능력, 관념 구성의 유창성, 표현의 유창성, 문법의 예민성, 구두 발표력, 발음 능력 등을 들 수 있다(민영순, 1996).

사회적으로 언어생활이 본격화되기 시작하는 아동기는 언어생활에 있어서 다음의 특징이 나타난다. 첫째, 동년배 아동끼리 대화 형식의 언어 행위가 점차로 발전된다. 둘째, 지금까지는 전달적 기능이 중심이던 언어 행위가 발전되어 자신의 행위를 계획하거나 조정할 때에 쓰이는 언어의 지적 기능으로까지 확대된다.

문자 언어는 발달의 어느 특정 시기부터 습득되는 것이 아니다. 음성 언어와 같이 문자 언어도 출생 직후부터 계속적이고 점진적으로 발달한다. '글 해독하기' 기능의 기초수준부터 습득한 다음 고등수준기능을 습득할 수 있다는 통념과는 달리 유아는 일찍부터 기초수준뿐만 아니라 고등수준의 문자 언어 기능을 습득해가고 있다. 그러나 이러한 과정이 아무런 자극이 없이 일어나는 것은 아니며 사회적·문화적 환경 속에서 성인과의 상호작용을 통해 일어난다. 그 과정은 매우 점진적인 것으로 일상생활 속에서 일어나므로 주의하여 관찰하지 않으면 발견되지 않는다. 문자 언어의 발달 과정을 살펴보면 다음과 같다(김경미, 김경희, 김두애, 나정심, 배성옥, 이은자, 이정민, 임옥경, 하은미, 홍순옥, 2005).

1) 읽기 학습의 발달

(1) 읽기의 의미

읽기는 의사소통의 과정이라고 할 수 있다. 다시 말해 일정기간 문자 언어가 상징하는 바를 처리하며 저자의 의도, 태도, 신념, 느낌을 의미 있게 해독하는 과정인 것이다. 즉, 읽기는 일정한 규칙에 따라 문자로 기록되거나 인쇄된 상징을 해독하는 과정으로서 기록하는 사람과 해독하는 사람 사이에 이루어지는 의사소통이라고 할 수 있다. 읽기 활동은 두 가지 수준, 즉 문자로 된 상징을 지각하는 수준과 읽은 내용의 의미를 파악하는 수준을 거쳐 수행된다. 읽고 있는 내용에서 의미를 추출하지 못할 때 그것은 읽기라고 할 수 없다. 읽기의 두 가지 수준 가운데 첫 번째인 상징을 지각하는 수준만 성취하고 있기 때문이다.

(2) 읽기의 준비

읽기 학습을 언제 시작해야 할지에 대한 논란은 1920년대 읽기 준비도(reading readiness) 개념이 대두되면서 계속되어 왔다. 이렇게 논란이 되고 있는 읽기학습을 시작하기 전 유아에게 필요한 준비도를 살펴보면 다음과 같다.

① 신체적 준비도

일반적 건강 상태도 읽기 학습과 관계가 있지만 특히 시력과 청력이 중요하다.

② 지각적 준비도

지각이란 우리 주변의 장소, 사물 또는 사건을 보거나 들으면서 추출하는 과정을 의미한다. 시력과 청력을 포함해서 신체적 준비가 갖추어져 있어도 인쇄된 문자를 변별하고 음성 언어에서의 유사점과 차이점을 구별하는 능력이 없으면 읽기는 힘들다. 읽기를 위하여 중요한 감각적 기능은 시각과 청각이며 왼쪽에서 오른쪽 방향으로 옮기면서 인쇄 글자를 추적할 수 있는 능력도 요구된다.

③ 인지적 준비도

인지적 과정으로서의 읽기는 이해, 해석, 개념학습, 문제해결, 추리와 같은 지적 기능이 요구된다. 따라서 초보적 읽기에서 인지발달의 역할이 중요하므로 구체적 조작기에 도달해야 읽기지도를 성공적으로 시작할 수 있다.

④ 언어적 준비도

읽기 과정은 언어에 기초를 두고 있으므로 언어적 준비도는 중요한 요인이 된다. 유아의 언어능력과 언어수행 간의 차이를 검토함으로써 언어 준비도를 확인해야 한다. 또한 음성 언어표현에도 주의를 기울여야 한다. 음성 언어는 유아가 언어의 기능을 습득하면서 자연적으로 그리고 점차적으로 학습한다. 문자 언어를 기능적인 면에서 자연스럽게 제시하거나 이미 갖고 있는 문자 모양에 관한 지식을 활용해서 언어 읽기 능력의 습득훈련을 시켜야 한다.

⑤ 정의적 준비도

학습에서 정서와 태도 가치를 다루는 면은 정의적 영역에 속한다. 이러한 정의적 문제 외에 동기 유발도 학습과 관련된다. 특히 책에 대한 흥미와 읽으려는 동기를 유발하는 것이 좋다.

⑥ 환경적·경험적 준비도

아동의 적응력, 언어발달, 지적발달, 학습에 대한 태도, 주변세계와의 접촉 등은 모두 가정환경의 영향이라고 볼 수 있다.

(3) 읽기의 발달

표 5-2 | 읽기 학습의 발달단계

단계	학년(연령)	특징
0단계 (유사 읽기 단계)	취학 전 (만 6세까지)	• 친숙한 책을 넘기면서 글자를 모두 아는 것처럼 읽는다. • 단어를 읽는다.
1단계 (초기 읽기 단계)	초등학교 1학년 (만 6~7세)	• 문자와 소리와의 관계를 이해한다. • 친숙하고 자주 쓰이는 간단한 단어를 읽는다. • 친숙하지 않은 단어를 소리 낸다.
2단계 (유창한 읽기 단계)	초등학교 2, 3학년 (만 7~8세)	• 간단하면서 익숙한 이야기책을 유창하게 읽을 수 있다.
3단계 (학습 단계)	초등학교 고학년, 중학교(만 9~14세)	• 새로운 지식을 얻기 위해 읽으며, 새로운 감정과 태도에 대해 알게 된다.

2) 쓰기 학습의 발달

(1) 쓰기의 의미

쓰기란 특정한 글자 모양을 손으로 쓰는 기술뿐만 아니라 메시지를 구성하는 기술을 필요로 하는 활동이다. 유아기에는 이 두 가지의 기초적 기술습득이 모두 필요하다. 쓰기지도는 글자를 알고 쓸 수 있는 활동의 준비단계와 생각한 바를 조리 있게 구상하며 비교적 길게 언어로 표현할 수 있는 단계를 요구하는 것이다. 후자의 단계는 창의적 쓰기(실제로 쓰는 것은 아님)라고 할 수도 있고 초등학교에서의 글짓기 활동으로 연결된다는 의미에서 짓기라고 부를 수도 있다.

(2) 쓰기의 준비

유아가 표현하는 일련의 생각을 문자로 옮겨 놓으면 바로 글짓기라고 할 수 있다. 그러나 이 시기의 유아는 아직 글자를 쓰지 못하며 쓰기 준비를 위한 짓기라고 구별하여 말한다. 유아의 말하기 활동은 짓기에 비해 즉각적이고 직관적인 표현이다. 그러므로 짓기 활동을 말하기에서 분리시켜 쓰기의 한 영역으로 포함시키고 있다. 쓰기지도의 시기와 범위는 신체적 준비 외에 지적·정서적 수준에서 고려된 후에 결정하여야 한다. 따라서 체계적인 문자지도가 아닌 쓰기 준비지도는 다음과 같은 준비활동을 통해 이루어져야 한다.

- 쓰기 활동에 사용되는 근육의 기능을 강화하고 쓰기 도구의 조절력을 획득하기 위하여 손으로 조절하는 활동을 계획한다.
- 유아의 어휘력을 향상시키기 위한 여러 가지 활동을 수행한다.
- 쓰기와 관련되는 기본 동작을 연습한다.

(3) 쓰기의 발달

쓰기 활동에서 유아가 부딪히게 되는 큰 과제는 신체의 기관을 조작하여 글자를 쓰는 일이다. 다시 말해 글자를 쓰기 위해서 손과 손가락의 소근육을 조작할 수 있어야 하며 눈과의 협응력도 발달되어 있어야 한다. 쓰기의 발달 단계는 긁적거리기에서 그리기로 그 다음에 문자적 상징으로 향상된다. 미술단계에서 모양과 형태 단계에 도달했을 때 글자 쓰기에서 요구되는 지각적 운동 준비도를 습득하고 세련되기 시작한다.

유아의 쓰기 발달적 과정을 살펴보면 2~3세의 유아는 글자의 선과 그림의 선을 구별하지 못하므로 글자를 쓸 때의 긁적임과 그림 그릴 때의 긁적임에 아무런 구별을 두지 않는다. 이 연령의 유아는 아무렇게나 긁적거려 놓고 글자를 썼다고 생각하기도 하고 무엇인가를 그렸다고 표현하기도 하는 것이다. 또한 이러한 초보적 긁적거림으로부터 'ㅇ'과 같은 글자모양을 만들어 낸다. 이때의 'ㅇ'은 그 끝맺음이 위로 올라가기도 하고 내려가기도 한다. 3세경이 되면 글자의 긁적임은 글자의 특징을 살려 그림에서와는 다른 세로선과 가로선을 그리게 되고 이것을 글자라고 표현한다. 비록 긁적임의 형태지만 글자와 그림을 구별해서 말하기 시작하는 것이다. 4세 이후가 되면 그림에서 글자 같은 형태는 소멸되고 인습적인 글자만 남는다. 즉, 그림에 글자를 포함시키지 않게 되는 것이다.

유아가 자신의 긁적거림에 의미를 붙이는 것은 타인의 글에 의미를 붙이는 이해능력의 선행요건이다. 따라서 낱개 단어를 읽을 수 있는 능력과 알아볼 수 있도록 쓰는 능력을 비교할 때 읽기가 쓰기를 앞선다. 그러나 유아는 자기 자신만이 아는 글씨로(자기가 쓴 것을 항상 일관성 있게 읽지는 못함) 창의적인 글자를 만들 수 있다. 이 과정은 어린이의 발달과정상 중요하다고 생각되므로 때때로 쓰기가 읽기를 선행한다고 볼 수도 있다. 그러므로 어느 것이 먼저 지도되어야 하는지에 대한 우열을 가릴 필요는 없다.

5. 인지 발달

인지 발달이란 아동의 정신적 측면의 변화를 의미하는 것으로, 학령기 아동의 인지 발달은 아동의 다른 측면의 발달에 상당한 영향을 미치기 때문에 매우 중요하다. Piaget는 인간의 지적 능력을 개인이 주어진 환경에 효과적으로 적응할 수 있는 능력으로 보았다. 따라서 인지 발달을 이해한다는 것은 인간의 지적 능력이 환경과의 상호 작용을 통하여 어떻게 변화되는 과정과 그 변화의 양상을 아는 것이다(송명자, 1996).

지능 발달, 지각 발달, 사고 발달, 언어 발달, 상상력 발달, 수 개념 발달로 나누어 살펴보면 다음과 같다(김재인 외, 2000; 송명자, 1996).

1) 지능 발달

지능이란 환경에 적응하도록 상호작용할 수 있는 능력이나 과거 경험에 근거하여 새로운 문제를 해결할 수 있는 능력이다. Bloom은 4세까지 지능의 50%, 7~8세까지 30%, 그리고 17~18세까지 20%가 형성된다고 하였다. 아동의 지적 발달은 심신의 발달에 따라 생기는 변화와 아동이 기존의 문화를 받아들임으로써 생기는 변화, 즉 학습에서 오는 결과가 있다.

지능 발달에는 심신의 건강과 학습 조건, 성(性), 사회적·경제적 조건 등에 따라서 개인차가 나타난다. 어떤 아동은 한때 지능이 빠르게 발달하다가 또 느린 발달 속도를 보이기도 한다. 또 어떤 아동은 어릴 때 지능이 빨리 발달하고 그 이상 진전을 나타내지 않는가 하면, 어릴 때는 지진아처럼 보이다가 커가면서 발달의 속도가 빨라지는 경우도 있다. 신체적·정신적 건강은 지능 발달에 있어서 바람직한 성취를 할 수 있는 능력과 밀접한 관계가 있다. 심신이 건강하지 못해 발육이 지연된 아동은 지능 지수가 낮으므로 우수한 지능은 신체적·정신적 건강을 기초로 한다.

지능에 있어서 남녀 차이를 살펴보면, 여아는 기억, 언어 능력 등이 우세하고 남아는 수학적 능력, 기계적 능력 등이 우세하다. 또한 남아가 여아보다 우세하게 보이는 경향은 신체적 성숙과 흥미의 차이라고 할 수 있다. 사회적 계층에 있어서 상류층의 아동이 하류층 아동보다 지능 지수가 높다고 할 수 있는데, 이는 환경적 요인에 의한 것이라 할 수 있다. 지능은 유전 요인과 환경 요인으로 형성되므로 아동기의 교육은 지능의 발달을 촉진시키는 역할을 한다고 볼 수 있다.

2) 지각 발달

지각(perception)이란 감각 기관을 통해서 대상의 성질을 파악하는 작용을 말한다. 지각은 일반적으로 공간 지각, 시간 지각, 운동 지각, 사물 지각, 성질 지각의 5가지로 구분된다.

공간 지각은 거리나 방향, 사물의 위치, 모양 등을 식별하는 것으로 여러 가지 사물에 대한 비교 학습을 통해 습득된다. 아동의 공간 지각의 발달은 연령에 따라 발달 양상이 다르다. 즉, 6~7세경에는 좌우와 방향, 거리를 알고, 7세경에는 방위와 방향의 지각이 급속도로 발달하며, 8세경에는 외국 혹은 세계의 관계 등 더욱 넓은 사회관계를 좀 더 이해할 수 있게 되고, 9세경에는 관심이 세계적으로 확대된다.

시간 지각은 사물이나 사건의 계기, 연결, 리듬을 식별하는 지각으로 계획에 의하여 측정되는 객관적 시간과 개인이 자기를 중심으로 하여 느끼는 주관적 시간이 있다. 객관적 시간의 지각은 일정하지만 주관적 시간은 어른조차도 정확할 때가 드물다. 6세경에는 자신의 경험을 중심으로 한 시간은 비교적 바르게 판단할 수 있게 되지만, 객관적인 시간에 대한 판단은 불충분하다. 과거, 현재, 미래를 구분할 수는 있으나 혼동하는 경우가 많다. 8세경에는 연, 월, 일, 시, 분까지 말할 수 있도록 지각이 발달되고 수 개념까지도 확실하게 된다.

운동 지각은 사물의 상태나 운동 혹은 사람의 활동을 식별하는 것으로 시각 운동이 가장 중요한 역할을 하며 촉각 운동, 청각 운동 등에도 관여한다. 사물 지각은 개개인의 사물이나 사건 또는 사람을 식별하는 지각으로 시각이 매우 중요한 기능을 하며, 비교적 일찍부터 발달하는 지각이다. 성질 지각은 사물의 색채, 무게 등 사람이나 사물의 성질을 식별하는 것으로 6~12세 사이에 무게나 물체의 성질에 대한 판별력이 현저하게 발달하며, 12세를 중심으로 정점에 도달하게 된다.

3) 사고 발달

유아의 사고는 미분화적이고 주관적인 것이 특징이다. 이러한 특징을 Piaget는 '자기중심적 사고'라고 했다. 이러한 특징은 아동기 초기에도 발견되는데, 점차 구체적 사고에서 추상적 사고로, 개별적 사고에서 전체적 사고로 발달하는 것이 일반적 경향이다.

대체로 7세까지는 구체적이고 자기 중심적인 경향이 강하지만 8~9세경에는 추상적 사고를 할 수 있고, 12세를 넘으면 추상적 사고가 발달하면서 창조적 사고가 풍부해진다. 6~8세경에는 사고가 미분화 상태에 머물며 자기 중심성이 강하지만, 11~13세경에는 논리적·추상적 사고가 가능해진다. 그러나 이 단계에 있어서도 아직 아동의 주관적인 사고가 많이 남아 있다. 13세 이후가 되면 자신의 주관적 사고에서 벗어나 객관적으로 추리할 수 있는 단계에 이른다.

아동기가 되면서 사고가 급격히 진전하여 일반적인 것으로 관점이 확대되고, 내적 표상을 가지게 되며, 이를 여러 가지 방식으로 조작할 수도 있게 되고, 집중하는 시간이 증가하여 집중력도 향상된다. 또 이 시기에는 구체적 조작에 의해 사물의 속성을 다룰 수 있으며, 사물 간의 관계성도 고려할 수 있게 된다. 논리적 사고와 창의성이 발달하고 자기중심성에서 탈피하게 되며, 고학년으로 갈수록 계열화, 분류화, 인과성, 공간과 속도, 시간 등의 고차원적 개념들이 발달한다.

Piaget는 사고의 발달을 설명하면서 조작이란 용어를 사용하였으며, 조작이란 정보의 전환을 이해하는 정신 능력으로서 가역적 정신 활동이다. 예를 들면 정신적으로 3과 5를 합하면 8이 되고, 8에서 3을 빼면 다시 5가 된다는 것을 이해할 수 있는 것이 조작이다. 초등학교에 입학한 아동들은 구체적 환경에 조작을 적용할 수 있으며, 또한 행동 수행 없이 정신적으로 순서에 의해 배열하는 것이 가능하다. 구체적 조작기 동안 아동들은 많은 개념적 기술을 점차적으로 획득한다. 그 대표적인 기술에는 보존 기술, 분류 기술, 조합 기술이 있다.

4) 상상력 발달

상상력은 4~7세에 절정기에 이른다. 아동기에는 상상과 현실이 분화하는 시기이다. 즉, 아동기 초기에는 사실과 상상을 혼동하여 악의없는 거짓말을 할 때가 있으나 10세 이후부터는 사실을 인지할 수 있게 되어 상상과 사실을 구성하기 위한 능동적 상상을 하기 시작한다. 따라서 장난감보다는 실물과 친구, 또는 자연을 상대로 한 놀이가 많고 동화나 전설보다는 역사와 위인담을 좋아하게 된다. 상상은 창조력의 기반이며 창조력은 생활을 개선하고 사회 문화를 향상시키는 원동력이므로 아동의 상상력 지도는 매우 중요하다.

5) 수 개념 발달

수 개념의 발달은 추상 능력, 언어 능력, 사고 능력, 상상 능력 등의 발달과 밀접한 관계를 갖는다. 수 개념은 시간과 공간 지각의 발달 및 언어 발달과 병행하며 발달 속도가 비교적 느린 것 중의 하나이다. 아동은 1학년 때 100까지의 수 계열 개념이 생긴다. 또한 초등학교 1~2학년 과정의 산수 교육을 받고 나면 계산 능력도 현저하게 발달한다. 즉, 추상화 능력과 언어 능력이 발달함에 따라 구체적인 것에서 추상적인 것으로 발달된다. 3~4학년에서는 산수적 학습과 태도가 현저하게 발달하며, 사물에 대한 간단한 수량적 방법에 적응하는 능력이 발달한다. 즉, 3학년까지 분수 개념의 발달이 보이며 4학년부터는 가감법, 승제법 등의 계산을 할 수 있게 되고, 5~6학년에서는 수 체계의 이해나 함수 개념 또는 산수 계산 능력이 크게 발달한다.

토의 및 발표 과제

1. 초등학교 저학년, 고학년의 아동기 발달 특성을 비교한다.
2. 최근 사회적으로 이슈가 되고 있는 아동기의 문제에 대하여 토론해 본다.

6

교수-학습 방법에 대한 이해

AFTER SCHOOL PROGRAM

방과후아동지도에 있어서 교수-학습 방법은 중요한 위치를 차지한다. 이 장에서는 효율적인 방과후아동지도를 위하여 현행 초등학교에서 이루어지고 있는 교육과정과 학습내용을 이해하여 올바른 아동지도를 하는 데 도움이 되고자 한다.

1. 초등학교 교육과정의 이해

교육과정은 교육에 있어서 '학습자에게 학습 경험을 선정하고 조직하여 교육 경험의 질을 구체적으로 관리하는 교육의 기본 설계도'라고 할 수 있으며, 초등교육은 국민 생활에 필요한 기초적이고 기본적인 교육이라고 할 수 있다. 교육부(2015a)는 정부의 '6대 교육개혁 과제'의 하나인 '공교육 정상화'를 위한 핵심과제로서 창의융합형 인재양성을 목표로 하는 『2015 개정 교육과정』을 확정·발표하였다. 교육과정 개정의 방향은 창의융합형 인재양성, 모든 학생이 인문, 사회, 과학기술에 대한 기초 소양 함양, 학습량 적정화, 교수-학습 및 평가 방법 개선을 통한 핵심역량 함양 교육 등을 강조하고 있다.

2015년 9월 23일 고시하고 2017년부터 학교 급별, 학년별로 연차적으로 시행된다. 초등학교 1, 2학년은 2017년부터 시행되며, 초등학교 3, 4학년은 2018년, 초등학교 5, 6학년은 2019년부터 시행된다. 2017년 3월 1일 시행되는 『2015 개정 교육과정』에서 초등학교 교육과정의 내용을 살펴보면 다음과 같다(교육부, 2015a: 교육부 보도자료, 2015).

1) 추구하는 인간상

우리나라의 교육은 홍익인간의 이념 아래 모든 국민으로 하여금 인격을 도야하고, 자주적 생활 능력과 민주 시민으로서 필요한 자질을 갖추게 함으로써 인간다운 삶을 영위하게 하고, 민주 국가의 발전과 인류 공영의 이상을 실현하는 데에 이바지하게 함을 목적으로 하고 있다. 이러한 교육 이념과 교육 목적을 바탕으로 교육과정이 추구하는 인간상은 다음과 같다.

- 전인적 성장을 바탕으로 자아정체성을 확립하고 자신의 진로와 삶을 개척하는 자주적인 사람
- 기초 능력의 바탕 위에 다양한 발상과 도전으로 새로운 것을 창출하는 창의적인 사람
- 문화적 소양과 다원적 가치에 대한 이해를 바탕으로 인류 문화를 향유하고 발전시키는 교양 있는 사람
- 공동체 의식을 가지고 세계와 소통하는 민주 시민으로서 배려와 나눔을 실천하는 더불어 사는 사람

교육과정이 추구하는 인간상을 구현하기 위해 교과 교육을 포함한 학교 교육 전 과정을 통해 중점적으로 기르고자 하는 핵심역량은 다음과 같다.

- 자아정체성과 자신감을 가지고 자신의 삶과 진로에 필요한 기초 능력과 자질을 갖추어 자기주도적으로 살아갈 수 있는 자기관리 역량
- 문제를 합리적으로 해결하기 위하여 다양한 영역의 지식과 정보를 처리하고 활용할 수 있는 지식정보처리 역량
- 폭넓은 기초 지식을 바탕으로 다양한 전문 분야의 지식, 기술, 경험을 융합적으로 활용하여 새로운 것을 창출하는 창의적 사고 역량
- 인간에 대한 공감적 이해와 문화적 감수성을 바탕으로 삶의 의미와 가치를 발견하고 향유하는 심미적 감성 역량
- 다양한 상황에서 자신의 생각과 감정을 효과적으로 표현하고 다른 사람의 의견을 경청하며 존중하는 의사소통 역량

2) 초등학교 교육 목표

초등학교 교육은 학생의 일상생활과 학습에 필요한 기본 습관 및 기초 능력을 기르고 바른 인성을 함양하는 데에 중점을 둔다.

- 자신의 소중함을 알고 건강한 생활습관을 기르며, 풍부한 학습 경험을 통해 자신의 꿈을 키운다.
- 학습과 생활에서 문제를 발견하고 해결하는 기초 능력을 기르고, 이를 새롭게 경험할 수 있는 상상력을 키운다.
- 다양한 문화 활동을 즐기고 자연과 생활 속에서 아름다움과 행복을 느낄 수 있는 심성을 기른다.
- 규칙과 질서를 지키고 협동정신을 바탕으로 서로 돕고 배려하는 태도를 기른다.

3) 교육과정 구성의 중점

교육과정은 우리나라 교육과정이 추구해 온 교육 이념과 인간상을 바탕으로, 미래 사회가 요구하는 핵심역량을 함양하여 바른 인성을 갖춘 창의융합형 인재를 양성하는 데에 중점을 둔다. 이를 위한 교육과정 구성의 중점은 다음과 같다.

- 인문, 사회, 과학 기술 기초 소양을 균형 있게 함양하고, 학생의 적성과 진로에 따른 선택학습을 강화한다.
- 교과의 핵심 개념을 중심으로 학습내용을 구조화하고 학습량을 적정화하여 학습의 질을 개선한다.
- 교과 특성에 맞는 다양한 학생 참여형 수업을 활성화하여 자기주도적 학습 능력을 기르고 학습의 즐거움을 경험하도록 한다.
- 학습의 과정을 중시하는 평가를 강화하여 학생이 자신의 학습을 성찰하도록 하고, 평가 결과를 활용하여 교수–학습의 질을 개선한다.
- 교과의 교육 목표, 교육 내용, 교수–학습 및 평가의 일관성을 강화한다.

- 특성화 고등학교와 산업수요 맞춤형 고등학교에서는 국가직무능력표준을 활용하여 산업사회가 필요로 하는 기초 역량과 직무 능력을 함양한다.

4) 교육과정 편제와 시간 배당 기준

(1) 편제

가) 초등학교 교육과정은 교과(군)와 창의적 체험활동으로 편성한다.

나) 교과(군)는 국어, 사회/도덕, 수학, 과학/실과, 체육, 예술(음악/미술), 영어로 한다. 다만, 1, 2학년의 교과는 국어, 수학, 바른 생활, 슬기로운 생활, 즐거운 생활로 한다.

다) 창의적 체험활동은 자율활동, 동아리활동, 봉사활동, 진로활동으로 한다. 다만, 1, 2학년은 체험활동 중심의 '안전한 생활'을 포함하여 편성·운영한다.

(2) 시간 배당 기준

표 6-1 | 교육과정 연간 시간 배정

<table>
<tr><th colspan="2">구분</th><th>1~2학년</th><th>3~4학년</th><th>5~6학년</th></tr>
<tr><td rowspan="8">교과(군)</td><td>국어</td><td rowspan="7">국어(448)
수학(256)
바른 생활(128)
슬기로운 생활(192)
즐거운 생활(384)</td><td>408</td><td>408</td></tr>
<tr><td>사회/도덕</td><td>272</td><td>272</td></tr>
<tr><td>수학</td><td>272</td><td>272</td></tr>
<tr><td>과학/실과</td><td>204</td><td>340</td></tr>
<tr><td>체육</td><td>204</td><td>204</td></tr>
<tr><td>예술(음악/미술)</td><td>272</td><td>272</td></tr>
<tr><td>영어</td><td>136</td><td>204</td></tr>
<tr><td>소계</td><td>1,408</td><td>1,768</td><td>1,972</td></tr>
<tr><td colspan="2">창의적 체험활동</td><td>336
안전한 생활 (64)</td><td>204</td><td>204</td></tr>
<tr><td colspan="2">학년군별 총 수업시간</td><td>1,744</td><td>1,972</td><td>2,176</td></tr>
</table>

위의 〈표 6-1〉에서 보는 바와 같이, 교과별 시간 배당은 연간 34주를 기준으로 한 2년간의 기준 수업 시간을 나타낸 것이며, 학년군별 총 수업 시간은 최소 수업 시간을 난타낸 것이다. 또 실과의 수업 시간은 5~6학년 과학/실과의 수업 시간에만 포함된 것이다. 1시간 수업은 40분을 원칙으로 하되, 기후 및 계절, 학생의 발달 정도, 학습내용의 성격, 학교 실정 등을 고려하여 탄력적으로 편성·운영할 수 있다.

5) 교육과정 편성·운영 기준

① 학교는 모든 교육 활동을 통해 학생의 기본생활습관, 기초학습 능력, 바른 인성을 함양할 수 있도록 교육과정을 편성·운영한다.

② 학교는 학년군별로 이수해야 할 교과를 학년별, 학기별로 편성하여 학생과 학부모에게 안내한다.

③ 학교는 각 교과의 기초적, 기본적 요소들이 체계적으로 학습되도록 교육과정을 편성·운영한다. 특히 국어 사용 능력과 수리 능력의 기초가 부족한 학생들을 대상으로 기초 학습 능력 향상을 위한 별도의 프로그램을 편성·운영할 수 있다.

④ 학교는 학교의 특성, 학생, 교사, 학부모의 요구 및 필요에 따라 교과(군)별 20% 범위 내에서 시간을 증감하여 편성·운영할 수 있다. 단, 체육, 예술(음악/미술) 교과는 기준 수업 시간을 감축하여 편성·운영할 수 있다.

⑤ 학교는 교육의 효과를 높이기 위하여 필요한 경우 학년별, 학기별로 교과 집중 이수를 실시할 수 있다.

⑥ 전입 학생이 특정 교과를 이수하지 못할 경우, 교육청과 학교에서는 보충 학습 과정 등을 통해 학습 결손이 발생하지 않도록 한다.

⑦ 학년을 달리하는 학생을 대상으로 복식 학급을 편성·운영하는 경우에는 교육 내용의 학년별 순서를 조정하거나 공통 주제를 중심으로 교재를 재구성

하여 활용할 수 있다.

⑧ 학교는 창의적 체험활동의 영역을 학생들의 발달 수준, 학교의 여건 등을 고려하여 학년(군)별로 선택적으로 편성·운영할 수 있다.

⑨ 학교는 1학년 학생들의 입학 초기 적응 교육을 위해 창의적 체험활동의 시간을 활용하여 자율적으로 입학 초기 적응 프로그램 등을 편성·운영할 수 있다.

⑩ 정보통신활용 교육, 보건 교육, 한자 교육 등은 관련 교과(군)와 창의적 체험활동 시간을 활용하여 체계적인 지도가 이루어질 수 있도록 한다.

2. 학습에 영향을 미치는 요인

학습은 이전 경험의 결과로 나타나는 비교적 영속적인 행동의 변화라고 정의할 수 있다. 그러나 환경과 교류하는 경험의 결과로 나타나는 모든 행동 변화가 학습은 아니다. 일시적인 피로나 약물에 의한 중독 등으로 생기는 행동 변화도 학습은 아니다. 경험의 결과로서 생기는 행동 변화로서 생존에 긍정적인 가치를 갖는 비교적 영속적인 행동 변화만을 학습이라고 한다(정양은, 1992). 경험의 결과로서 이루어지는 영속적이고 진보적인 행동의 변화를 학습으로 본다면, 적절한 학습 환경이 조성되어야 한다. 학습과정에 영향을 미치는 학습 환경의 주요 요인은 다음과 같다(민영순, 1996).

1) 신체 생리적 요인

학습 과정에 영향을 주는 요인 중에서 신체 생리적 요인은 우리가 생각하는 것 이상으로 놀라운 영향력을 가지고 있다. 학습 내용이나 방법이 개체의 성숙 수준에 가까울 때는 학습의 효과도 크고 소요 시간도 단축될 수 있다. 성숙

(maturation)이란 인간의 성장 과정에서 환경적, 경험적 그리고 연습의 효과를 거치지 않아도 발달 단계에 따라 규칙적으로 획득되거나 변화되는 현상을 말한다. 따라서 성숙은 학습을 촉진하는 요인이 되기도 하지만, 일정 성숙 수준에 도달하지 못한 상태에서의 학습은 큰 저항에 부딪힐 수도 있다. 신체 성숙도뿐 아니라 건강 상태, 생리적 기능의 이상, 그리고 신체적 결함 등은 여러 형태로 학습 활동을 촉진시키기도 하고 억제하기도 한다. 신경계의 성숙, 신체 발육과 생리적 기능 및 감각 기능의 정상은 학습에서의 필수 조건이다.

신체 생리적 장애로 인해 학습 부적응을 가져오는 경우는 너무도 많다. 각종 질병이나 신체적 결함으로 인해 생기는 학습 부적응, 또는 내분비 기능이상, 시각 장애, 청각 장애, 발성 기관의 결함 등으로 일어나는 학습 부적응이 있으며, 피로로 학습 능률이 저하되기도 한다. 따라서 피로의 예방 및 경감과 회복은 학습 효과를 위한 중요한 전략 중의 하나이다. 이처럼 신체 생리적 요인은 학습 과정에 영향을 미치는 요인 중의 하나이다.

2) 심리적 요인

심리적 요인은 학습이 필요로 하는 모든 지적 기능과 정의적 상태를 말하며, 넓은 의미로는 학습의 준비성(readiness)이다. 준비성은 지능이나 적성과 같이 잠재된 소질적 능력일 수도 있고, 기초 학력이나 정의적 태도와 같이 경험에 의해 갖추어진 준비성일 수도 있다. 특히 경험에 의해 학습에 알맞게 갖추어진 준비 체계를 적합성(relevance)이라고 한다. 전자는 학습할 수 있는 소질적 능력(capacity to learn)의 준비이며, 후자는 경험에 의해 획득된 능력(acquired ability)의 준비이다.

학습 효과를 지배하는 요인으로는 정의적 조건이 있다. 심리적 요인 중에서 정의적 조건은 학습 효과를 규정하는 중요한 배후적 조건으로서 태도가 있다. 태도는 행동에의 경향성, 자기 특유의 방식으로 행동하려는 마음의 준비 상태이다.

따라서 태도는 학습의 동기 형태 또는 학습 활동의 만족 체제 역할을 하기도 한다. 학습의 동기는 학습 형태를 유발시키고, 학습의 방향을 잡아주며, 자아 관여나 목표 추구 의식을 규정하며, 학습의 만족도를 규정짓는 힘을 가지고 있다.

학습의 성공과 실패는 학생 개인의 요구 수준과도 긴밀한 관계를 맺고 있다. 일반적으로 학습자가 어떤 과제의 목표를 달성하고자 할 때는 성공에 대한 기대와 실패에 대한 공포가 공존하게 된다. 개인이 경험하는 성공감과 실패감은 객관적인 성적에 의해서보다는 요구 수준에 의해서 규정된다. 너무 쉽거나 어려운 과제는 성공감과 실패감을 줄 수가 없다. 실패의 가능성이 약간 있으면서도 도전을 요하는 과제를 노력으로 성취했을 때 성공감을 체험할 수 있으며, 그 결과 전보다 좀 더 높은 요구 수준을 가질 수 있다.

따라서 학습 효과는 객관적인 성적이나 성취 수준에서만 진단하지 않고 개인의 요구 수준 측면도 고려해야 한다. 그 이유는 요구 수준과 자기 능력에 대한 평가, 성공과 실패의 경험, 자아 관여의 정도, 소속 집단의 규준, 과제 수행의 사태, 경쟁적 분위기, 상벌의 유무 그리고 개인적 인성의 영향을 받기 때문이다.

3) 물리적 요인

학습은 특정의 장(situation)에서 이루어지는 것이고 학습의 장이란 학습 환경에 들어가는 인적, 물적인 모든 요인을 말한다. 즉, 학습의 장에는 학습자와 학습 환경이 양극화되어 있고 그 사이에 여러 가지 학습 매개체가 존재한다.

학습 환경의 물리적 요인도 능력의 촉진이나 억제, 혹은 학습 의욕의 상승과 저하를 가져올 수 있다. 또 정신적·신체적 피로를 증가 혹은 감소시킬 수도 있는 중요한 조건이다. 이것은 학생들의 학습 활동에 직접적 또는 간접적 요인으로서 여러 형태로 영향을 주게 된다. 즉, 교재·교구, 실험 시설과 같은 것은 학습에 직접적으로 영향을 주는 요인이며 조명, 채광, 음향, 통풍, 온도, 습도, 책상과 의자의 구조와 크기 등은 학습에 간접적으로 영향을 주는 요인이다.

4) 사회적 요인

학습 환경을 구성하고 있는 사회적 요인은 학습 활동에 직접적 영향을 주는 교사 및 동급생 등의 요인과 간접적으로 영향을 주는 가정 및 지역사회 요인이 있다.

직접적 요인이 되는 교사는 학생들의 학습 활동을 계획, 준비, 지도 그리고 조력하는 학습과 지도 기술, 열성적인 교육열, 지도력, 학습 모델로서의 인격, 그리고 지도 방법의 영향력 등은 학생들의 학습 활동에 절대적인 영향을 주게 된다. 이런 점에서 교사의 정신 건강, 투철한 교육관과 교육열 그리고 효과적인 지도 기술 등은 학습 의욕과 능률을 향상시키기에 필요불가결한 요건이다. 또한 학급 구성원은 상호 간에 협력자로 때로는 경쟁자로서 직접적으로 영향을 줌과 동시에, 간접적으로는 교사와 더불어 학급 분위기를 형성하는 데 매우 중요한 요인이 된다.

가정환경의 요인으로는 부모 관계, 조부모와의 동거 여부, 형제 수 및 출생 순위, 가정의 경제 수입과 사회적 지위, 부모의 가정에 대한 자부심, 가정의 도덕적 행동 규범, 가족의 응집력, 부모와 자녀·형제 자매 간의 애정 관계, 그리고 부모의 교육적 관심과 지도 방법 등을 들 수 있다. 그러나 중요한 것은 형제 수, 사회적·경제적 지위 등의 정적 요인보다는 가족 관계와 부모의 구체적인 교육적 관심 같은 동적 요인이 더 큰 영향을 준다. 또한 현대 사회처럼 급변하는 시대에 학생들은 지역사회의 문화적 영향을 더욱 크게 받는다. 각종 대중 매체, 행동 및 가치의 규준, 역사적·전통적 문화 등은 학생들의 학습 태도, 사고방식, 가치관, 인격 형성 등에 영향을 준다.

3. 학습과 동기 유발의 방법

학습자들이 높은 성취동기를 가질 수 있다면 활기 있고 즐거우며 생산적인 삶이 가능할 것이다. 따라서 교사 및 학부모는 학습자에게 동기 유발을 시켜주어야 하는데 그 방법을 살펴보면 다음과 같다(민영순, 1996).

1) 학습 목표의 확인

모든 행동은 목표를 지향하므로 목표를 뚜렷하게 인식시켜 주는 것은 학습 동기를 유발시키기 위해서 크게 도움이 된다. 학습 동기는 학습 목표와 결부된 동기라고 할 수 있으므로 학습 목표를 학생들에게 인식시키도록 힘써야 한다. 특히 효과적인 학습 동기는 학습의 목표를 개인적 욕구와 구체적이고 실제적으로 결부시켜주는 방법이기도 하다.

학습 목표가 학생들이 당면한 문제 해결과 결부되거나 또는 생활에 필요한 지식을 얻으려는 욕구 등과 결부되면 가장 효과적인 학습 동기가 된다. 또한 목표가 명확해짐에 따라 학습 의욕도 높아진다. 이것이 가장 직접적인 동기를 이루게 된다. 따라서 학습자는 자기 자신에 의한 '자기 학습의 목표 설정'을 해야 하며, 자기 학습의 목표 설정에 대해 교사는 학생의 성취 수준을 파악하여 적절한 지도를 하고 실패감을 갖지 않도록 도와주어야 한다.

2) 학습 흥미의 환기

흥미란 어떤 특정 대상이나 활동에 적극적으로 접근하여 선택하고 추구하는 것을 말한다. 학습자가 학습 활동에 대한 흥미를 갖고 있는 경우 학습이 능률적이고 효과적이 된다. 왜냐하면 흥미는 동기와 밀접한 관계를 맺고 있으므로 학습자의 흥미에 부합된 학습 과제일수록 학습 동기 유발에 도움이 된다. 학습자로 하여금 일정한 활동 영역에 대해 흥미를 갖게 하려면 그 학습 활동에서 얻은 경험이 만족스럽고 즐거워야 한다. 만족감이 없으면 흥미가 길러질 수 없다. 흥미 발생의 중요한 조건을 살펴보면 다음과 같다.

첫째, 학습자가 생활하는 환경에 따라 다르다. 농촌과 도시, 부모의 생활 정도, 교사의 지도 방법 등에 따라 달라진다. 이같은 외적인 조건 이외에 학습자 자신에게 내재하는 조건의 영향도 크다. 즉, 지능과 정서의 폭에 따라 달라지기도 한다. 또한 흥미는 학습자 자신의 심신 발달에 따라 변화하므로 학습자의 흥미를 유도하고 개발시켜 주는 것이 학습 효과를 한층 더 높이는 결과를 가져온다. 따라서 학습자의 흥미를 충분히 파악함과 동시에 환경을 변화시켜 학습 동기를 유발시킬 수 있다.

둘째, 주의(attention) 또한 흥미와 깊은 관계가 있다. 그러나 주의가 인식 과정의 현상이라면, 흥미는 탐구 요구와 성취 요구의 활동을 가지고 목표와 문제 해결로 향하게 하는 힘이다.

셋째, 흥미는 지식 및 능력과 관계가 깊다. 지식이나 능력이 월등한 학습자와 그렇지 못한 학습자의 흥미는 그 모양과 성질이 다르다. 자기 능력의 한계, 자기 지식의 범위를 벗어난 문제에는 별다른 흥미를 가지지 않는다.

동기 유발을 위해서는 학습자의 능력, 학습 활동의 난이도와의 관계를 적절하게 결합시킴과 동시에 학습자의 흥미를 끌 수 있어야 한다. 즉, 학습자로 하여금 문제 해결에서 오는 만족감을 체험시키는 것이 중요하다. 학습자가 현재 가지고 있는 흥미를 새로운 학습에 연결시켜 새로운 문제에 대해서도 흥미를 갖도록 하는 지도가 필요하다.

3) 학습 결과의 확인

교사는 학습의 결과를 학습자에게 알려주고 학습자가 결과를 스스로 평가하고 검토하게 하는 것은 학습 의욕을 높여주는 좋은 방법의 하나이다. 학습 결과가 좋은 경우에는 성취감을 맛볼 수 있기 때문에 그 학습을 더욱 강화하여 다음 학습에 대한 의욕을 일으키도록 도움을 주며, 또한 학습 결과가 좋지 않을 경우에는 열등감을 갖게 되어 자신감을 잃게 되는 경우도 있다.

이런 경우에는 적절한 방법으로 격려하여 다음 학습을 위해 의욕을 재환기시켜야 한다. 반복되는 실패의 경험은 능력 자아 개념 및 학문적 자아 개념을 저하시키며, 자신감을 저해하는 경향이 있다(유기섭, 1990). 따라서 실패의 결과가 개인에게 주는 타격을 극복할 수 있도록 지도하는 방안을 마련하는 것은 중요한 일이다.

4) 상과 벌

상벌은 인위적이고 수단적인 동기 유발의 가장 일반적인 방법이다. 상(reward)은 성공감과 만족감을 주고 사회적 승인 욕구를 충족시켜 주기 때문에 학습을 촉진시키고 동기 유발에 도움이 된다. 교사의 승인과 상장 및 포상은 이런 점에서 의의가 있다. 이에 반해 벌(punishment)은 부인, 질책, 행동의 금지와 같은 형식으로 주어진다. 즉, 아동의 불쾌감과 공포감을 자극해서 불필요한 학습을 방지하고 필요한 학습은 의무적으로 하게 만들 때 많이 이용하는 강제적 수단이다.

상벌의 효과는 상벌 시 사용하는 자극과 학습자 자체 요인, 환경적 요인에 의해서 다르게 나타난다. 같은 상벌일지라도 연령과 요구에 따라 또는 성격(내향성, 외향성)과 사회적인 요인(사회적 장면, 집단의 분위기, 인간관계)에 의해 효과가 다르다. 유의해야 할 점은 상벌이 남용되어 만성화되어 버리면 동기 유발에 아무런 효과도 주지 않을 뿐만 아니라 오히려 성격 형성에 부정적 영향을 끼칠 수 있다.

5) 경쟁심과 협동심

경쟁과 협동은 학습 활동을 격려하기 위해 흔히 쓰이는 방법이다. 혼자 학습하는 것보다는 집단에 소속되어 학습할 때 집단 분위기의 영향을 받아 학습 의욕은 강화된다. 그 이유는 집단이 각 구성원을 경쟁과 협동으로 몰아넣는 역동적인 성질을 가지고 있기 때문이다. 이런 점에서 집단의 분위기는 각 구성원의 협동이나 경쟁과 밀접한 관련이 있다.

경쟁은 다른 사람이나 집단보다 탁월해지려고 하는 자아 지향적 행동이기 때문에 우월감과 성공감이 강화되어 학습의 목적과 의식 그리고 결과 파악을 명확하게 하는 이점도 있다. 그러나 경쟁은 정복과 승리를 위해서는 수단을 가리지 않는 이기주의나 영웅주의를 조장하게 되고, 승패의 결과는 질투심이나 대립 의식의 원인이 되기 쉽기 때문에 선의의 경쟁이 되도록 유의해야 한다.

협동은 공동 목표 달성을 위해 다른 사람과 더불어 행동하는 집단 지향적 행동이다. 따라서 협동에 의한 동기 유발의 효과로서 협력 집단이 경쟁 집단보다 응집력이 강하고, 우호적인 분위기이기 때문에 아동은 협력적인 집단 과정을 통해서 집단의 생산성을 높일 수 있고, 같은 문제 해결이라도 경쟁을 통해서 얻은 결과는 다른 만족감과 성취감을 느낄 수 있다.

4. 교수-학습의 과정

교육에서 가장 핵심적이고 기본적인 현상은 가르치는 과정과 배우는 과정이라고 할 수 있다. 교육 자체가 계획적이고 의도된 과정이므로 교수의 핵심이 되는 교수-학습 과정이 계획적이고 의도적·유목적적으로 운영되어야 하며, 이러한 계획을 수립하기 위해서는 교수-학습에 대한 과정을 이해할 필요가 있다. 교수-학습 과정을 살펴보면 다음과 같다(민영순, 1996).

1) 교육 목표의 설정

교육의 목표는 학생들의 지적·정의적 행동의 바람직한 변화에 있으므로 이러한 변화를 가져오기 위해서는 학교 교육이 명백한 의도와 계획 아래 구성되고 운영되어야 한다. 어떤 교육 목표가 달성 가능한 것인지, 대상 학생 집단에게 적합한 것인지, 어떤 목표가 장기간에 걸쳐 달성될 수 있는 것인지, 단기간에 달성할 수 있는 교육 목표로는 어떤 것이 있는지, 교육 목표가 보다 쉽게 달성될 수 있는 것인지, 복잡한 교수-학습 과정을 요구하는 것인지, 전이와 응용의 폭이 넓은 것인지, 어떤 목표를 먼저 교수해야 할 것인지 등에 관련된 문제가 제시되고 판단되어 실천 목표로 전환된다. 이처럼 교육 활동은 교육 목표라는 준거를 설정해 놓고 이것을 달성하려는 과정이다. 그러므로 목표를 교수 단계에 맞추어 무엇을 가르치고, 어떤 행동의 변화를 가져오게 할 것인지에 따라 목표 지향성 정도가 결정된다.

교육 목표를 결정하는 것은 주로 교사의 자유 재량에 의존한다. 물론 상급 기관에서 하달된 교육 목표가 일반적 방향을 결정하지만 교수-학습 과정에서 목표를 세분화하고 결정하는 것은 교사의 재량에 달려 있다. 그러므로 학기초 혹은 학년 초에 교사는 자기의 교수 결과로 학생에게 일어날 행동의 변화를 교사 자신뿐 아니라 학생도 정확히 이해할 정도로 명백하게 설정해야 한다. 이 명료성의 정도에 따라 교재·교구와 교과서의 선택 및 교수 방법이 결정되기 때문이다.

2) 출발점 행동 진단

교수-학습 과정은 학습자로 하여금 현재의 위치에서 시작해 더 높은 수준의 위치로 끌어올리는 과정이다. 따라서 교수-학습 과정을 효과적으로 전개하기 위해서는 출발점 행동의 진단이 필요하다. 출발점 행동은 수업이 시작되는 바로 그 지점, 즉 초기 상태를 말하는 것이고, 도착점 행동은 수업이 끝나는 지점을 말하는 것이다. 즉, 출발점 행동이란 학습자가 특정한 새로운 도착점 행동을 습득하기 위하여 이미 습득했어야 할 지식의 정도, 일반 및 특수 능력의 정도, 동기 상태 등을 말한다.

출발점 행동에 대한 진단은 교수가 시작되는 초기에 학습자를 적절하게 배치하는 것과 학습자가 학습에서 갖는 결함의 진단이라는 두 가지 목적을 가지고 있다. 따라서 출발점 단계에 있는 학습자의 행동 특성은 과거 그 개인 학습 역사의 집약이며, 학습에서의 성공 정도를 예언하는 역할을 한다. 한 개인의 출발점 행동을 진단하는 목적은 학생의 학습 수준이나 학습 속도를 예언하고자 하는 데 있는 것보다도 학습자가 지니고 있는 출발점 행동에 대한 정보에 따라 적절한 교수 방법을 고안·선정함으로써 학습 효과 극대화를 가져오고 학업 성취에서 학습자들 간의 개인차를 최소화하려는 데 있다.

3) 교수 활동 과정

교수 과정에 있어서 질적 관리에 가장 적절한 것이 형성 평가이다. 형성 평가는 교수 과정에 있어서 교수-학습 효과를 높이기 위한 활동이다. 형성 평가는 교수-학습이 진행되고 있고 유동적인 상태에서 교수-학습을 개선하기 위해 실시하는 평가이므로 교수-학습이 끝난 후에 하는 평가로는 그 목적을 달성할 수 없다. 따라서 형성 평가는 교수-학습이 진행될 때 실시함으로써 학습자의 학습 진행 속도를 조절하고 목표를 달성하지 못한 학생들에게는 무엇을 더 학습해야 하는지 학습 곤란을 발견하도록 돕는다. 그리고 이 평가는 교사로 하여금 자신의 교수 과정을 반성해 보는 근거를 제공한다.

어떤 교과에서나 모든 학습자에게 학습 시기와 방법에 관계없이 똑같은 효과를 나타내는 단일한 교수 방법은 없다. 교사는 적절하다고 생각하는 교수 대안을 투입한 다음 학생의 반응을 형성 평가에 의해 알아보고 이것을 기초로 교수 방법 중 어떤 점이 적절하지 않은지 발견한다. 이렇게 해서 얻어진 정보에 의해 바람직하고 적절한 교수 방법을 모색하고 개선한다.

4) 학습 성과의 평가

주어진 교수 목표에 대한 일정 기간의 교수 과정이 종결되었을 때 그동안의 학습 성과를 종합적으로 사정하여 교수 과정의 효율성에 대한 판단을 내리는 단계를 종합 평가라고 한다. 종합 평가의 결과는 학생의 장래 성공 여부를 예측해 준다는 의미에서 학습지도뿐만 아니라 생활지도 측면에서도 중요한 의의를 갖는다. 학생들의 과거 성취도와 현재 성취도 사이에 그리고 현재의 성취도와 미래의 성취도 사이에 높은 상관관계가 있다는 사실은 교수 계획에서나 교수 과정에서 성취도가 중요한 의미를 내포하고 있음을 시사해 준다.

종합 평가에는 절대 평가 혹은 목표 지향적 평가와 상대 평가 혹은 규준 지향적 평가가 모두 활용된다. 절대 평가는 학습자가 성취한 수준이 설정했던 교수 목표에 어느 정도 일치되었는지를 알려준다. 이 교수 목표의 준거는 "이 정도의 학습을 했으면 다음의 학습은 무난히 해 나갈 수 있을 것이다."라는 판정선이라고 볼 수 있다. 이와 같이 교수 목표의 성취를 기준으로 하는 절대 평가는 상대 평가가 가지고 있는 여러 약점을 극복하게 해 줄 뿐만 아니라 학습자로 하여금 자기 자신이 탁월한 수준에 도달하려는 학습 동기를 유발한다는 점과 학습에 있어 다른 학생들과 필요 이상의 경쟁을 피하고 협동하게 하는 장점도 있어서 권장할 만한 평가 체제이다. 상대 평가는 각 학습자의 성취 수준을 다른 학생과의 상대적 위치에서 상호 비교하여 결정하는 방법이다. 아무리 성적이 높아도 더 높은 성적을 받은 사람이 있으면 언제나 뒤떨어진 판정을 받게 되는 평가 체제이다.

5. 교수-학습의 유형

방과후아동을 지도할 때에는 학습자가 학습목표를 효과적으로 달성하고, 방과 후 과정에서의 시간이 즐거울 수 있도록 지도해야 한다.

첫째, 아동 개인의 인격을 존중한다. 개별 아동에 대한 개인차를 인정하고 그에 따른 교육을 실시해야 한다. 또한 표현의 자유와 사고력, 창의성 계발 및 향상을 위하여 허용적인 분위기를 조성한다.

둘째, 정규 학교가 아닌 방과후학교에 흥미를 가질 수 있도록 분위기를 조성해야 한다. 흥미는 외부에서 주어지는 자극에 의해서 발생하기도 하지만 아동의 내부에서 의욕을 가지고 능동적으로 참여하면서 학습 동기가 유발되기도 한다. 그러므로 아동의 현재 수준을 파악하여 접근하는 것이 바람직하다.

셋째, 부모와 교사 간의 연계가 필요하다. 방과 후 교육의 질 높은 효과를 기대하려면 학부모와 교사 간의 상호작용과 동반자적 연계성이 요구된다. 다양한 경로를 통한 정보 공유를 통해 교육의 방향, 방법 등에 대하여 합의를 이루어 나갈 수 있기 때문이다.

넷째, 아동의 성장 발달을 목표로 다양한 평가를 실시한다. 한 가지 평가 방법이 아니라 양적, 질적인 방법으로 평가가 이루어져야 한다. 또 교사가 아동을 평가하는 것은 물론, 방과 후 과정에서 아동이 스스로 자신의 활동을 계획하고 실행하는 부분을 평가해 보는 과정을 갖는 것도 중요한 부분이 될 수 있다.

방과 후 교육활동을 전개하는 과정에서 행해지는 교수-학습의 형태는 집단에 따라, 학습의 목적에 따라 그리고, 학습활동에 따라 구별할 수 있다(이인원, 양진희, 이은진, 2015).

1) 설명식 강의

설명식 강의는 교재나 지침서 등의 교수매체를 활용하여 이를 바탕으로 언어를 통한 학습방법이다. 설명식 강의법의 유의점은 다음과 같다(양진건, 이항재, 한규원, 2008).

첫째, 학습하고자 하는 목표를 분명히 선정해야 한다.

둘째, 학습자의 입장에서 학습내용을 고려해야 한다. 학습자의 능력이나 발달상태를 분석하여 학습내용을 알기 쉽게 설명하고, 학습자의 흥미와 욕구를 자극시킬 수 있어야 한다.

셋째, 추상적인 설명보다는 구체적인 실물, 실연, 언어 등을 사용하여 단순한 것에서부터 복잡한 것에 이르는 단계적인 설명을 하도록 한다.

넷째, 수업 중 중요한 관념은 글을 쓰거나 혹은 다른 수단으로 강조해야 한다.

다섯째, 언어적인 기술은 유창하고 명확하여야 한다. 또한 정해진 시간에 요점을 분명히 강조해야 한다.

여섯째, 학습된 내용을 요약하고 마무리한다.

일곱째, 가능한 학습의 효과를 높이고 유아의 흥미를 유도할 수 있는 교수매체를 사용함으로써 학습의 변화에 대한 호기심을 유도한다.

위의 단점을 적절하게 보완하면 설명식 강의법도 유용한 교수방법으로 활용될 수 있다.

2) 토의학습

토의란 두 사람 이상이 공동의 관심사가 되는 문제에 대한 바람직한 해결방안을 찾기 위하여 상호 의견을 주고받는 대화의 형태이다(이창덕, 임칠성, 심영택,

원진숙, 2000). 따라서 토의학습은 아동 상호 간에 자신의 생각과 의견을 교환함으로써, 아동이 공동으로 학습활동을 이끌어 나간다는 점에서 민주적인 학습방법이다. 그러나 교사가 토의활동이 역동적인 과정이 될 수 있도록 촉진하고 격려하는 역할을 할 수 있어야 효과적으로 운영된다. 토의학습은 다음과 같은 학습효과가 있다.

첫째, 학습자에게 반성적 사고의 기회를 준다.
둘째, 참여자 상호 간 민주적인 관계 형성을 촉진한다.
셋째, 아동 중심의 학습을 가능하게 한다.
넷째, 상대방의 의견을 존중하는 태도를 증진시킨다.
다섯째, 의사소통능력을 촉진시킨다.
여섯째, 공동의 결정에 대한 협력적 태도와 책임감을 증진한다.

3) 문제해결학습

문제해결이란 직면한 문제를 일정한 단계나 일련의 논리적인 과정을 통하여 해결하는 것을 말한다.

문제해결학습의 목표는 아동의 문제해결능력이며, 이는 일반적인 문제 전반에 관한 학습자 주도의 문제해결능력을 말한다. 즉, 어떠한 문제 상황에 직면했을 때 문제를 확인하고, 문제 발생의 원인을 분석하고, 이에 따라 해결방법을 찾아나가는 것이다.

문제해결학습은 다음과 같은 특성이 있다(강인애, 1998; 송해덕, 1998).

첫째, 현실세계의 복잡하고 비구조적인 문제를 해결하는 것으로서 관련 분야의 문제해결 및 비판적 사고력을 습득할 수 있게 해 준다.
둘째, 학습자 중심이다.
셋째, 자기조절학습과 협동학습으로 나누어 구성된다.

넷째, 평가는 학습자 중심으로 이루어진다.

문제해결과정에는 문제를 이해하고 분석·계획하는 시작 단계, 문제를 해결하고자 정보를 수집하고 문제해결을 진술하는 검증의 단계, 그리고 진술된 문제해결책을 최종적으로 점검하고 평가하는 단계를 반복한다.

4) 프로젝트 학습

프로젝트(project)란 자신이 마음속으로 생각하고 있는 것을 밖으로 표출하고 객관화시켜서 구체적으로 실현하려는 자기 주도적 학습활동이다. 프로젝트 학습은 아동이 학습의 전 과정에 대하여 주도성을 지니며, 주제, 문제, 쟁점 등에 관한 탐구활동이다. 또한 아동이 자발적으로 활동을 계획하고 창의적인 사고로 문제를 해결할 수 있도록 돕는다. 프로젝트 학습은 주제 탐구 활동이며, 학습에 참여한 모든 학습자가 특정한 주제에 대하여 서로 협력하여 활동과정을 계획하고, 질문에 대한 답을 찾아가는 목적지향적인 활동이다.

프로젝트 학습의 특징은 다음과 같다(지옥정, 1997).

첫째, 학습내용 선정방법과 교수-학습방법을 함께 제시하는 방법론적 이론이다.

둘째, 학습영역은 지식, 기능, 성향, 느낌 등 전 영역을 포괄함과 동시에 상호보완적이고 유기적인 관계를 통한 인격적인 통합이 강조된다.

셋째, 학습내용이 학습자 개개인에게 유의미하여야 한다.

넷째, 교수-학습과정 면에서 시작, 전개, 마무리의 3단계 과정으로 구분되며, 각 단계마다 중심사건과 과정, 학습자들의 활동내용이 다르다.

다섯째, 학습자의 부모나 주변사람들, 지역사회 구성원들과의 협력적 관계를 강조한다.

여섯째, 프로젝트 전 과정을 통해 교사와 학습자, 학습자와 학습자 간의 적극적인 사고의 교류와 상호작용 및 협동적인 학습을 강조한다.

6. 학령기 아동에게 적합한 활동

이옥(2002)은 학령기 아동의 신체 및 운동 발달, 사회성 발달, 정서발달, 언어 발달, 인지 발달에 도움이 되는 활동을 미국전국유아교육연합회(National Association for the Education of Young Children: NAEYC)가 추천한 활동 중심으로 제시하였다.

(1) 긍정적 자아개념을 위한 활동

- 스스로 선택하고 자신이 활동을 시작할 수 있는 능력과 같은 자신감과 독립성을 표현할 기회를 준다.
- 혼자 놀이할 기회를 주고 사적 생활을 가질 기회를 준다.
- 경쟁보다는 협동의 기회를 주는 활동을 계획한다.
- 교사는 아동 스스로가 또래 집단을 선택하고 싶어한다는 점을 인식한다.

(2) 사회적 기술 습득을 발달시키기 위한 활동

- 스포츠, 집단게임, 흥미 클럽, 카드게임과 같은 계획적이고 자발적인 활동을 마련한다.
- 친구나 성인과 앉아서 이야기를 나눌 시간을 허락한다.
- 점수나 우승 등과 같은 결과보다는 활동 자체에 초점을 맞춘다.

(3) 사고력을 격려하는 활동

- 조리, 돈을 버는 과제, 정원 가꾸기, 과학실험, 지역사회 견학, 방문자들

과의 상호작용, 문화적 경험활동, 컴퓨터 과제 등의 활동을 제공한다.

- 아동이 원한다면 친구나 교사의 도움을 받아 숙제를 마칠 수 있는 기회를 준다.

(4) 언어 발달을 격려하는 활동

- 독서의 기회를 준다.
- 연극대본을 쓰고 공연하며 신문을 제작하고 이야기를 써 볼 기회를 준다.
- 친구나 성인들과 자신의 경험을 나누도록 한다.
- 녹음기, 사진기 등의 설비를 사용하게 하고 자신의 필름 스트립을 만들게 한다.

(5) 신체 발달을 돕는 활동

- 신체적 운동 기회와 여러 가지 실외 운동 시설을 사용할 기회를 준다.
- 개인별, 집단별 게임과 팀 경기에 참여할 기회를 준다.
- 바느질, 목공, 도자기 만들기, 가죽 손질 등의 정교한 손기술 개발의 기회를 준다.

(6) 창의성과 예술성을 격려하는 활동

- 이젤에 그림 그리기, 세라믹화, 목공, 직조와 같은 계획 있고 자발적인 미술과 공작활동을 격려한다.
- 춤과 창의적인 극활동, 노래, 음악 놀이, 악기 연주 등을 격려한다.

토의 및 발표 과제

1. 초등학생이 가장 선호하는 교수–학습 방법을 찾아본다.
2. 초등학교 교육과정을 조사하여 발표한다.

7

방과후아동지도 교사의 자격 및 양성

AFTER SCHOOL PROGRAM

1. 방과후아동지도 인력

우리나라의 대표적인 방과후아동지도 시설은 초등돌봄교실(교육부), 지역아동센터(보건복지부), 청소년방과후아카데미(여성가족부)가 있다. 이에 대한 전담인력은 시설장과 방과 후 교사, 보조 인력 등이 있다. 시설장은 관련 시설의 대표로서 운영과 관련된 제반 사항을 총괄하고, 전문 인력은 방과후아동지도 시설에서 실질적인 업무를 총괄 또는 운영하는 사람이다. 방과후아동지도에서의 핵심은 방과후아동을 직접 지도하고 그에 따른 프로그램을 계획하고 실행하는 업무를 맡은 방과후지도 교사라고 볼 수 있다. 때로는 방과후지도 교사가 행정 및 사무 업무를 함께 보는 경우도 있고, 사무 전담 인력이 별도로 채용되어 있어 업무가 분리되는 경우도 있다. 사무 업무가 분리되어 있는 경우에는, 초등돌봄교실은 행정실, 지역아동센터는 사회복지사, 청소년방과후아카데미는 청소년지도사가 전담하는 것이 일반적이다(한국방과후아동지도학회, 2014).

1) 시설장

시설장은 방과후아동지도 시설의 대표자를 말하는 것으로, 시설의 전반적인 운영과 관리의 총책임을 맡고 있다. 초등돌봄교실은 해당 초등학교 교장이, 지역아동센터는 아동복지법을 근거로 센터장이, 청소년방과후아카데미는 청소년기본법을 근거로 해당 청소년수련관의 관장이 시설장이 된다. 시설장은 아동에 대한 이해뿐만 아니라 교사와 강사, 사무원, 자원봉사자 등의 인사관리, 시설 및 설비관리, 사무관리, 재정관리, 그리고 프로그램 감독을 포함한 운영의 전반적인 내용에 대한 계획과 추진 등에 대한 총책임자이다.

2) 방과 후 교사

방과후아동지도는 맞벌이부부와 한부모가정 등 취약한 가정의 아동이 홀로 방치되어 유해한 환경에 노출되는 것을 막고, 안전하게 보호·지도하기 위해 운영되고 있는 프로그램이다. 또한 사교육비 절감, 교육의 격차 해소, 교육복지 실현, 저출산 해소 등 다양한 부분의 요구를 충족하고 있다. 이에 방과 후 교사는 부모와 학교 교사의 역할을 함께할 수 있는 능력이 있어야 하며, 아동들이 가정에서 부모로부터 받게 되는 인정감을 주면서, 학교교육과도 연관성 있게 지도해야 한다. 방과후아동지도는 학교 교육보다는 자율적이고 아동에게 친근한 방법으로 학교교육을 보완하는 기능을 가지고 있다.

방과 후 교사는 정규교육시간 외에 방과후아동에 대한 교육과 보호를 위하여 아동의 발달에 적합한 교수-학습 프로그램 개발 및 지도, 인성지도, 생활안전지도, 부모 및 지역사회와의 연계 등 방과 후 운영관리 및 가정의 경제활동과 정서적 안정 등을 지원하는 역할을 한다.

3) 보조 인력

보조 인력은 방과 후 교사를 포함한 전담인력을 보조해 주는 역할을 하며 노인, 대학생, 중고등학생 자원봉사자 모두를 포함한다. 이들은 프로그램 강사, 자원봉사자, 업무보조, 급·간식 보조 등 다양한 업무를 보조해 준다. 또 보조 인력은 전담인력에 비해 근무시간이 짧고 급여가 적거나 없는 경우도 있으며, 경력 인정이 되지 않는 경우도 있다. 그러나 자원봉사자의 경우에는 해당 지역의 행정청이나 자원봉사센터, 복지회관 등을 통해 연계되어 파견되면, 파견하는 기관에서 보수를 받거나 경력을 인정받기도 한다.

2. 방과후아동지도 교사의 자격 및 양성

1) 2000년 이전의 자격 내용

방과후아동지도에 대한 요구와 필요성이 증대되면서 방과후아동지도에 참여하고자 하는 수요는 증가하고 있다. 그러나 방과후아동지도 교사에 대한 국가 공인 자격 제도가 없어 민간단체 등에서 방과후아동지도 교육과정과 검정 과정을 통하여 교사를 양성하고 있는 실정이다. 1996년부터 보육교사 양성과정 교육의 질을 강화하는 의미에서, 연간 800시간에서 1,000시간으로 교육 시간을 늘렸으며 그 안에는 방과후아동지도 과목도 첨가시켜 보육교사들이 보육시설에서 방과후아동지도를 할 수 있도록 했다. 그리고 각 대학 사회교육원 또는 평생교육원에서도 방과후아동지도사 과정을 개설하여 운영하고 있다(이경화 외, 2001).

대학 부설 사회교육원에서 운영되고 있는 방과후아동지도사 과정은 보육교사 양성 기관의 보수 교육과정과는 다르다. 보육교사 보수 보육과정에서는 필수 과목으로 방과후아동지도론을 이수하게 하지만 대학 부설 사회교육원의 방과후아동지도사 과정은 방과후아동지도론은 필수적으로 이수하고 실제 방과후아동지도를 할 수 있는 다양한 교과목으로 편성·운영하고 있다.

결과적으로, 현재 우리나라에서는 두 가지 경로를 통해서 방과후아동지도 교사를 배출하고 있다. 하나는 보육교사 교육원을 수료한 2급 보육교사 이상이면 「영유아보육법」에 의거하여 방과후아동지도 자격이 인정된다. 또 다른 하나는 아직 법적인 자격이나 원칙은 마련되지 않았지만 대학부설 사회교육원에서 운영하고 있는 '방과후아동지도사' 과정을 이수한 사람들이다.

한국보육정보연구소(1996)의 보육교사 대상 조사에 의하면 방과후아동지도를 하는 데 가장 적절한 사람으로 여러 사회단체에서 시행하는 '방과후아동지도사' 과정을 이수한 사람을 선택하였다. 이러한 결과는 주로 영유아를 담당하는 보육교사 자신도 초등학생이 대상인 방과후아동지도를 하기 위해서는 전문적인 교육을 더 받아야 함을 인정하는 것이라고 볼 수 있다.

방과후아동지도의 양적 확대와 질적 향상을 도모하기 위해서는 전문성과 우수성을 갖춘 '방과후아동지도사'의 확보가 가장 중요하다. 이를 위해 '방과후아동지도사'를 국가기술자격 종목으로 선정하여 국가 차원에서 자격을 검정하고 관리하는 것은 방과후아동지도의 질적 향상을 위해, 그리고 아동과 학부모의 교육권과 복지권을 위해 필요한 일이다. 즉, 방과후아동지도 교사들이 현장에서 수행하고 있는 직무를 이해하고, 그 역할과 기능의 전문성을 확립하도록 하기 위해 방과후아동지도사의 자격을 제도화해야 할 필요성이 대두되고 있는 것이다(한국여성개발원, 2000). 질적인 방과후아동지도의 정착을 위해서는 법적 제도 마련과 행정 지원 등 국가적 노력과 함께 전문인으로의 방과후아동지도 교사를 배출하는 교육체제가 정립되어야 한다. 이에 따라 한국여성개발원(2000)에서는 '방과후아동지도사 1·2급 국가기술 자격 종목 개발' 연구를 실시하여 국가기술자격증 개발을 위한 기초를 마련하였다.

2) 2000년 이전의 방과후아동지도 교사 양성과정

방과후아동지도사 양성 교육은 방과 후에 각종 위험에 노출되고 방치되어 있는 아동을 보호하고 지도하기 위한 교사를 양성하기 위하여 시작되었다. 방과후아동지도사를 양성하기 위한 교육 훈련은 한국여성개발원이 1993년에서 1994년까지 2년간에 걸쳐 방과후아동지도사 양성교육 프로그램을 개발한 후부터 지속적으로 이루어져 왔다(한국여성개발원, 1994a). 그 후, 1995년 1월 YWCA에서 방과후아동지도사 양성과정이 개설된 후 걸스카우트 연맹, 각 대학의 사회교육원 등에서 지속적으로 교육이 이루어지고 있다. 1996년 한국여성개발원의 조사에 의하면, 한국여성개발원(1993~1994), YWCA(1995~1996), 걸스카우트 연맹(1995~1996), 여성신문 교육문화원(1996), 한겨레신문 문화센터(1996), 서울여대 사회교육원(1995~1996) 등에서 방과후아동지도 교사를 500여 명을 배출한 것으로 나타났다.

이러한 방과후아동지도사의 배출은 방과후아동지도를 활성화시키는 계기가 되었으나, 정부가 보육교사를 통해 방과후아동지도를 실시하는 계획을 수립하면서 관련 교육이 점차적으로 침체되었다. 그 후 보건복지부의 영유아보육법 시행규칙 개정으로 보육교사 양성과정에서 방과후아동지도 교과의 시간이 16시간에서 20시간으로 증가하였으며, 1999년부터 32시간으로 증가되었다. 2007년 현재 영유아보육법에서는 방과후보육을 담당하고 있는 교사 및 시설장을 대상으로 방과후보육 직무교육과정에서 20과목 40시간을 이수하도록 제시하였다.

방과후아동지도사를 양성하는 주요 기관은 각 대학의 사회교육원이나 평생교육원, 그리고 일하는 여성의 집이라고 할 수 있다. 전국 대학부설 사회교육원은 269개소가 있는데 그중 대학교 128개소, 전문대학 101개소, 산업대학 15개소, 교육대학 10개소, 한국방송통신대학교 1개소, 대학원 6개소, 기타 기능대학 등 8개소가 사회교육원(평생교육원)을 운영하고 있다. 현재 한국대학부설 평생교육원협의회에서 방과후아동지도사 민간 자격제를 도입해 실시하고 있다. 또한 여성의 직업 능력 개발 및 취업 알선을 통해 여성의 취업난 해소에 기여하고 여성의 능력 개발과 사회 경제적 지위의 향상 기회를 제공하기 위해 설립된 '일하는 여성의 집'에서도 방과후아동지도사가 양성되고 있다. 1999년 현재 43개소가 있으며, 보육교사 양성과정에서 아동지도 관련 교과 10종 중의 하나로 '방과후아동지도사' 과정이 운영되고 있다.

교육과정은 대학부설 사회교육원(평생교육원)과 일하는 여성의 집은 기관마다 교육 이수 시간이 각각 다르며 '전문 교육과정' 중의 하나로 개설되어 있다. 일하는 여성의 집은 '고용보험 교육과정' 중의 하나로 실업자 재취업 과정의 형태로 개설되어 있으며, 180시간 이상의 장기 교육과정으로 운영되고 있다. 일반적으로 방과후아동지도사를 전문적으로 양성하는 기관의 경우, 최소 60시간에서 최대 256시간까지 다양하게 운영되고 있다. 이에 비해 보육시설에서 방과후보육을 할 수 있는 법적 자격을 확보하고 있는 보육교사 양성과정에서는 '방과후아동지도 과목'

을 개설하여 단기간의 교육 시간만을 확보하고 있는 상황이다.

일반적으로 방과후아동지도사 관련 교육과정에 참여하고 있는 교육 대상자는 기관마다 차이가 있으나, 실제적으로는 보육교사, 유치원교사, 초등학교교사들이 대부분을 차지한다(김재인 외, 2000).

3) 방과후아동지도사 양성과정

방과후교사에 대해 공인된 국가 자격증이 없다 보니, 민간 주도의 자격증이 다양한 방법을 통해 주어지고 있다. 국가 자격증이 없어 그 명칭 또한 방과후아동지도사, 방과후아동지도전문가, 방과후교사 등의 다양한 이름이 주어지고 있다. 방과후아동지도사를 부르는 호칭도 방과 후 프로그램을 운영하는 기관에 따라 다르게 불리는데, 초등학교는 초등돌봄 강사, 지역아동센터는 생활복지사, 청소년방과후아카데미는 운영책임자, 실무지도자 등 다양한 이름으로 불리고 있다. 그러나 일반적으로 방과 후 교사의 자격 기준은 초등돌봄교실은 유치원 교사, 초·중등교사, 보육교사 1·2급 자격증 소유자, 지역아동센터는 사회복지사, 청소년방과후아카데미는 청소년지도사를 우선 자격으로 권장하고 있다.

방과후아동지도사(After school teacher)의 자격요건은 민간단체에서 시행하는 교육과정을 이수하거나 자격시험에 합격하면 자격증이 주어진다. 고등학교 이상의 학력이면 누구나 응시 가능하며, 고등학교 졸업자의 경우 자격시험과 30시간의 직무연수를 받으면 자격증이 주어지며 10년 이상 학교 교사 경력이 있는 사람은 자격시험이 면제된다. 방과후아동지도사 자격증 검증기관으로는 한국아동교육지도평가원과 한국복지문화교육원, 한국국공립대학 평생교육원협의회 등에서 시행하는 평가로 자격증이 주어진다. 본서에서는 한국 방과후교사아카데미, 한국방과후아동지도학회의 내용을 중심으로 살펴보고자 한다.

(1) 한국 방과후교사아카데미

한국 방과후교사아카데미에서는 한국 직업능력개발원에 '방과후지도사' 자격증을 등록하고, 해당 전문가를 양성하고 있다. 방과후아동지도사의 응시자격, 시험과목 및 시험 방법은 다음과 같다(http://www.eduschool.org).

- 자격증 명칭: 방과후지도사(After school Instructor)
- 교육 기관: 한국 방과후교사아카데미
- 자격증 등록기관: 한국 직업능력개발원
- 검정 방법: 필기 50%, 실기 50%
- 검정 과목

  〈필기〉 방과후학교 기본이론, 아동지도 기본이론, 아동상담 기본이론, 학습발달

  〈실기〉 작업형(모의수업 외)
- 응시 자격
  - 방과후지도사 3급: 아카데미 교육이수자
  - 방과후지도사 2급: 아카데미 혹은 지정교육기관에서 교육과정 교육이수자
  - 방과후지도사 1급: 2급 취득 후 해당 교육 경력이 1년 이상인 자
- 자격증 시험 일정
  - 방과후지도사 3급: 년 6회(2월, 4월, 6월, 8월, 10월, 12월)
  - 방과후지도사 2급: 년 6회(2월, 4월, 6월, 8월, 10월, 12월)
  - 방과후지도사 1급: 년 6회(2월, 4월, 6월, 8월, 10월, 12월)
- 자격증 시험 과목 및 시험 방법

표 7-1 | 시험 과목 및 합격 기준

등급	검정방법 및 시행형태	검정과목	검정 및 합격기준
1급	【필기】 –60분간/객관식 –과목별 25점/전 과목 합산 100점 【실기】 –작업형(모의수업 외)	【필기】 –방과후학교 기본이론 –학습발달 –아동상담 기본이론 –아동지도 기본 이론 【실기】 –작업형(모의수업 외)	【필기】 –100점 만점에 80점 【실기】 –100점 만점에 80점 이상 득점
2급	【필기】 –60분간/객관식 –과목별 25점/전 과목 합산 100점 【실기】 –작업형(모의수업 외)	【필기】 –방과후학교 기본이론 –학습발달 –아동상담 기본이론 –아동지도 기본 이론 【실기】 –작업형(모의수업 외)	【필기】 –100점 만점에 80점 【실기】 –100점 만점에 60점 이상 득점
3급	【필기】 –60분간/객관식 –과목별 25점/전 과목 합산 100점	【필기】 –방과후학교 기본이론 –학습발달 –아동상담 기본이론 –아동지도 기본 이론	【필기】 –100점 만점에 60점

(2) 한국 방과후아동지도학회

한국 방과후아동지도학회에서는 초등학교 돌봄교실, 지역아동센터, 방과후아카데미, 청소년 공부방 등에서 교사로 근무할 수 있는 방과후아동지도 전문가를 양성하고 있다(http://www.afterschool.or.kr).

- 자격증 명칭: 방과후아동지도 전문가 2급, 방과후아동지도 전문가 1급
- 교육 기관: 한국 방과후아동지도학회
- 자격증 발급기관: 한국 방과후아동지도학회
- 검정 방법: 필기 매 과목 40점 이상, 전 과목 평균 60점 이상
- 검정 과목

〈필기〉 방과후학교 기본이론, 아동지도 기본이론, 아동상담 기본이론, 학습 발달

〈실기〉 작업형(모의수업 외)

• 응시 자격

〈방과후아동지도 전문가 2급〉

- 전문대학 이상의 졸업(예정)자로 방과후아동지도 전문가 관련 교과목을 10과목 이상 이수한 자
- 전문대학 이상의 졸업(예정)자로 교과목을 이수하지 않은 자는 본 학회에서 실시하는 160시간 이상(한 과목당 16시간 이상)의 자격연수 교육을 수료한 자
- 전문대학 이상의 졸업(예정)자로 보육교사 자격을 소지하고 평생교육법에 의거 교육훈련기관으로 인정된 기관에서 방과후아동지도전문가 과정(15~17주/135시간)을 수료한 자

〈방과후아동지도 전문가 1급〉

- 방과후아동지도 전문가 2급 자격 취득 후, 방과 후 기관에서 정규교사로 2년 이상(1일 6시간 이상) 근무한 자
- 40시간 이상의 방과 후 관련 승급 연수를 받은 자
- 학술대회, 워크숍 등의 학술행사에 2회 이상 참석한 자

• 자격증 시험 일정
  - 연 2회 이상 실시(자격취득 심사는 자격시험과 제반 증빙 서류 심사로 이루어짐)

• 관련 과목 및 이수 과목 수

표 7-2 | 관련 과목

영역	과목명	과목 수
기초(필수)	방과후아동지도론(유초연계), 아동발달(영아발달과 유아발달, 영유아발달), 생활지도 및 아동상담, 아동복지론(아동권리와 복지)	4
아동발달 이해	아동문제 및 지도, 아동행동관찰, 아동 관찰 및 행동연구, 상담심리학, 발달심리학, 인간행동과 사회환경, 교육심리학, 생활지도, 상담이론, 심리측정과 평가, 정신건강론, 아동건강교육, 아동영양 및 안전교육(아동영양학), 특수아동지도	2
교수학습 방법론	방과 후 교육과정, 교육학개론, 보육학개론, 유아교육개론, 교육학의 이해, 방과후아동지도 프로그램개발 및 평가, 방과후아동지도 프로그램론, 영유아교수방법론, 영유아교육프로그램, 프로그램개발과 평가, 교재 및 교구 개발, 교과교재연구 및 지도법, 보육과정, 유아교육과정, 교육과정 및 평가 놀이지도, 언어지도, 음악지도, 미술지도, 컴퓨터지도, 동작교육, 예절교육, 사회성 지도, 창의성 교육, 전통문화교육	2
부모/지역사회 연계	부모교육론, 지역사회복지론, 사회복지개론, 가족복지론, 사회교육개론, 인간관계론, 자원봉사론	1
운영관리	방과후아동지도 기관 운영관리, 보육시설 운영관리(어린이집 운영관리), 학교사회복지론, 유아교육기관 운영관리, 사회복지행정론, 사회복지정책론, 보육정책론	1

(3) 방과후아동지도 전문가 2급 시험 과목

표 7-3 | 2급 시험 과목

<table>
<tr><th colspan="2">시험과목</th><th>배점</th><th>문항 수 및 출제유형</th><th>시간</th><th>합격 기준</th></tr>
<tr><td rowspan="4">필수 4과목</td><td>방과후아동지도론</td><td rowspan="6">100</td><td rowspan="6">20문항 / 객관식</td><td rowspan="6">총 2시간</td><td rowspan="6">• 매 과목 40점 이상
• 전 과목 평균 60점 이상</td></tr>
<tr><td>아동발달</td></tr>
<tr><td>생활지도 및 아동상담</td></tr>
<tr><td>아동복지론</td></tr>
<tr><td rowspan="2">선택 1과목</td><td>방과후아동지도 기관 운영 관리</td></tr>
<tr><td>방과후아동지도 프로그램</td></tr>
</table>

토의 및 발표 과제

1. 민간에서 발급하는 방과후아동지도사 자격증을 조사하여 발표한다.
2. 기관별 자격 검정 시험 과목을 조사하여 발표한다.

8

방과후아동지도 교사의 자질과 역할

AFTER SCHOOL PROGRAM

방과후교사, 방과후지도사, 방과후아동지도사, 방과후아동지도 교사 등은 모두 같은 말이다. 이에 본서에서는 방과후아동지도 교사로 명칭을 사용하고자 한다.

방과후아동지도 교사는 방과후아동의 지도와 운영에 대한 전반적인 지식과 운영능력을 갖추어야 한다. 그러기 위해서는 아동의 발달 특성에 관한 기본 지식이 있어야 하며, 학령기 아동의 발달 과제를 이해할 수 있어야 한다. 방과후아동의 생활 전반에 대한 지도가 이루어지므로 학교 교육과 구별되면서도 학교 교육을 보완하는 교육이어야 한다. 형식적이고 구조적인 학교 교육에서 지친 아동에게 정서적 안정감과 휴식을 제공하여 가정과 같은 편안함을 느낄 수 있도록 해야 하며, 학습활동과 건전한 취미 활동을 지도하고, 여가 시간을 유익하고 창의적으로 지낼 수 있도록 지도하는 능력이 요구된다.

1. 방과후아동지도 교사의 자질

방과후아동을 대상으로 한 교육은 학교의 인지 중심 교육과는 달리 대부분 신체, 사회, 정서 발달에 초점을 두어 교육이 이루어진다. 이러한 방과후아동지도 교사의 역할을 수행하기 위해서 교사가 갖추어야 할 자질을 개인적인 자질과 전문적인 자질로 나누어 살펴보면 다음과 같다.

1) 개인적인 자질

교사에게 요구되는 개인적인 자질은 동서고금을 막론하고 교사로서의 역할을 수행하는 데 절대적으로 필요한 인성이다. 인성(人性)이란 글자 그대로 '사람의 성품'을 의미한다. 최근 다양한 아동학대 사건을 통해 우리 사회에서는 다시 한 번 '사람의 성품'인 인성을 되돌아보고 강조하는 풍토로 바뀌고 있다.

이러한 인성은 아동을 가르치게 될 교사라는 직업을 가진 사람에게 더욱 요구되는 개인적 자질이 되었다. 이와 더불어 기본적인 인간애를 가지고 있어야 하며, 성실하고, 온정적인 성품이어야 하며, 신체적·정신적으로 건강해야 한다. 특히, 방과후아동지도를 맡게 될 교사들에게는 아동을 다루어 본 경험이 도움이 된다. 경험이 있다는 것은 자신의 일에 자신감이 있고 프로그램 운영에 있어서도 융통성을 발휘할 수 있기 때문이다.

방과후아동지도 교사에게 요구되는 개인적 자질은 다음과 같다.

첫째, 몸과 마음이 건강해야 한다. 학교 정규 과정을 마치고 방과 후 프로그램에 오는 학생들은 학교에서의 학습에 지쳐서 오는 경우가 많다. 이러한 아동에게 인지적인 교과 내용보다는 신체·사회·정서 발달에 초점을 둔 활동이 아동의 요구와 개별 수준에 맞추어 제공되어야 하므로 신체적인 건강은 교사가 갖추어야 할 기본 능력이다. 또 신체가 건강하다 하더라도 정신이 건강하지 못한 경우, 아동을 지도하는 데 어려움이 있으므로 신체와 정신이 모두 건강해야 한다.

둘째, 사랑하고 존중하는 마음이 있어야 한다. 어떤 직업이건 자신이 좋아하는 일을 하는 경우 더 잘할 수 있다. 마찬가지로 교사도 교육 이전에 사랑하는 마음이 전제되어야 그에 따른 교육도 잘 이루어질 수 있다.

셋째, 인격과 교양을 갖추어야 한다. 다른 것을 모두 갖추었다 하더라도 인격이 갖추어지지 않은 교사라면 훌륭한 교사가 될 수 없다. '교육의 질은 교사의 질을 넘지 못한다.'는 말이 있듯이 교사는 교육환경에서 가장 중요한 부분이라고 볼 수 있다.

넷째, 모든 일에 성실하고 모범적이어야 한다. 자신의 삶에 성실하고 열정적인 사람은 교직에 임해서도 성실하고 열정적인 태도를 유지할 것이다. 교사의 이런 모습이 아동들에게 좋은 모델링이 되기 때문이다.

2) 전문적인 자질

전문적 자질이란 아동의 성장과 발달을 위해 교육하고 보호해야 하는 교사로서의 역할 수행에 직접적인 영향을 미치는 전문적인 능력을 의미한다. 전문성을 갖춘 교사는 가변적이고 역동적인 교수 상황에 대처하는 능력이 뛰어나다. 또한 자신의 교수 능력 향상을 위해 자기반성적 사고와 끊임없는 탐구를 통하여 새롭게 지식을 창조해 나간다.

교사의 전문적인 자질은 교사라는 특정한 분야의 업무를 수행하는 데 요구되는 지식과 기술을 의미한다. 전문적인 자질을 살펴보면 다음과 같다.

첫째, 전문적 지식을 갖추어야 한다. 방과후아동지도 교사는 아동의 발달적 특성이나 학습지도에 대한 전문적인 지식을 가지고 있어야 한다. 아동의 방과 후 학습지도를 위해 초등교육과정과 교과의 편성 운영에 대한 내용 및 교수·학습 과정 및 평가 등에 대한 정확한 지식을 지녀야 한다. 또 아동의 생활지도를 위해 건강, 영양, 안전, 숙제지도 등에 대한 일반적 지식도 갖추고 있어야 한다.

둘째, 교수 기술을 갖추어야 한다. 교사는 방과 후 교육 프로그램을 계획하고 실천하는 능력이 있어야 하며, 교수-학습 과정에서 필요한 학습 자료를 제작하고 효과적으로 활용할 수 있는 기술도 갖추어야 한다. 또한 교사는 아동의 흥미와 요구에 따라 교육프로그램을 융통성 있게 운영할 수 있는 능력도 지녀야 한다. 방과 후 교육 프로그램의 효율적 수행을 위해서는 아동뿐만 아니라 부모, 교사 및 관련 전문가들과의 상호 협조 체제를 유지하고, 이러한 인사들을 참여시킬 수 있는 능력도 갖추어야 한다.

셋째, 올바른 교육관과 직업윤리를 갖추어야 한다. 교사는 교육에 대한 사명감과 교직에 대한 윤리를 갖추는 것이 최우선이다. 교사로서 내가 맡은 아동을 책임지고 지도하려는 사명감과 아동을 사랑하고 신뢰하고 편애하지 않고 공평하게 지도하는 교직 윤리도 지킬 수 있어야 한다.

2. 방과후아동지도 교사의 역할

방과후아동지도 교사가 보호·지도해야 할 대상은 주로 초등학교 아동이다. 교사는 학교 교육이 끝난 아동을 대상으로 가정에서 부모가 하는 역할을 대신하면서, 학교 교사의 손이 미치지 못하는 부분을 중심으로 채워 주어야 한다. 더구나 현대 사회의 발전 상황이 아동에게 위험한 환경을 제공하고 있기 때문에, 아동들이 건전하고 건강하게 자랄 수 있도록 하기 위해서는 방과 후의 아동에 대한 배려가 현재보다 더 많아져야 할 것이다.

방과후아동지도 교사는 방과 후의 아동을 이해하고 인정하며 애정을 가지고 대함으로써 정서적 안정을 도모할 수 있어야 한다. 특히 초등학교 시기는 심리적으로 변화의 폭이 큰 시기이므로 이들이 안정된 환경에서 생활할 수 있도록 하는 것은 필수적인 일이다. 전문가로서의 방과후아동지도 교사는 방과후아동을 각종 안전사고의 위험에서 보호·지도하고, 아동이 가정에 돌아온 것과 같은 편안함을 느낄 수 있도록 하여 정서적으로 안정감을 갖도록 하며, 아동의 특성을 파악하여 이를 교수에 반영해야 한다. 그리고 아동의 개성을 존중하며 그들의 개인차와 욕구에 맞도록 지도하고, 프로그램 운영 기간 중 부모 교육을 실시하여야 한다. 부모 모임을 가질 여건이 되지 않을 경우에는 가정통신문을 통해 전달하는 등의 역할을 수행해야 한다(김재인 외, 2000).

1) 교사의 역할

방과후아동지도를 위한 양질의 보육서비스를 제공하기 위해서는 무엇보다 교사의 질이 고려되어야 한다. 방과후아동지도 교사의 역할은 다음과 같다.

① 교사는 안전사고와 위험에서부터 방과후아동을 보호해야 한다.

② 방과후교실에서 아동이 가정과 같은 편안함과 안정감을 느낄 수 있도록 해

야 한다.

③ 교사는 복장을 단정하게 한다.

④ 교사는 개별 아동의 특성을 파악하여 교수–학습에 반영한다.

⑤ 교사는 아동의 개성을 존중하고, 개인차에 따른 학습지도가 될 수 있도록 고려한다.

⑥ 교사는 프로그램 운영 중, 아동의 요구 조사를 실시하여 그 결과를 프로그램에 반영한다.

⑦ 교사는 아동에게 존댓말을 사용하고, 인격을 존중하여, 아동에게 언어적으로 상처를 주지 않도록 주의한다.

⑧ 교사는 모든 아동을 진심으로 대하고, 부모 직업이나 가정환경에 따라 차별을 두지 않고 공정하게 지도한다.

⑨ 교사 중심의 수업을 최소한으로 하고, 가급적 아동 중심의 수업을 지향한다.

⑩ 일과 프로그램 운영 중 문제가 발생할 경우, 방과 후 전담교사 또는 관련 책임자와 협의한다.

⑪ 체험활동 및 전문성을 요구하는 특별활동을 실시하는 경우, 학부모 등 자원봉사자를 활용한다.

⑫ 일일교육활동 일지에는 수업 시간과 교재, 수업내용, 학생의 참여 태도, 교사가 수업 진행 중 느낀 점 등에 대해 기록한다.

⑬ 주간 프로그램 계획표에 따라 운영을 하지만, 아동의 흥미와 요구에 따라 변화가 있을 수 있으며, 이에 대한 수업 상황을 일일교육활동 일지에 기록한다.

⑭ 부모 상담 및 면담을 통해 학부모의 의견을 수렴하여 프로그램 운영에 반영한다.

결국, 방과후아동지도 교사의 역할은 보육시설 및 방과 후 전담 시설에서 성인의 보호 없이 혼자 방치되는 초등학교 학령 아동을 안전하게 보호하고 그들의 요구에 적합한 프로그램을 제공하며 부모와 같은 상담자, 지지자의 역할을 하는 사람이어야 한다.

2) 자원봉사자의 역할

방과 후 프로그램에 참여하는 아동에게 양질의 교육적 경험을 제공하기 위해서는 자원봉사자를 활용하는 것이 바람직하다. 자원봉사자의 적절한 활용은 교사의 업무 부담을 덜고 아동에게 특별한 경험의 기회를 제공할 수 있다. 이옥(1995)의 연구에서도 대학생이나 주부 자원봉사자에 대한 부모의 인식이 긍정적인 것으로 나타나고 있으며, 현재 많은 사회복지관 프로그램들이 자원봉사자의 도움을 받고 있다.

사회봉사 활동 점수를 필요로 하는 고등학생이나 아동 발달을 전공하는 대학생을 자원봉사자로 활용할 수 있다. 이들은 지도 교사를 도와 숙제지도나 학습지도를 할 수 있으며, 개인의 특기나 전공에 따라 아동에게 특별 활동의 기회를 제공할 수도 있다. 또한 방과 후 프로그램에 참여한 아동의 부모나 아동과의 경험을 필요로 하는 사람, 혹은 교육 경력이나 특기를 가진 주부 자원봉사자의 경우도 보조교사 혹은 특별활동교사(음악·미술지도, 글짓기지도, 견학지도, 요리 활동지도 등)로서 방과 후 프로그램에 활용될 수 있다.

자원봉사자를 활용할 때 프로그램의 주된 책임은 교사가 담당해야 하며, 자원봉사자의 특성에 따라 적절히 활동을 배분할 필요가 있다. 단기간 혹은 일정 기간(한 달 또는 한 학기) 동안 매일 참여하는 사람과 2년 동안 일주일에 하루씩 일하는 자원봉사자의 차이를 고려할 수 있어야 할 것이다. 자원 봉사자의 경우에도 소정의 교육과 오리엔테이션을 통해 기본적 자질을 갖추어야 하며, 교사를 도와 학급 일이 원활하게 운영되도록 해야 한다(정민자 외, 1997).

토의 및 발표 과제

1. 방과후아동지도 교사의 자질에 대하여 토론한다.
2. 방과후아동지도 교사의 역할에 대하여 토론한다.

9

방과후아동지도의 평가

AFTER SCHOOL PROGRAM

1. 평가의 개념 및 필요성

평가라고 하면 교육 현장에서 치르는 각종 시험을 떠올리고, 그 결과로 얻어진 점수나 석차를 생각하는 경향이 있다. 이것은 평가의 기능을 단순히 학습자를 판정하고 분류하는 일에만 초점을 맞춘 결과이나, 평가는 학습자의 판정이나 분류보다 훨씬 폭넓은 개념이라고 할 수 있다.

평가는 교육 목표의 달성도를 알아보는 과정이며, 아동의 개인차를 밝히면서 객관적인 자료를 수집하여 과학적으로 이해하는 수단이며, 교사 및 교육을 평가하는 과정이다. 즉, 평가의 개념은 시설에서 아동의 전인적인 성장과 발달을 돕기 위해 이루어지는 모든 교육 활동의 과정과 결과에 대한 가치판단의 과정을 의미한다(황해익, 2011).

이러한 평가가 교육 현장에서 강조되는 이유는 다음과 같은 필요성 때문이다(임재택, 1995).

첫째, 평가는 아동에게 점수나 등급을 매겨 우수한 아동과 열등한 아동으로 구분하고 선발하는 데 목적이 있는 것이 아니라 아동 개개인의 전인적 성장과 발달을 도와주는 데 있으므로 그 필요성이 강조되어야 한다.

둘째, 교육의 목표가 제대로 성취되었는지의 여부를 밝혀 교육 활동의 전반적인 과정을 개선하기 위해서는 그 교육의 전반적인 과정에 대한 평가가 필수적이다. 특히 교육 활동이 전개된 후 설정된 목표에 실제로 어느 정도 도달하였는지, 만약 제대로 달성되지 않았다면 그 요인은 무엇이며, 어떻게 수정·보완해야 할 것인가에 대한 합리적 근거는 평가를 통해 찾을 수 있으므로 평가 과정이 필요하다.

셋째, 교육 기관에 자녀를 보내고 있는 부모는 자신의 투자와 노력에 대한 효과를 알고 싶어한다. 기관에서는 교육의 효과에 대한 실증적이고 과학적인 증거를 수집·정리하여 그 결과를 부모에게 알려 줄 필요가 있으므로 평가가 요청된다.

2. 평가의 목적 및 기능

1) 평가의 목적

평가의 목적은 아동의 전인적 성장 발달을 돕기 위한 활동들의 효율성을 알아보는 것이라고 할 수 있는데 구체적으로 이연섭(1984)은 평가의 목적을 다음과 같이 밝히고 있다.

첫째, 현재 아동의 행동, 언어 및 인지 발달의 정도, 사회성 등 제반 사항에 관련된 발달의 측면을 기술한다.

둘째, 일정한 기간을 두고 계속 평가함으로써 아동발달의 여러 측면에서 변화를 알 수 있다.

셋째, 평가 과정을 통하여 교사는 각 아동을 개인적으로 재검토할 기회를 의도적으로 가지게 되며, 평가 자료를 기초로 하여 아동 개인에게 보다 적절한 프로그램을 계획할 수 있다.

넷째, 교사는 아동의 평가를 통하여 각 유치원이 가지고 있는 특수성이나 특정한 교육 목표에 부합되는 프로그램을 제공하고 있는지를 보다 깊이 투시할 수 있다.

다섯째, 보고서를 학부모에게 제시함으로써 아동에 대한 부모의 이해를 돕는다.

이와 같은 평가의 목적을 종합해 보면, 평가는 교육과 관련된 모든 활동을 대상으로 있는 사실을 그대로 파악·기술해야 하며, 아동의 전인적 성장과 발달에 도움을 주기 위한 교육 프로그램 전체의 효율성을 밝히는 데 목적을 두고 있다. 그러나, 궁극적으로는 교육에 참여하는 모든 사람(아동, 부모, 교사, 교육기관 종사자, 기타 관계자 등)에게 도움을 주고 아동 개개인의 발달 수준 및 행동 변화를 평가하는 데 그 목적이 있다(황해익, 2011).

2) 평가의 기능

평가의 기능은 관점에 따라 여러 가지로 나누어질 수 있는데, 평가가 지니고 있는 기능을 교육 활동과 관련하여 정리해 보면 다음과 같다(오성삼, 구병두, 1996).

(1) 교육 목표의 달성도를 파악하는 기능

평가의 주된 기능은 일정한 교육 목표를 정해 놓고 그 목표의 달성을 위해 여러 가지 교육 활동을 전개해서 얻어진 교육 성과를 평가하는 데 있다. 즉, 교육 목표의 달성도에 관한 증거와 정보를 수집하는 데 일차적인 관심이 있다는 것이다.

(2) 교육 활동의 개선 방안을 모색하는 기능

교육 평가는 아동 개개인의 전인적인 성장과 발달을 이해하고 도와주는 데 있으므로 교육 목표가 얼마나 성취되었는가의 여부를 밝혀 교육 활동의 전반적인 과정을 개선하기 위하여 평가가 필요하다. 또 아동의 개인차에 따른 학업 성취의 결과를 분석하고, 그 결과를 토대로 후속 학습을 계획하여 학습 활동의 개선 방안을 모색하는 기능도 있다.

(3) 아동의 이해를 위한 기초 자료를 수집하는 기능

교육 평가는 아동의 생활지도와 학습지도에 있어서 기초가 되는 자료를 제공해 준다. 지능 검사, 발달 선별 검사, 학습 준비도 검사, 사회 성숙도 검사, 성격 검사, 가정환경 검사 등의 각종 검사나 관찰을 통하여 일반아와 특수아를 판별하고 정신 지체아를 조기 발견하며, 일반 아동의 성장과 발달 이해 및 효율적인 아동 행동지도를 위한 기초 자료를 수집하여 아동을 보다 잘 이해하게 한다.

(4) 부모에게 필요한 자료를 제공하는 기능

부모는 자녀를 교육 기관에 보낸 후 자기 자녀에 대한 교육성과에 대하여 알고 싶어한다. 따라서 각 아동에 대한 평가 결과를 부모에게 통보하여, 부모는 아동에 대한 이해를 높이고, 가정에서도 아동의 능력에 맞는 지도를 실시함으로써 교육 효과를 증대시킬 수 있다.

(5) 아동지도 교수법을 개선하는 기능

아동을 지도하는 교사의 교수법은 과제의 특성이나 아동의 수준에 따라 적절해야 하는데, 장기간 교사직을 수행하다 보면 자기의 틀에 맞는 교수법으로 고정되어 버리는 경향이 커진다. 그러나 객관적이고 타당한 교육 평가의 결과를 통해 교사의 교수법을 개선하게 하는 반성 자료를 얻을 수 있다.

(6) 아동의 학습 동기를 유발하는 기능

교육 평가의 결과에 대하여 강화(표정, 칭찬, 접촉 등)를 체계적으로 사용하면 아동의 학습 동기를 유발시킬 수 있다. 표정이란 아동에게 관심을 표현한다든지 마주 보며 웃어 준다든지 하는 방법이고, 칭찬은 "참 잘했어요.", "수고했어요.", "좋은 생각이에요." 등의 방법을 활용할 수 있다. 접촉은 꼭 안아 준다든지, 손을 잡는 등의 피부 접촉을 통하여 표현하는 방법이다.

(7) 제반 교육 활동에 관한 효과를 파악하는 기능

교육의 질적 개선을 위해서는 현재 실시되는 각종 교육 프로그램이 본래 의도했던 목적을 달성했는지에 대한 평가 과정이 요구된다. 이는 최근에 관심을 끌고 있는 프로그램 평가로서 여기에는 교직원의 자질과 배치, 교육 기관의 시설 및 환경, 제도 및 운영의 전반에 걸친 평가가 포함된다.

3. 평가 유형

평가 유형은 분류에 있어서 평가하는 시기와 평가 목적에 따라 분류한다. 진단 평가(diagnostic evaluation), 형성 평가(formative evaluation), 그리고 총괄 또는 총합 평가(summative evaluation)로 나눌 수 있다.

1) 진단 평가

진단 평가는 아동들의 배치 또는 정치(placement), 선수 학습 능력, 학습 곤란 등을 진단하여 효율적인 학습지도 방안을 찾기 위한 평가이며, 아동의 시발 행동을 구체적으로 파악하여 그 정보를 교수 계획이나 아동을 위한 의사 결정에 사용하기 위한 목적으로 실시된다(황정규, 1998).

수업이 시작될 때 이루어지는 진단 평가에는 다음과 같은 세 가지 형태가 있다(김호권, 이성진, 이상호, 1977).

첫째, 어떤 단원의 목표를 달성하기 위하여 선수되어야 할 것으로 판단되는 특정 출발점 행동이나 기술을 아동이 소유하고 있는지의 여부를 밝히려고 하는 형태가 있다.

둘째, 주어진 일정 단원이나 과목의 목표군을 이미 충분히 습득했는지의 여부를 확인함으로써 이미 습득한 아동에게 다음 단원이나 과정으로 나아갈 수 있게 하는 형태가 있다.

셋째, 특정 수업 전략이나 수업 방법에 관련된 것으로 짐작되는 흥미, 성격, 경험, 배경, 적성, 기능, 선행 학습 정도 등과 같은 특성에 따라 아동을 분류하는 형태가 있을 수 있다.

또 수업이 진행되는 도중에 실시되는 진단 평가는 보통의 교정 수업으로는 치료되지 않는 학습 결손 상태나 그 근본 원인을 밝히는 일을 주요 기능으로 한다. 즉, 학습 결손의 근본 원인이 수업 방법이나 교재보다 신체적, 심리적, 환경적 조건일 경우도 있다. 이때 이러한 학습상의 실패 원인을 정확하게 지적하여 장애 요소를 교정하고자 할 경우 진단 평가를 실시한다(이영석, 박재환, 김경중, 1985).

이상에서 살펴본 진단 평가의 기능과 내용을 중심으로 본다면, 교육 현장에서의 진단 평가는 교육활동이 시작되기 전이나 학기초에 시행하는 것으로 아동에게 적절한 교육환경을 구성하거나 아동과 실제 상호작용을 하는 데 필요한 정보를 얻기 위해 아동의 발달 정도, 발달장애 유무 및 흥미, 동기 등을 구체적으로 파악하는 작업이다. 따라서 주로 학기초에 아동의 기초 자료로 부모와의 사전 면담이나 가정환경 조사서를 통한 생활기록부의 작성과 이를 토대로 한 교육기관 현황 조사표의 작성 등을 들 수 있다. 또 간단한 아동 발달 검사를 통하여 아동의 발달 상황 및 발달 지체 여부를 확인하고, 이를 모두 연간 교육 활동 계획에 반영할 수 있도록 해야 한다(황해익, 2011).

2) 형성 평가

형성 평가는 교수-학습의 진행 과정에서 그 수업이 설정된 목표 달성을 위해 정상적인 진전을 보여주고 있는지 수시로 점검해 보는 평가를 말한다. 즉, 형성 평가는 프로그램 진행 과정에서 목표를 위해 인적·물적 자원이 적절히 활용되고 무리 없이 진전되고 있는가를 계속적으로 점검하는 것이다. 그리고 이와 같은 피드백 자료를 현장의 교사, 아동 및 기타 참여자들에게 제공함으로써 프로그램 개선에 기여하고자 하는 평가이다(이은해, 2000).

형성 평가의 기능을 임인재(1976)는 다음과 같이 구분하고 있다.

첫째, 아동에게 학습 방향을 제시한다는 점으로, 장기간의 학습 기간에 무엇을 어떻게 공부할 것인지 명확히 알 수 없는 경우, 수시로 형성 평가를 실시하여 바람직한 학습 방향을 제시할 수 있다.

둘째, 아동의 학습 행동을 강화시켜 준다는 점으로, 학습 과제를 세분화하여 각 단계에서 바람직한 학습이 이루어질 때마다 적절한 보상이 뒤따른다면 학습 행동은 강화될 수 있다.

셋째, 아동의 학습 진전을 원활하게 한다는 점으로, 학습 과제 수행의 전·후 단계에 있어서, 아동들의 각 학습 단계에서 필요한 학습 요소를 완전히 학습했는가를 점검함으로써 교수-학습의 과정을 원활하게 진전시켜 준다.

넷째, 아동이 지니고 있는 학습 곤란을 진단하고 교정시켜 준다는 점으로, 아동이 응답한 것이 정답일 때 학습 행동을 강화하고, 오답일 때 교정해 주는 역할로 바람직한 행동이 무엇인지를 제시해 준다.

다섯째, 교사의 학습지도 방법을 개선할 수 있다는 점으로, 교사는 학습지도 방법을 수시로 개선할 수 있는 정보를 형성 평가를 통해서 획득하게 된다. 즉, 어떤 학습 과제에 대하여 아동이 집단적으로 학습 곤란을 나타내는 경우에는 대체로 학습자보다는 교사의 학습지도상의 문제로 보아, 원인이 무엇인지 밝혀내고 적절한 조치를 취해야 한다.

이상에서 살펴보았듯이 형성 평가는 교육 활동이 진행되는 과정에서 교육 내용을 수정·보완하는 데 필요한 정보를 얻기 위해 교육 활동 목표에 대한 아동의 반응과 변화의 정도 등을 파악하는 것이다. 이 경우에 주로 실시되는 평가는 신체, 인지, 언어 및 사회·정서 발달을 아동발달 체크리스트를 이용하여 격월, 분기별 또는 학기별로 평가할 수 있고, 일화 기록을 통한 관찰 기록과 교육 일지를 통한 질적 평가도 가능하다. 부모와의 면담을 통해 얻게 되는 아동에 대한 정보도 아동 발달 평가를 위한 중요한 자료가 된다. 또한 학급 교사가 중심이 되어 실시하게 되는 학급 자체의 운영 평가가 월별, 분기별, 또는 학기별로 실시될 수도 있다.

3) 총괄 평가

총괄 평가는 프로그램이 궤도에 오르고 일정 기간이 지난 다음 실시된다. 따라서 프로그램이 기대했던 목표는 달성되었는지, 대상 아동, 교사, 부모 등에세 미친 효과는 무엇이며, 이런 프로그램을 계속하거나 다른 현장에까지 확장할 가치가 있는 것인지 등을 결정하기 위해 자료를 수집하고 분석하는 것이다(이은해, 2000). 예를 들어, 중간고사, 학기말고사, 학년말고사 등이 이에 해당되며, 이를 통하여 장래 학업 성취도를 예측할 수 있으며, 학습지도의 장기적인 질적 관리가 가능하다.

황정규(1998)는 총괄 평가의 기능을 다음과 같이 제시하고 있다.

첫째, 아동의 학업 성취 수준을 결정해 주기 위해 점수를 배정하고 판정한다.

둘째, 다음 학년의 수업이 시작될 때 각 아동 또는 학급 집단의 아동을 어느 정도의 수준에서 교수해야 할 것인지를 결정하는 데 도움을 준다.

셋째, 아동 각자에게 자신의 학습이 어느 정도 진보되고 있는지에 대한 정보를 알려 준다.

넷째, 집단 전체로서의 성적을 산출하여 집단 간의 성적 결과를 비교해 준다.

다섯째, 아동이 지닌 기술, 능력 또는 지식이 요구하는 정도의 자격에 부합하는지의 여부를 결정해 주기 위한 판단의 자료가 된다.

이상의 내용을 종합해 보면, 총괄 평가는 교육 활동의 효과를 최종적으로 평가하기 위한 것으로 교육 활동에서 기대했던 목표가 달성되었는지, 교육 활동의 수행이 아동, 교사 및 부모에게 미친 영향이 무엇인지, 그 효과는 어떤 것인지를 알아보기 위하여 아동의 발달 정도와 교사 및 부모를 대상으로 필요한 자료를 수집하고 분석하는 과정이다.

따라서 교육 기관에서의 실제적인 총괄 평가의 예를 들면, 교육 활동이 전체적으로 끝난 후에 그 효과를 최종적으로 평가하기 위하여 아동의 발달 정도와 교사 및 부모를 대상으로 필요한 자료를 수집하고 분석하게 된다. 이를 위하여 프로그램 운영 평가, 부모 만족도 조사, 교사의 자기 평가가 1, 2학기 말에 실시될 수 있으며, 아동과 관련된 사항은 최종적으로 생활기록부에 기재하게 되는데, 특히 이때 기관 전체, 학급별, 개인별로 요약 및 비교가 가능한 프로파일을 작성하여 함께 보관하도록 해야 한다(황해익, 2011).

이상에서 설명한 진단 평가, 형성 평가, 총괄 평가의 주요 특징을 정리하면 다음 〈표 9-1〉과 같다(정종진, 1999; 진영은, 2003; 황해익, 2011).

표 9-1 | 진단 평가, 형성 평가, 총괄 평가의 비교

구분	진단 평가	형성 평가	총괄 평가
평가 목적	• 학습준비도 확인 • 학습결손의 진단 • 학습의 중복 회피	• 학습과제 성취 여부 결정 • 교수 전략의 개선 • 프로그램의 향상 및 개선	• 학업성취 판정 • 자격 부여 • 집단 간 학습효과 비교 • 프로그램의 주요 효과 판단
평가 시기	• 수업 전 실시 • 주제, 학기 또는 학년 시작 전 실시	• 수업 진행 중 실시	• 주제, 학기 또는 학년 종료 후 실시 • 수업 후 실시
평가 기준	• 절대 평가(상대평가와 혼용)	• 절대 평가	• 절대 평가, 상대 평가 혼용
평가 대상	• 학습 준비도	• 학습과제 수행과정	• 학습과제 수행의 결과
평가의 강조점	• 인지적, 정의적 행동과 운동 기능 • 신체적, 심리적, 환경적인 요인	• 인지적 행동	• 일반적으로 인지적 행동: 교과에 따라 때때로 운동 기능 또는 정의적 행동이 대상
평가의 활용	• 정치(定置): 선수 기능의 결함 여부 판정 • 아동의 사전학습 성취 수준의 판정 • 수업방법과 관련 있는 여러 특성에 따른 분류 • 반복되는 학습곤란의 심층적 원인 판명	• 교사와 아동에게 아동의 학습 진도에 관한 피드백 정보 제시 • 특정 학습과제에 대한 아동의 숙달 정도 발견 목적	• 주제, 학습과정의 마지막에서 통과를 인정하거나 성적을 확정 • 하나의 교과 전체를 통해 아동이 습득한 결과를 판단
평가 방법	• 관찰 • 구두질문 • 검사문항 • 아동의 자기평가 • 협의	• 상황기록 • 발표 • 과제 • 포트폴리오 • 협의 • 토론 중의 관찰 • 숙제 • 집단 활동에 의한 과제 • 아동의 자기평가	• 과제 • 구두발표 • 포트폴리오 • 아동의 자기평가

토의 및 발표 과제

1. 방과후아동지도에서 요구되는 평가의 필요성에 대해 토론한다.
2. 방과후아동지도에서 실시할 수 있는 간단한 평가 도구를 만들어 본다.

10

방과후아동지도의 개선 방안

AFTER SCHOOL PROGRAM

사회 변화와 가족 형태의 다양화 등으로 인하여 여성의 사회 진출이 급증하자 학령기 아동이 장시간 혼자 생활하면서 각종 유해 환경에 노출되는 상황이 빈번해졌다. 이러한 학령기 아동 문제가 가족, 나아가 사회 문제로까지 확대되고 있다. 따라서 초등학교 아동을 안전하게 보호하고 지도하기 위한 차원에서 1995년 세계화 추진위원회의 여성 발전 10대 과제 중의 하나로 '방과후아동지도 제도 도입'이 정책화되었고, 이를 위해 보건복지부에서는 1996년 '방과후아동보육 활성화 방안'을 제시하였다.

또 2004년 교육인적자원부는 저소득층과 맞벌이 가정의 자녀 등을 위한 방과후아동지도를 위해 방과후교실을 운영하고, 보건복지부는 「아동복지법」을 개정하여 지역아동센터를 아동복지시설로 법제화하여 아동서비스를 지원하였다. 여성가족부는 2005년 청소년방과후아카데미를 시범 실시하여 2006년부터 운영하는 등 방과후아동지도를 위한 다양한 형태의 시도를 하고 있다.

1. 방과후아동지도의 장점

첫째, 초등학교 교실을 활용 시 교재·교구와 책걸상의 높낮이 같은 물리적인 환경이 갖추어져 있어 이상적이다.

둘째, 돌봄전담사가 있어 운영의 전문성이 확보되고, 방과후아동의 보호에 따르는 책임 소재를 명확히 할 수 있다.

셋째, 방과 후에 돌봄을 필요로 하는 아동에게 다양하고 질 높은 프로그램을 제공하기 위해서 지역사회의 다양한 인적·물적 자원을 활용할 수 있다.

넷째, 부처별로 운영되는(교육부의 초등돌봄교실, 보건복지부의 지역아동센터, 여성가족부의 청소년방과후아카데미) 지역 돌봄서비스를 기관과 연계하여 돌봄서비스 중복 및 사각지대에 있는 아동을 최소화할 수 있다.

다섯째, 인구 밀집 지역 등에서 돌봄이 필요한 아동 신청자가 초과할 경우, 시·

도별로 즉각 대응할 수 있도록 대응체제를 구축하고 있으며, 필요시 돌봄교실 정원을 탄력적으로 조정할 수 있다.

2. 방과후아동지도의 단점

첫째, 돌봄 전용교실이 없고, 초등학교 빈 교실 활용 시 관리의 문제가 따른다.

둘째, 해당 기관의 전용교실이 없어 학생들의 신체적 조건과 맞지 않는 경우가 있다.

셋째, 특별실 등 일반교실을 이용하는 경우, 관리 책임의식이 없을 수 있으므로, 방과후아동지도 전담교사는 아동을 맡는 시간부터 책임을 지도록 책임 분담을 명확하게 해야 한다.

넷째, 농어촌 지역 등에는 교사 채용을 위한 인력확보가 어려우므로 이에 대한 처우개선 방안을 마련해야 한다.

다섯째, 돌봄교사의 휴가 또는 병가 등을 대비하여 학교 및 교육(지원)청 차원의 대체인력풀을 구성하여 자원을 확보해야 한다.

3. 방과후아동지도의 문제점

방과후아동지도의 단점을 위에서 언급하였지만, 지역아동센터와 청소년방과후아카데미, 돌봄교실 등의 측면에서 통합하여 문제점을 제시하고자 한다(서영숙, 서혜전, 이향란, 김현자, 노성향, 안소영, 양윤이, 김진숙, 2014).

첫째, 지역아동센터와 종일돌봄교실 등의 사업 간에 상호 갈등이 발생하고 있다. 그 이유는 도시의 경우에는 대상 아동이 밀집되어 있어 갈등이 거의 발생하지 않으나 농산어촌의 경우 대상 아동의 수가 적기 때문에 이로 인한 갈등이 야기되고 있는 실정이다.

둘째, 지역아동센터의 양적 확산, 교육부의 야간돌봄까지 있음에도 불구하고 아동을 위한 방과 후 서비스에 대한 국민들의 인식은 낮은 편이다. 지역아동센터는 우리나라 복지정책의 선별성 원리에 따라 저소득층 또는 빈곤아동을 주된 대상으로 하고 있다. 그러므로 방과 후 돌봄이 필요한 맞벌이가정의 아동은 학교의 방과 후 돌봄서비스를 이용해야 한다. 그러나 종일돌봄교실의 경우 수요를 충족할 만큼 충분하지 않으며 지역아동센터는 빈곤아동 전체를 수용하지 못하고 있다.

셋째, 지역아동센터에 대한 정부 지원 예산이 증가함에 따라 사업의 효율성, 전달체계 등에 대한 문제점이 증가하고 있으나 이에 대한 합리적인 해결책을 찾지 못하고 있는 실정이다. 근본적인 문제해결보다는 지역아동센터 평가를 통해 효율성의 문제를 현장의 책임으로 넘기고 있는 상황이다.

넷째, 방과 후 돌봄서비스의 중복가능성이다. 한 아동이 두 가지 이상의 방과 후 돌봄서비스를 제공받기는 어렵다. 예를 들어, 방과 후 초등교실이나 지역아동센터에 다니는 아동이 방과후학교의 영어나 컴퓨터 활동을 하는 경우이다. 방과후학교의 특기적성 활동은 학교를 마친 후 부모가 귀가하는 시간까지 매일 돌보아 주는 서비스가 아니기 때문에 다른 방과 후 돌봄서비스와 중복될 수 있다. 이러한 부분에 대한 보완이 필요하다.

다섯째, 지역아동센터와 청소년방과후아카데미, 돌봄교실, 방과후교실은 모두 국가가 지원하는 아동 서비스이나 지원 예산의 차이로 인해 이후 질적 수준의 차이가 발생할 소지가 있다. 이에 대한 균등한 서비스를 받을 수 있도록 현재 진행되고 있는 서비스에 대한 제도적 보완이 요구된다.

4. 방과후아동지도의 개선 방안

방과 후 아동을 위한 프로그램은 다양하게 운영되고 있다. 하지만 방과후아동지도의 질 높은 운영을 위해 문제점 및 개선 방안을 제시하고자 한다.

1) 방과후아동지도 관련법의 문제

방과후아동지도는 교육부의 초등돌봄교실, 보건복지부의 지역아동센터, 여성가족부의 청소년방과후아카데미로 나누어 운영되고 있다. 이에 따른 관련법이 교육부의 「초·중등교육법」, 보건복지부의 「아동복지법」, 여성가족부의 「청소년기본법」 등 주관부처에 따라 근거법이 다르다. 이로 인해 부처 간에서 일어나는 방과후아동지도 프로그램의 중복성, 관련 프로그램에 대한 구체적인 지침이나 규정이 미흡하여 아동의 권리를 국가 차원에서 보장하기 위한 단일화된 법 제도가 제대로 마련되어 있지 않은 상태이다. 따라서 방과후아동지도가 체계적으로 실시될 수 있도록 하기 위한 관련 법규의 정비와 관련 지침의 마련이 요구된다. 그러므로 초등학생의 방과후아동지도를 활성화할 수 있는 별도의 법인 「방과후아동지도법」이 제정되어 부처 간 통합이 된다면 가장 이상적일 것이다. 아동에 대한 투자는 경제 발전을 포함하는 미래를 위한 투자이며, 아동과 부모 모두의 삶의 질을 한 차원 높이는 것이다. 따라서 바람직한 방과후아동지도 제도의 도입은 사회적 인프라(infra)에 대한 투자이므로 빠른 시일 내에 관련법이 제정되어 대상 아동에게 최적화된 방과후아동지도가 활성화되어야 할 것이다.

2) 방과후아동지도사 자격 제도의 문제

방과후아동지도사 자격의 인정에 대한 상세한 규정이 없어서 「영유아보육법」에 따라 보육교사가 방과후보육을 할 수 있는 것으로만 해석되고 있으나 기관에 따라 사회복지사 자격증 소지자, 교사 자격증 소지자가 운영할 수 있도록 되어 있다. 또 보육교사 자격 없이 방과후아동지도사 과정을 수료하거나 소정의 검정 시험을 통과한 자가 방과후아동지도교사를 하고 있는 실정이다. 그러므로 취업 여성의 증가로 아동 보호와 지도의 요구가 증대되고 있는 실정을 감안하여 방과후아동지도사의 자격 인정과 권리 보장을 위한 법적 조치가 마련되어야 한다. 즉, 방과후아동지도사의 자격이 인정되는 「방과후아동지도법」이 제정되어 방과후아동지도사가 가정과 지역사회에서 시설을 설치하여 아동을 지도할 수 있도록 법적 근거를 마련해 주어야 한다. 이러한 법적인 자격 제도하에서 학령기 아동의 발달단계와 발달 과업을 이해하고, 아동을 보호하고 지도할 수 있는 전문성을 갖춘 방과후아동지도 교사를 배출하여 방과후아동지도의 양적·질적인 확산을 도모하여야 할 것이다.

이를 위해 '방과후아동지도사'를 국가기술 자격 종목으로 선정함으로써 국가 차원에서 자격을 검증하고 관리할 수 있도록 방과후아동지도사 자격을 통일시키고 제도화하여야 할 것이다.

3) 방과후아동지도 운영의 문제

방과후아동지도 운영의 문제로는 프로그램 운영에 대한 문제와 사회적인 인식 때문에 발생하는 문제로 나누어 볼 수 있다. 다른 보육 프로그램과 마찬가지로 방과후아동지도에서도 중요한 것은 프로그램이다. 그러나 현재 운영되고 있는 방과 후 프로그램은 검증되지 않은 상태에서 주로 숙제와 학습지도, 특기 적성 프로그램의 형태로 운영되고 있다. 이는 방과 후 프로그램에 대한 운영 지침이나 교육과정이 없기 때문에 방과후아동지도를 하는 교사들은 자체적으로 프로그램을 개발하여 활용하고 있기 때문이다.

또 민간단체에서 부여되는 방과 후 교사 자격증으로 인해 교사 양성과정이 다양하므로 교사뿐만 아니라 프로그램의 질적 측면에서도 문제가 될 수 있다. 따라서 방과후아동지도가 국가 수준의 교육내용과 방법으로 통일될 수 있도록 학령기 아동에게 적절한 운영 지침과 교육과정, 그리고 다양한 프로그램이 국가 수준에서 개발되어야 할 것이다.

방과후아동지도 운영에 있어서 사회적인 인식도 중요한 부분이다. 방과후아동지도 시설을 설치하여도 지역사회 학부모들에게 방과후아동지도의 개념이 인식되지 않아서 원아 모집에 상당한 어려움이 발생할 수 있다. 방과후아동지도는 가정과 학교의 보완 기능으로 심리적·정서적으로 안정감을 주고 보호·교육하는 것이 목적이므로 학부모들에게 국가에서 운영(교육부의 초등돌봄교실, 보건복지부의 지역아동센터, 여성가족부의 청소년방과후아카데미)하고 있는 방과후아동지도에 대한 안내와 홍보가 필요하다.

4) 방과후아동지도 관련 부처와 시설 간의 문제

방과후아동지도의 원활한 운영을 위하여 행정적 협조체계 구축을 해야 할 것이다. 이를 위해 관련부처 간에 연계와 협력 방안을 구상하여야 한다. 또한 부처별 역할분담 설정 및 방과후아동지도 시설 간 협조체계 구축으로 지역시설을 방과후아동지도 시설로 개방 시 협조 및 원활한 운영을 도모해 나가도록 해야 한다. 방과후아동지도는 초등학교, 종합사회복지관, 청소년센터 등으로 다양하다. 이러한 시설의 다양성으로 인하여 교육 목표나 프로그램 또한 다양한 특성을 가지고 있다. 그러므로 일관성 있고 체계적인 서비스를 위하여 방과후아동지도 관련 정보 및 관련 강사진 공유 등의 기능을 수행하도록 해야 한다. 즉, 아동을 위한 서비스를 전달함에 있어서 지역사회의 다양한 기관과 시설들은 연계망을 형성함으로써 아동에게 총체적이고 다양한 프로그램을 제공할 수 있게 될 것이다.

이를 위하여 방과 후 시설 협의체를 마련하여 정보 등을 공유하여야 한다. 또한 현장에서 적용 가능한 방과후아동지도 프로그램의 지속적인 제공과 방과후아동지도 교사 및 종사자, 관계 공무원을 위한 연수 및 세미나가 필요하다. 더불어 외국의 방과후아동지도 제도의 변화와 새로운 경향에 대한 정보와 시설, 프로그램, 자원활동가, 지원사업, 상담업무 수행에 대한 부분도 파악할 필요가 있으며, 방과후아동지도 발전을 위한 교사, 학부모, 지역인들 간의 교류 및 모임 활성화도 요구된다. 이를 통해 지역사회의 전문가, 공무원, 학부모를 중심으로 방과후아동지도에 대한 장단기 계획을 수립하고 타지역 협의체와도 수평적 연계를 하며 중앙단위의 협의체와 수직적 연계 등을 통하여 방과후아동지도가 활성화되도록 해야 한다(김재인, 서영숙, 이옥, 김인순, 이향란, 2002; 김재인, 이향란 2004).

21세기는 여성의 세기라고 한다. 여성의 사회 참여와 다양하고 전문적인 활동이 일정 수준까지 올라가야 할 것이다. OECD(Organization for Economic Cooperation and Development : 경제협력개발기구)는 한국 경제 발전의 요소로서 고등 교육을 받고도 가정에 묻혀 있는 여성의 사회 참여 및 경제 활동을 들고 있어 앞으로 우리 사회에서 여성의 사회 진출은 더욱 늘어날 전망이다.

따라서 자녀 양육이 개인적인 부담으로만 인식되는 데서 탈피해, 사회가 함께 해결해 나가야 하는 문제로 인식함으로써 여성의 전문성과 능력이 사장되는 일이 없도록 해야 할 것이다. 결국 방과후아동지도는 아동의 발달뿐 아니라 가족, 사회, 국가 발전과 더불어 미래의 사회 서비스 차원에서 필요한 것이라 할 수 있다. 따라서 방과후아동지도가 활성화될 수 있도록 시급히 법적, 제도적, 재정적인 지원이 뒷받침되어야 한다.

토의 및 발표 과제

1. 방과후아동지도의 문제점과 개선방안에 대해 토론한다.
2. 기관별로 운영되는 방과후아동지도의 장·단점을 조사하여 발표한다.

11

방과후아동지도 프로그램의 운영

AFTER SCHOOL PROGRAM

1. 방과 후 프로그램의 계획

1) 방과 후 프로그램의 목적

방과후아동지도 프로그램 계획에 있어서 프로그램의 목적은 프로그램의 계획과 운영에 있어서 기초가 되기 때문에 매우 중요하다. 교육의 목적이 분명하게 설정되어야 교육 활동의 방향이 결정되므로 프로그램의 목적과 목표를 분명히 해야 한다. 목적 설정을 위해서는 추구하는 아동상이 있어야 하며, 이에 기초하여 구체적인 프로그램의 목적과 목표가 기술될 수 있다.

한국여성개발원(1996)은 방과후아동지도 시 추구하는 인간상을 아동이 자신과 남을 이해하고 존중하며, 자기 일을 스스로 행하고 공동생활에 적응하며, 건강하고 창의적이며 독립적인 민주 시민이 되게 하는 것이라고 하였다. 이에 따라 방과후아동지도의 목적은 첫째, 아동의 안전한 보호이며 둘째, 학교 교육을 보완하여 아동의 흥미와 욕구를 충족하는 활동이나 생활지도 등을 통해 아동의 건전한 사회적·정서적 발달을 도모하고 셋째, 학업 성취 능력 향상의 기회를 제공하며 넷째, 아동의 부모 및 가족 전체의 안정되고 건전한 생활의 지원을 제시하였다.

위의 목적을 토대로 구체적인 목표를 제시하면 다음과 같다.

(1) 건강 및 안전

정서적 안정과 건강 유지를 위해 가정과 같이 편안하고 안락한 환경을 제공한다.

- 균형 있는 식사와 간식을 제공한다.
- 규칙적인 생활 및 건강 습관에 대한 지도를 한다.
- 아동의 안전을 위해 관리하고 감독한다.

(2) 학습 및 놀이지도

- 적절한 휴식과 놀이로 학교생활에서의 긴장감을 해소할 수 있도록 한다.
- 인지 발달을 위한 다양한 활동을 제공한다.
- 음악 감상, 미술 활동 등을 통하여 정서적 발달과 심미적 능력의 발달을 돕는다.
- 올바른 생활습관과 태도를 형성할 수 있도록 돕는다.
- 긍정적인 자아 개념과 자아 존중감을 가질 수 있도록 돕는다.

2) 프로그램의 내용 및 선정

방과후아동지도 프로그램은 아동의 발달 특성을 고려하여 선정해야 한다. 초등학교 시기에는 신체적인 활동과 지적 호기심이 왕성한 시기이면서 학교에서의 학습 과제 수행과 사회적 기술의 습득이 이루어져야 하는 중요한 시기이다. 따라서 프로그램의 목적과 목표를 달성할 수 있도록 활동을 구조화해야 하며, 특히 아동의 욕구를 충족시켜 줄 수 있도록 구성하여야 한다.

현재 이루어지고 있는 방과후아동지도 프로그램의 내용은 다양한 종류의 활동으로 구성되어 있는데, 대부분 아동의 학습 과제를 도와주는 것과 학습지도, 특별활동으로 이루어져 있다. 이외에도 각 기관에 따라 생활지도와 집단 활동, 특별행사 등을 하기도 한다. 그러나 방과후아동지도 프로그램을 실시하고 있는 시설에서 주로 학습지도에 중점을 두고 운영하고 있는 것이 현실이다. 한국여성개발원(2000)에 의하면, 방과후아동지도 관련 전문가를 대상으로 한 조사에서는 방과후아동지도 프로그램 중에서 생활지도를 가장 중요하게 생각하는 것으로 나타났으며, 그 다음으로는 숙제 및 자율 학습, 특별 활동, 놀이 및 신체 활동의 순으로 나타났다.

이옥 등(1996)은 여러 기관에서 실시하고 있는 프로그램의 내용을 분석하여 방과 후 프로그램을 다음과 같이 제안하고 있다.

- 생활지도활동: 안전 교육, 생활습관 교육, 예절 교육, 자율적 시간 및 용돈 관리지도, 식사와 간식을 통한 바른 식습관 교육
- 보충학습활동: 정규학교 교과과정의 보충학습, 숙제지도, 각종 학습지의 자율학습지도
- 특별교육활동: 음악 교육, 과학 교육, 체육 교육, 미술 교육, 문학 교육(글짓기, 일기 쓰기, 독서 감상), 역사 교육, 한문, 외국어 교육
- 정서적·사회적 활동: 바깥 놀이와 집단 놀이, 공동 작업, 레크리에이션지도, 음식 만들기, 자치 회의와 집단 활동의 계획, 자기표현 놀이의 지도
- 특별행사활동: 지역사회 인적 자원을 활용한 모델학습 경험, 지역사회시설의 견학, 생일·기념일 등의 특별행사, 부모 참여활동
- 지역사회 서비스활동: 부모 교육, 자녀 지도에 관한 부모 상담, 지역사회 단체와의 교류, 지역사회 자원의 동원과 협조 체계 조성

이상의 내용을 정리해 보면, 방과후아동지도의 내용은 생활지도, 숙제 및 학습지도, 독서지도, 놀이지도, 특별 활동 등의 내용을 중심으로 아동의 연령에 따라 조정하여 제공할 수 있다. 이외에 다양한 공동체 활동, 성교육, 진로지도, 환경 교육, 건전한 비디오 시청 등을 계획하여 시행할 수 있다. 또한 특별행사로 주말과 방학 기간을 이용하여 견학 및 사적지 탐방, 자연 관찰 프로그램, 캠프 등을 운영할 수 있다.

결과적으로 방과후아동지도 프로그램에서는 아동의 보호는 물론 학습지도 및 특별 활동의 기회를 제공하고 가정생활 속에서 얻을 수 없는 또래와의 생활 경험을 공유시켜 서로 돕는 인간관계 형성 기회를 제공할 수 있어야 한다.

2. 일과 운영 및 방법

하루의 일과를 계획하여 어떤 활동을 아동들에게 제공하는 것은 효과적인 프로그램 운영에 가장 중요한 요소라고 할 수 있다. 일과 운영에서 기본적으로 고려해야 할 점은 프로그램이 지향하는 철학과 목표이다. 교사는 아동에게 풍부하고 다양한 활동과 학습의 기회를 제공하여 아동이 자율적으로 참여할 수 있도록 도와야 한다. 또한 아동의 신체적·심리적 상태를 고려하여 하루의 교육 활동이 균형 있게 이루어질 수 있도록 계획해야 한다.

일과 운영을 계획할 때는 다음과 같은 요소를 고려하여야 한다(Baden et al., 1982; 정민자 외, 1997, 재인용).

- 아동은 예측된 활동을 선호하므로 규칙적인 활동에 기초하여 일과를 계획한다.
- 계획에는 활용할 수 있는 자원을 반영하여야 한다. 예를 들어, 특정 요일과 특정 시간에 수영장을 사용해야 할 경우, 이러한 사항이 계획안에 반영되어야 한다. 특별활동 교사나 자원봉사자가 오는 경우 그 활동 내용도 포함되어야 한다.
- 등원이나 귀가 시의 시간을 융통성 있게 계획해야 한다.
- 아동이 학교에서 경험한 것을 일과 운영에 반영하여야 한다. 예를 들어, 학교에서 은행에 견학을 갔다면, 그에 관련된 활동을 연장하여 경험을 확장시켜 줄 수 있어야 한다.
- 특정 주제(축제일이나 지역사회의 행사, 혹은 아동 자신이 계획한 활동들)에 기초하여 계획할 수 있다.
- 다양한 인종 및 문화에 대한 이해와 존중을 높일 수 있는 내용이 반영되어야 한다. 프로그램의 모든 측면에 다양한 문화적 경험이나 시각이 포함될 수 있어야 한다.

- 아동의 성역할에 대한 가치관이 반영되어야 한다. 예를 들어, 바느질, 요리, 게임, 스포츠 등의 활동을 함께 공유할 수 있도록 계획하여야 하며, 도서나 교구 등도 주의 깊게 선택해야 한다.
- 원래의 계획은 프로그램의 진행 과정에 따라 수정될 수도 있다. 예를 들어, 아동이 좋아하는 활동이 있다면 계획을 변화시킬 수 있다.
- 다양한 아동의 욕구를 고려해야 한다.

교사는 일과 운영 계획 시 아동의 욕구를 잘 충족시킬 수 있도록 일과 계획을 세워야 한다. 학교생활은 구조화되어 있기 때문에 방과후아동지도 시설에서는 구조화되지 않은 활동을 계획함으로써 아동의 긴장을 풀어 주고 편안하게 지낼 수 있도록 배려해야 한다. 또 계획된 프로그램이 있다 하더라도 아동의 흥미를 고려하여 융통성 있게 운영될 수 있도록 하는 것이 중요하다. 학기 중과 방학 중의 일과 운영을 보면 다음과 같다(서영숙, 김경혜, 1996).

1) 학기 중 방과후아동지도

학기 중에는 대체로 학교 교육이 끝나는 시간인 오후 1시부터 오후 5시까지 이루어진다. 토요일의 경우 기관이나 학부모의 형편에 따라 융통성 있게 운영될 수 있다.

교내에서 실시되는 방과 후 프로그램에 오는 아동은 학년별 하교 시간에 따라 다르므로 학년에 따라 프로그램 구성을 달리해야 한다. 교내가 아닌 교외에서 실시되는 방과 후 프로그램의 경우에는 학년별로 하교 시간과 학교에서 방과 후 기관까지 오는 데 걸리는 시간도 다르다. 또한 아동이 방과 후 기관에 오기 전에 각종 특기 교육, 혹은 초등학교의 방과 후 특별 활동을 하고 오는 경우가 있어 같은 학년이라도 기관에 도착하는 시간이 각기 다르다. 그러므로 프로그램 시작 시간에 하는 활동을 융통성 있게 계획해야 한다.

표 11-1 | 정규수업, 초등돌봄교실, 유료 방과후학교 프로그램 통일형 시간표

구분＼요일	월	화	수	목	금
13:00~13:40	정규수업	정규수업	돌봄교실 또는 유료 방과 후 학교 프로그램 참여	정규수업	돌봄교실 또는 유료 방과 후 학교 프로그램 참여
13:40~13:50	이동 및 쉬는 시간				
13:50~14:30	돌봄교실 또는 유료 방과 후 학교 프로그램 참여	돌봄교실 또는 유료 방과 후 학교 프로그램 참여	돌봄교실 또는 유료 방과 후 학교 프로그램 참여	돌봄교실 또는 유료 방과 후 학교 프로그램 참여	돌봄교실 또는 유료 방과 후 학교 프로그램 참여
14:30~14:40	이동 및 휴식				
14:40~15:20	개인 활동(간식 포함)				
15:20~15:30	이동 및 휴식				
15:30~16:10	(단체활동) 북아트	(단체활동) 창의로봇	(단체활동) 음악줄넘기	(단체활동) 쿠킹클레이	(단체활동) 오카리나
16:10~16:20	이동 및 휴식				
16:20~17:00	(개인활동) 안전교육 DVD 시청	(개인활동) 숙제하기 일기 쓰기	(개인활동) 숙제하기 일기 쓰기	(개인활동) 숙제하기 일기 쓰기	(개인활동) 숙제하기 일기 쓰기
17:00~17:10	귀가				

표 11-2 | 개인활동 후 단체활동으로 프로그램 운영

구분＼요일	월	화	수	목	금
13:00~13:50	가방정리, 출석확인, 교육활동 준비, 학생 자율 활동				
13:50~14:30	(개인활동) 안전교육 DVD 시청	(개인활동) 그림 그리기	(단체활동) 종이접기	(개인활동) 독서하기	(개인활동) EBS 교육방송
14:30~15:00	간식 및 휴식				

구분＼요일	월	화	수	목	금
15:00~15:50	(단체활동) 북아트	(단체활동) 창의로봇	(단체활동) 음악줄넘기	(단체활동) 클레이	(단체활동) 오카리나
15:50~16:50	(개인활동) 숙제하기 일기 쓰기	(개인활동) 숙제하기 일기 쓰기	(개인활동) 숙제하기 일기 쓰기	(개인활동) 숙제하기 일기 쓰기	(개인활동) 숙제하기 일기 쓰기
16:50~17:00	정리정돈 및 귀가 (교통안전지도 및 하교지도)				

표 11-3 | 저녁 돌봄교실 프로그램 운영(예시 1)

시간	월	화	수	목	금
17:00~17:40	자유선택놀이				
17:40~19:00	저녁식사 및 휴식				
19:00~20:40	일기쓰기 및 미디어 활동				
20:40~22:00	개별적 취미활동 및 귀가				

표 11-4 | 저녁 돌봄교실 프로그램 운영(예시 2)

시간＼요일/반	월		화		수		목		금	
	A	B	A	B	A	B	A	B	A	B
18:00~19:00	식사 및 휴식									
19:00~20:00	안전지도 (DVD 시청)		전통놀이, 신체놀이, 표현놀이, 교구놀이, EBS 교육방송							
20:00~21:00	숙제하기 및 독서활동									
21:00~22:00	개인활동 및 귀가									

표 11-5 | 저녁돌봄 운영 유형 및 방법

구분	프로그램 유형		지원체제	
			인력	장소
저녁 돌봄 (17시 ~ 22시)	〈유형 Ⅰ〉 단위학교형	• 저녁돌봄 수요가 많은 학교의 운영 유형	• 돌봄전담사 • 보조인력 • 돌봄전담사 • 보조인력	• 단위학교 돌봄교실
	〈유형 Ⅱ〉 거점학교형	• 저녁돌봄 수요가 소수이고 학교 간접근성 용이한 지역의 운영 유형		• 거점학교 돌봄교실
	〈유형Ⅲ〉 지역연계형	• 지역돌봄협의체 및 돌봄기관 간 협력을 통해 지역아동센터에서 운영이 가능한 경우	• 지역아동센터인력 (보건복지부)	• 지역아동센터 등
	〈유형Ⅳ〉 아이돌봄 서비스연계형	• 저녁돌봄 수요가 극소수인 경우 아이돌보미 사업과 연계	• 아이돌보미 (여성가족부)	• 가정
	〈유형Ⅴ〉 복잡형	• 희망 시간대 및 가용 인프라에 따른 선택형으로 운영	–	–

2) 방학 중 방과후아동지도

학기 중이기는 하나 공휴일 또는 재량 휴업일, 혹은 방학 중 등의 여러 가지 상황으로 인하여 방과후아동지도가 필요한 경우가 발생한다. 집안 행사나 여행 등 가정의 사정에 따라 아동들의 출석이 일정하지 않을 수 있으나 프로그램은 지속적으로 운영되어야 한다. 방학 중에는 월요일부터 금요일까지 오전 9시부터 오후 5시까지 운영하고 있다.

표 11-6 | 재량휴업일 방과후학교 연계형 돌봄교실 운영

시간	재량휴업일
09:00~09:20	입실 확인
9:20~10:00	자기주도활동(개인공부)
10:00~10:50	독서활동(도서관 이용)
10:50~12:00	자기주도활동(개인공부)
13:00~16:30	교육기부 프로그램 등 활용 및 교구활동
16:30~17:00	정리 및 귀가(오후반)

표 11-7 | 방학 중 1~2학년 중심 돌봄교실 운영(예시 1)

<table>
<tr><th>시간</th><th colspan="2">구분</th><th>월</th><th>화</th><th>수</th><th>목</th><th>금</th></tr>
<tr><td>09:00~10:00</td><td colspan="2">돌봄</td><td colspan="5">출석 확인 및 대화 시간</td></tr>
<tr><td rowspan="2">10:00~12:00</td><td colspan="2">돌봄</td><td colspan="5">방과후학교 미참여 학생 개별활동</td></tr>
<tr><td colspan="2">방과후학교</td><td colspan="5">방과후학교 프로그램 선택적 참여</td></tr>
<tr><td>12:00~13:00</td><td colspan="2">점심식사</td><td colspan="5">정리 및 중식지도, 오전돌봄 참여 학생 귀가지도</td></tr>
<tr><td>13:00~14:00</td><td colspan="2">휴식</td><td colspan="5">개인활동</td></tr>
<tr><td>14:00~15:00</td><td rowspan="2">프로그램</td><td>1학년</td><td>종이접기</td><td rowspan="2">인성교육
충효교실
(노인회관)</td><td>레고</td><td>중국어 A</td><td rowspan="2">인성교육
충효교실
(노인회관)</td></tr>
<tr><td>15:00~16:00</td><td>2학년</td><td>레고</td><td>종이접기</td><td>중국어 B</td></tr>
<tr><td>16:00~16:50</td><td colspan="2">독서활동
귀가준비</td><td colspan="5">개인 독서활동, 정리정돈 및 귀가지도</td></tr>
<tr><td>16:50~17:00</td><td colspan="2">귀가</td><td colspan="5">학교 차량 운행(관리교사 동승 : 차량 안전지도)</td></tr>
</table>

표 11-8 | 방학 중 1~2학년 중심 돌봄교실 운영(예시 2)

<table>
<tr><th>시간</th><th>구분</th><th>월</th><th>화</th><th>수</th><th>목</th><th>금</th></tr>
<tr><td>09:00~10:00</td><td>돌봄</td><td colspan="5">출석 확인 및 대화 시간</td></tr>
<tr><td>10:00~12:00</td><td>프로그램</td><td>돌봄
뉴스포츠</td><td>돌봄
자연놀이</td><td>돌봄
전통놀이</td><td>돌봄
영화관람</td><td>돌봄
심성놀이</td></tr>
<tr><td>12:00~13:00</td><td>점심식사</td><td colspan="5">정리 및 중식지도, 오전돌봄 참여 학생 귀가지도</td></tr>
<tr><td>13:00~14:00</td><td>휴식</td><td colspan="5">낮잠 시간 및 자유 선택 놀이 시간</td></tr>
<tr><td rowspan="2">14:00~16:00</td><td>돌봄</td><td colspan="5">방과후학교 미참여 학생 개별활동</td></tr>
<tr><td>방과후학교</td><td colspan="5">방과후학교 프로그램 선택적 참여</td></tr>
<tr><td>16:00~16:50</td><td>독서활동 귀가
준비</td><td colspan="5">개인 독서활동, 정리정돈 및 귀가지도</td></tr>
<tr><td>16:50~17:00</td><td>귀가</td><td colspan="5">학교 차량 운행(관리교사 동승 : 차량 안전지도)</td></tr>
</table>

표 11-9 | 방학 중 1~2학년 중심 돌봄교실 운영(예시 3)

<table>
<tr><th>시간</th><th>월</th><th>화</th><th>수</th><th>목</th><th>금</th></tr>
<tr><td>09:00~09:30</td><td colspan="5">출석 확인 및 자율 활동 및 일과 준비</td></tr>
<tr><td>09:30~10:30</td><td>돌봄 놀이</td><td>돌봄 독서</td><td>돌봄 종이접기</td><td>돌봄미술</td><td rowspan="8">학생 중심
체험 학습
(숲 체험)</td></tr>
<tr><td>10:30~11:00</td><td colspan="4">간식 및 휴식</td></tr>
<tr><td>11:00~12:00</td><td colspan="4">자유 선택 놀이 시간</td></tr>
<tr><td>12:00~13:00</td><td colspan="4">정리 및 중식지도, 오전돌봄 참여 학생 귀가지도</td></tr>
<tr><td>13:00~14:00</td><td colspan="4">낮잠 시간 및 자유 선택 놀이 시간</td></tr>
<tr><td>14:00~15:00</td><td colspan="4">개별활동(과제 해결 및 독서 등)</td></tr>
<tr><td>15:00~16:50</td><td>돌봄 뉴스포츠</td><td>돌봄 자연놀이</td><td>돌봄 전통놀이</td><td>돌봄 영화관람</td></tr>
<tr><td>16:50~17:00</td><td colspan="5">정리 및 귀가지도</td></tr>
</table>

3. 환경 구성

1) 환경 구성 시 고려 사항

아동을 강압적으로 붙잡아 놓고 앉혀서 가르친다고 해서 효과적이고 바람직한 성장과 교육이 이루어지는 것은 아니다. 따라서 유아가 생활하는 환경의 인적·물적 조건이 구비되어야 한다. 특히 적절한 시설 및 설비와 교구가 갖추어진 물리적 환경은 인적 요인과 더불어 교육의 질을 결정하는 중요한 변인이 된다. 즉, 시설 및 설비 환경은 넓은 의미로 교육 프로그램에 영향을 미치는 여러 변인을 총칭하는 것이며 물리적 환경은 매우 중요하다. 이기숙(2000)은 물리적 환경을 구성하는 데 있어서 고려해야 할 원칙으로 다음과 같이 제시하였다.

첫째, 교육 기관은 다른 기관이나 건물과 독립되어서 모든 설비나 교구를 갖추는 것이 좋고, 건물은 되도록 단층으로 하고 활동하기에 충분한 실내·외 공간이 있어야 한다.

둘째, 아동의 성장·발달 원리에 입각하여 환경을 계획해야 한다. 즉, 아동의 발달적 특징, 성숙도, 욕구, 흥미, 개인차 등을 고려해야 하며, 책상, 선반, 의자 등을 아동의 신체 크기에 맞도록 환경을 구성하여 교사의 도움 없이도 쉽게 사용하고 정리할 수 있도록 해야 할 것이다.

셋째, 충분하고 다양한 공간을 마련하여 자유롭게 주위 환경을 탐색해 보도록 하며, 너무 복잡하거나 쉽게 싫증 나지 않도록 해야 한다.

넷째, 최대한의 건강과 안전을 고려하여 창의적인 환경을 구성하고, 이동 가능한 설비와 기구를 이용함으로써 다양한 구성과 융통성 있는 환경을 구성해야 한다.

이외에도 아동에게 가정이나 이웃에서처럼 편안한 실내·외 공간이 필요하다. 따라서 방과 후 시설을 설치할 때는 실내 환경과 실외 환경 모두에 관심과 주의를 가지고 계획해야 한다.

2) 실내 환경

방과후아동지도 시설은 사용할 아동의 연령, 신체 크기 등을 고려하여 적절한 면적을 보유하여야 한다. 적절한 면적은 아동의 행동 및 정서와 관련이 있다. 즉, 공간이 아동의 수에 비해 협소하거나 아동의 수에 비해 너무 넓은 경우, 공격적인 행동이 나타나는 경향이 있거나 아동의 상호 작용이 줄어들 확률이 높다. 또한 공간의 면적은 아동과 교사의 상호 작용에도 영향을 미친다. 공간이 너무 좁을 때는 교사의 아동에 대한 지배적인 행동이 나타나고 행동을 제재하는 빈도가 높아지는 경향이 있다.

방과후아동지도를 위한 실내 환경은 일반적으로 다음과 같은 요소가 고려되어야 한다(서영숙, 오현주, 허정경, 2001).

첫째, 개별 활동과 소·대집단 활동이 이루어질 수 있는 분리된 공간과 다른 아동의 활동을 방해하지 않고 이동할 수 있는 공간이 있어야 한다(Albrecht, 1991)

둘째, 다양한 활동을 할 수 있는 흥미 영역이 있어야 한다.

셋째, 프라이버시를 지킬 수 있는 공간으로 혼자서 또는 친한 또래끼리 놀 수 있는 공간이 있어야 한다.

넷째, 아동이 자신의 흔적을 남길 수 있도록 허용되는 공간, 즉 자신의 작품이나 사진을 붙일 수 있는 공간이 있어야 한다(Sisson, 1990).

다섯째, 대근육 활동을 즐길 수 있는 시간과 공간, 즉 게임을 하거나, 뛰어다니고 소리칠 수 있는 공간이 있어야 한다.

여섯째, 숙제하고 공부할 수 있는 조용한 공간이 있어야 한다.

일곱째, 텔레비전 시청을 한다면 성인의 지도하에서 보는 공간이 있어야 한다.

여덟째, 교구나 교재, 참고 자료 등을 보관할 수 있는 개인 수납장이 필요하다.

실내 환경은 아동에게 가정과 같은 느낌을 줄 수 있도록 계획해야 한다. 방과후 프로그램에 참여하는 아동도 가정에서 부모가 돌봐주는 아동과 마찬가지로 편안함을 느낄 수 있도록 하는 것이 중요하다(Baden et al., 1982).

또한 정민자 등(1997)은 실내 환경 구성 시 다음과 같은 점들이 고려되어야 한다고 하였다.

- 안전하면서도 실내에서 마음껏 움직일 수 있는 공간이 필요하다.
- 아동 1인당 최소한의 실내 면적이 확보되어야 한다.
- 바깥 출입문과 쉽게 연결되는 공간이 있어야 한다.
- 따뜻하고 가정 같은 느낌이 들 수 있도록 소파를 두는 것이 좋다.
- 실내 공간은 아동이나 부모, 교사들이 쉽게 알아볼 수 있어야 하고, 공간이 너무 자주 바뀌는 것은 바람직하지 않다.

실내 환경을 구성할 때 실내 공간을 몇 개의 다양하고 전문화된 영역으로 구조화하여 사용할 수 있다. 독서 영역, 게임 영역, 컴퓨터 영역 등의 여러 영역으로 세분화하여 아동이 다양한 활동을 경험할 수 있도록 해야 한다. 각 영역이 아동 간에 방해를 받지 않도록 규칙을 정하여 활용하면 효과적이다.

(1) 초등돌봄에서 일반교실 활용의 예

책걸상을 이동하지 않고 공동으로 활용하는 형태이다. 교실 내부 앞쪽 부분은 학급공간 중심으로 활용하기 위하여 학생용 책걸상을 조합형으로 교체하여 공간 활용 효율을 높였다. 또한 교실 내부 뒤쪽 부분은 돌봄공간 중심으로 활용하기 위하여 가구 배치, 부분난방, 3~4인용 작은 코너 3개 정도를 설치하였다. 이러한 배치는 학급교사와 돌봄전담사가 같은 공간에서 생활하며 협력하는 시스템으로 운영이 가능하다.

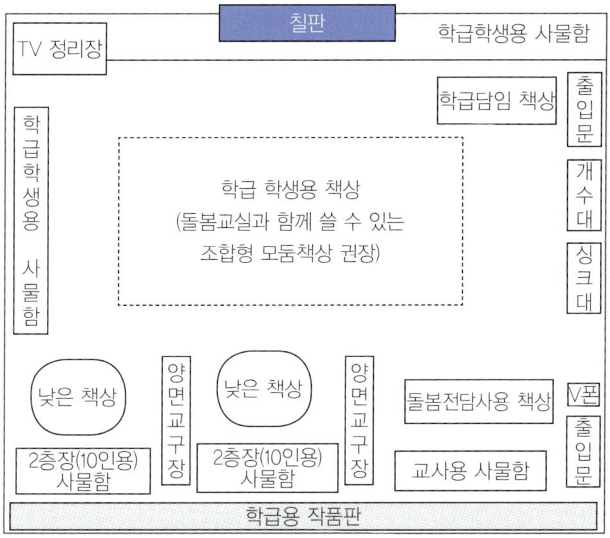

그림 11-1 | 일반 교실을 활용한 실내 환경 구성

(2) 복도를 활용한 실내 환경 구성

책걸상을 이동하지 않고 공동으로 활용하는 형태이다. 교실 내부 앞쪽 부분은 학급공간 중심으로 학생용 책걸상을 조합형으로 교체하여 공간 활용 효율을 높였다. 교실 내부 뒤쪽 부분은 돌봄공간 중심으로 가구 배치, 부분난방, 3~4인용 작은 코너를 3개 정도 설치하였다. 사물함을 모두 복도에 비치하여 러그미팅 장소를 마련하여 활용하고, 복도 사물함까지 드나들 수 있는 실내용 바닥설치를 하였다. 학급교사와 돌봄전담사가 같은 공간에서 생활하며 협력하는 시스템으로 운영 가능하다.

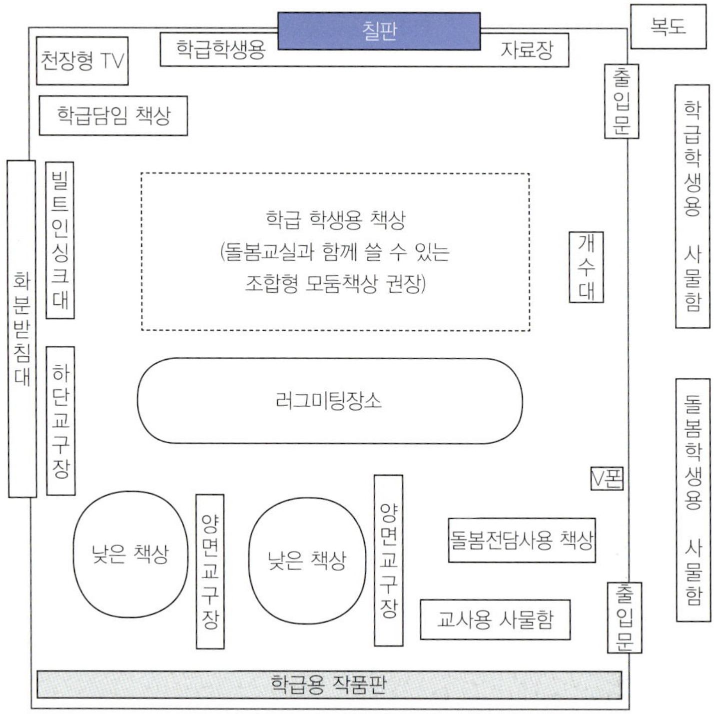

그림 11-2 | 복도를 활용한 실내 환경 구성

(3) 도서실을 활용한 실내 환경 구성

도서실 열람 공간(책걸상)과 도서를 모두 활용할 수 있으므로 많은 학생의 수용이 가능하다. 도서실 온돌 코너와 소파 열람공간을 그대로 활용 가능하며, 기본 장비(TV, 자료검색대, 모둠 책걸상 등)를 활용할 수 있어서 구축 비용이 절감된다.

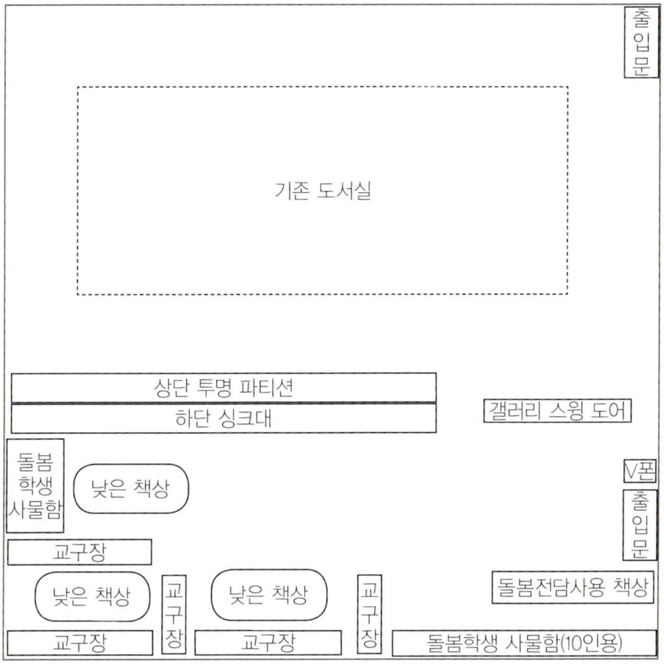

그림 11-3 | 도서실을 활용한 실내 환경 구성

3) 실외 환경

아동에게 하루 일과 혹은 학교생활 중에서 제일 재미있었던 시간이 언제인지 물으면 신체를 많이 움직이는 바깥놀이 시간이라고 대답한다. 초등학교 아동은 신체 활동이 매우 활발한 시기이며 아동의 신체적·정서적 건강을 위해 바깥놀이가 반드시 필요하다. 실외 환경은 실내 환경에서 할 수 없는 여러 가지 활동을 할 수 있고, 자연환경과 상호 작용을 할 수 있는 교육적인 공간으로 실내 학습의 연장이 될 수 있다(임재택, 박재환, 2000). 실외놀이가 실내놀이와 다른 점은 소근육 활동이나 상징 활동뿐 아니라 신체 전반의 활동을 강조한다는 것이다. 실외의 적당한 공간과 시설은 아동의 활동 영역을 넓혀 주며, 실내에서 계속적인 집중으로 인해 가지게 되는 긴장과 억압으로부터 해방감을 느낄 수 있도록 돕는다. 또한 훌륭한 실외놀이는 아동의 사회화를 돕는다(이기숙, 2000).

- 실외 환경은 시설의 규모나 위치에 맞게 구성하여야 한다. 위치는 건물의 남쪽이 좋으며, 실내 환경과 출입문이 연결되어 드나들기 쉽고 교사가 감독하기에 용이해야 한다. 실외 환경을 구성할 때 고려해야 하는 요소는 다음과 같다(정민자 외, 1997).
- 실외 환경은 무엇보다 안전해야 하며, 동시에 아동에게 도전감이나 모험을 줄 수 있어야 한다.
- 연령과 능력에 상관없이 모든 아동이 사용할 수 있어야 한다.
- 창의적인 놀이를 이끌어 낼 수 있어야 한다. 커다란 상자나 궤짝, 널빤지, 바퀴 등 여러 가지 재료를 실외 한구석에 배치함으로써 아동이 다양한 놀이나 게임을 즐길 수 있다.
- 게임이나 농구, 배구, 피구 같은 스포츠를 하기에 적합해야 한다.
- 그네타기, 기어오르기, 달리기, 점프할 수 있는 기구가 설치되어야 한다.

실외 환경은 초등돌봄교실, 지역아동센터, 청소년방과후아카데미 등 방과후아동지도 프로그램이 운영되는 기관에 따라 다양할 수 있으나 아동의 안전과 대소근육 활동을 돕는 운동 기구 혹은 프로그램이 갖추어져 있어야 한다.

4) 교재·교구

방과 후 시설에서는 방과 후 프로그램의 목적이나 목표, 아동의 발달 특성에 맞는 교재·교구를 구비하여야 한다. 방과후아동지도 프로그램에서 갖추어야 할 성해진 교재·교구가 있는 것은 아니다. 그러나 대상 아동의 연령과 발달 수준에 맞는 교구로 풍부한 경험과 다양한 활동을 할 수 있어야 한다. 또한 아동 수를 고려하여 부족하지 않도록 준비하여야 한다. 수납장과 테이블의 경우에는 초등학교 아동의 신체에 적합한 것이어야 사용하기가 쉽다.

초등학교 1, 2학년의 경우에는 5, 6세 유아를 위한 교재·교구를 부분적으로 같이 사용하여도 가능하다. 그러나 도서나 시청각 자료, 운동 기구, 목공 도구, 실험 도구 등은 초등학교 아동에게 적합한 것을 구입할 수도 있고, 책, 컴퓨터 게임용 CD, 간식 접시, 장난감 등은 가정으로부터 협조를 받을 수도 있다.

Decker와 Decker(1976)는 교재 구입 시 고려해야 할 점에 대해 다음과 같이 제시하였다.

- 기관의 교육 목표에 적합한 비품과 교구를 구입한다.
- 소요 경비와 구입 절차를 점검한다. 시설장은 필요한 예산을 마련하여 예산에 맞추어 구입한다.
- 비품이나 교구의 목록을 계획하되 우선순위에 따라 목록을 작성한다.
- 비품이나 교구를 활용·보관하는 데 필요한 공간을 고려한다.
- 경제성을 고려한다.
- 풀, 종이, 찰흙 등의 소모품은 오래 보관하기 곤란하므로 한꺼번에 많이 구입하지 않는다.
- 구입할 비품이나 교구를 사전에 점검해 보고 믿을 만한 제품을 구입한다.
- 비품이나 교구를 구입할 때는 소비자 안내서에 따라 점검한다.
- 안전성을 고려한다. 모서리가 날카로운 제품, 부서지기 쉽고 삐걱거리는 소리가 나는 플라스틱 제품, 고정이 잘 안 되고 나사나 못이 나와 있고 고리가 제대로 작동되지 않은 제품 등은 구입하지 말아야 한다.
- 보관하고 관리하기에 편리해야 한다.
- 가능하면 다용도로 활용될 수 있는 비품이나 교구를 구입한다.
- 심미적으로 즐거움을 줄 수 있는 제품을 선정한다.
- 아동들이 활동적으로 참여할 수 있는 비품과 교구를 선정한다.

비품이나 교구를 구입한 후에 교육적으로 활용하여 교육 목표를 효율적으로 달성하는 것이 중요하다.

토의 및 발표 과제

1. 방과후아동지도 프로그램 주간 교육 계획안을 조별로 토의 · 작성하여 발표한다.
2. 방과후아동지도 교실의 실내 환경을 조별로 토의하고 구성하여 발표한다.

12

생활지도

AFTER SCHOOL PROGRAM

1. 생활지도의 개념

교육에 있어서 생활지도 기능은 매우 중요하다. 생활지도야말로 인간이 사회의 일원으로 행복한 삶을 유지하고, 미래에 다가올 생활에 대한 준비와 사회생활을 하는 데 필요한 문제를 해결해 주는 역할을 한다. 또한 생활지도는 한 인간이 자기 문제의 성격을 파악하고, 그 문제를 해결하기 위한 이해결과와 통찰력을 기름으로써 보다 안정되고 통합된 성장을 할 수 있도록 도와주는 기능을 한다.

생활지도는 '안내하다', '이끌어 주다', '방향을 안내해 주다' 등의 넓은 뜻을 가지고 있으며, 아동이 학교 내·외의 생활에서 어떤 문제나 위기 사태에 직면하게 되었을 때 야기되는 부적응의 문제를 자기 스스로 해결해 나갈 수 있도록 도와주는 과정이다. 따라서 아동은 생활지도를 통하여 자기 이해와 자기 결정, 그리고 자기실현을 이루도록 도움을 얻으며 자기를 둘러싸고 있는 환경과도 원만한 관계를 맺을 수 있는 능력을 길러나가게 된다.

저학년(1~3학년) 아동은 학령 전기의 특성이 남아 있어 부모나 가정에 의존을 많이 하지만, 고학년(4~6학년) 아동은 독립심이 발달하여 학교생활과 친구 관계가 중심이 되어 생활한다. 일반적으로 학령기 아동은 가정생활이나 학교생활에서 필요한 기본적인 생활습관은 거의 자립되고 완성되어 있다. 그것을 보다 넓은 사회생활에 필요한 일반적인 규범을 습득하게 하고, 자신의 역할과 책임을 학습하도록 지도할 필요가 있다.

2. 생활지도의 필요성

현대 사회의 급속한 변화, 가치관 혼란 등 여러 가지 요인으로 인하여 아동에 대한 인식은 변화가 불가피하게 되었으며, 이에 따라 아동을 더 효과적으로 지도할 수 있는 방법이 필요하게 되었다. 또 여성의 사회진출과 경제활동으로 아동의 생활지도가 가정에만 국한될 수 없는 상황에 이르렀기 때문에 교육기관과 지역사회의 연계지도가 필요하게 되었다. 이러한 사회 변화에 따른 생활지도의 필요성에 대하여 개인적 측면과 사회적 측면으로 나누어 살펴보고자 한다.

1) 개인적 측면

첫째, 다양한 개인차이다. 21세기는 개인의 독특한 개성을 인정하고, 개인이 가지고 태어난 잠재 능력과 가능성을 최대한 이용하고 개발하는 것에 매우 큰 가치를 둔다. 그러므로 개인의 욕구, 흥미, 동기, 가치, 결정 등을 중시하는 존중의 시대이므로 교육도 개인차를 존중하고 인정하는 방향으로 기울게 되었다. 아동은 같은 연령이라도 각자의 능력이 다르고, 신체 발달 속도도 다르며, 성격이나 취미 등도 각각 다르다. 그러므로 이들의 잠재 능력과 특성을 조기에 발견하여 성장과 발달에 도움이 되도록 지도할 필요가 있다.

둘째, 기본생활습관의 형성이다. 영유아기를 거쳐 아동기에 형성된 기본생활습관은 쉽게 고쳐지지 않는다. 그렇기 때문에 올바른 생활습관을 생활화하여 자연스럽게 습득할 수 있도록 해야 한다.

셋째, 민주시민 교육의 기초이다. 사회는 혼자 살아가는 것이 아니라 더불어 살아가야 한다. 따라서 성인이 되기 전에 아동기부터 서로 배려하고 소통할 수 있는 민주시민 의식을 기르고, 나와 다른 남을 인정하고 존중할 줄 아는 인권의식을 함양해야 한다.

넷째, 자기중심적 성향의 증가이다. 저출산과 맞벌이 가정의 증가로 인해 자기중심적인 성향을 가진 아동이 많아지고 있다. 따라서 아동이 다양한 활동을 통하여 존중과 배려를 배워 더불어 살아갈 수 있는 기초를 형성해 주어야 한다.

2) 사회적 측면

첫째, 가족구조의 변화이다. 아동에게 있어서 가정, 가족은 세상을 살아가는 데 필요한 기본적인 생활습관을 배우는 곳이다. 산업화 이후 가족 구조가 대가족에서 핵가족으로 변화하고, 맞벌이가정이 늘어나면서 아동이 더 이상 가족에게 생활지도를 받는 것만으로는 충분하지 않게 되었다.

둘째, 아동에 대한 가치관의 변화이다. 과거에는 아동을 수동적인 존재로 보았으나 현대 사회로 오면서 아동을 적극적이고 자발적인 존재로 보게 되었다. 따라서 아동은 자신이 처한 환경과 상호 작용하며 일상생활에서 일어나는 다양한 문제를 해결하는 방법을 탐색해 나가는 능동적 존재로 인식하게 되었다.

셋째, 문제행동의 증가이다. 핵가족으로의 변화가 대가족 제도에서 자연스럽게 지도되던 질서와 규칙, 배려와 공유 등의 생활지도 전반에 대한 부분이 부족하게 되었다. 이로 인하여 가정의 보살핌과 가족의 기능이 약화되면서 아동의 문제행동은 청소년기까지 영향을 미치게 되었다.

넷째, 급격한 사회 변화이다. 현재 우리나라는 과거 어느 때보다도 극심한 사회 변화를 경험하고 있다. 급격한 경제 성장과 산업화로 취업 구조가 변화하여 인구의 도시 집중화, 핵가족화, 여성 취업의 증가 그리고 빈부의 격차를 가속화하고 있다. 물질문명의 발달은 우리에게 편리한 생활을 제공하는 반면, 우리의 전통 문화와 가치관에 큰 혼란을 일으켜 세대 간의 격차와 갈등을 심화시키고 있다. 그러므로 가정과 학교와 지역사회에서는 변화하는 사회에서의 새로운 사상과 가치관, 또는 개인에게 부과된 사회의 기대 등에 아동이 적응해 나갈 수 있도록 도와줄 필요성이 대두되었다.

이와 같이 현대 사회가 다양화되고 급변하면서 직업 세계의 변화, 사회 양상의 변화, 가치관 혼란 등의 문제로 인하여 생활지도의 전문적인 강화와 필요성이 더욱 절실하게 요구되고 있다. 따라서 아동에 대한 지식과 정보를 최대한 활용하여

아동을 효율적으로 이해하고 지도하여 아동의 개성을 길러주고, 사회적·문화적 변화에 현명하게 적응하도록 도와주어야 한다.

3. 생활지도의 목적

생활지도란 모든 아동이 안정되고 건전하며 통합된 성장·발달을 이루도록 돕는 교육적인 활동이라는 데 최종 목적이 있다. 교육 현장에서의 생활지도의 목적을 살펴보면 다음과 같다(장선철, 2010).

첫째, 모든 아동으로 하여금 기본적인 생활습관과 예의범절을 익힐 수 있도록 돕는다. 가정이나 교육 기관에서 생활지도를 통해 모든 아동에게 기본적인 생활습관과 예의범절을 익히도록 도와주어야 한다. 식사지도 및 용변 훈련, 청결 및 안전지도, 의복 착용 및 수면지도, 그리고 인사지도 등이 여기에 속한다.

둘째, 각 개인의 자율적 성장을 돕는다. 생활지도는 아동으로 하여금 자신에 대한 정확한 이해와 통찰을 하게 하여 가정에서나 사회에서 혹은 학교생활에서 겪게 되는 문제와 위기 사태를 자기 힘으로 스스로 해결할 수 있도록 도와준다.

셋째, 아동 각자가 지닌 발달의 가능성이 실현될 수 있도록 돕는다. 아동은 아직 미완성된 미숙한 존재이나 무한한 성장·발달의 가능성을 지닌 개체이다. 따라서 생활지도 활동을 통하여 그들이 지닌 성장·발달의 가능성을 계발시켜 주고 자아실현을 이룰 수 있도록 도와주어야 한다.

넷째, 모든 아동으로 하여금 자기 주변의 환경과 적절한 관계를 맺도록 도와준다. 생활지도를 통해 모든 아동이 자기가 속해 있는 집단(가정, 학교, 사회 등)에서 적절한 인간관계를 맺어나가는 가운데 우리 의식(we-consciousness)을 가지도록 한다. 또한 동네의 자기 또래나 이성과의 교우 관계를 원만하게 형성시켜 나가도록 도와준다.

다섯째, 생활지도는 아동의 전인적 성장에 관심을 두어야 한다.

생활지도를 통하여 모든 아동이 신체적, 지적, 사회적, 정서적인 모든 면에 있어서 잘 조화된 행복한 인생을 즐길 수 있도록 돕는다.

종합해 보면, 아동을 위한 생활지도의 목표는 단기적 목표와 장기적 목표로 구분할 수 있다. 단기적 목표는 우선 아동이 현재의 환경에서 당면하는 여러 가지 문제를 적절히 해결해 나감으로써 현실에 잘 적응하도록 돕는 것이다. 장기적 목표는 아동이 성장하여 행복하고 사회에 잘 적응하는 성인으로 발달하도록 돕는 것이다. 따라서 생활지도는 생애 중 어느 한 시기에만 집중적으로 필요한 도움의 손길이 아니라 어려서부터 청소년기에 이르기까지 진행되어야 할 하나의 연속적인 과정이라고 볼 수 있다.

4. 생활지도의 계획

생활지도 계획을 세울 때, 아동이 속한 지역사회의 특성이나 교육 기관의 인적 사항과 교육 방침이 고려되어야 한다. 왜냐하면 생활지도의 계획은 그 대상이 되는 아동이 속한 문화권이나 교육 기관 내의 사정에 따라 달라지기 때문이다. 생활지도 계획을 세울 때 다음과 같은 점이 고려되어야 한다(장선철, 2010).

첫째, 교육 기관에서의 생활에 잘 적응하는 아동과 그렇지 못한 아동 모두가 대상이 될 수 있도록 생활지도 계획이 짜여져야 한다.

둘째, 생활지도에 있어서 그 대상이 되는 아동의 행동을 어떻게 변화시킬 것인가에 대해 구체적이고 명쾌한 용어로 진술되어야 한다. 또한 목표를 세우기에 앞서 각 아동의 어떤 면을 도와주어야 하는지와 지역사회가 생활지도에서 요구하는 것이 무엇인가를 충분히 고려해야 한다.

셋째, 생활지도의 계획은 생활지도를 담당할 교사의 준비성과 각 교육 기관의 실정에 알맞게 짜여져야 한다. 아동은 성장·발달의 과정에 있기 때문에 그들을 대상으로 하는 생활지도의 주도권은 결국 교사가 갖게 된다. 따라서 생활지도 계획 수립에 앞서 교사들의 인성과 업무 수행 능력 등이 충분히 고려되어야 한다.

넷째, 생활지도는 어느 한 문제 행동의 치료라는 입장보다 사전에 예방한다는 입장에서 계획되어야 한다. "교사 한 사람이 예방할 수 있는 일을 방치함으로써 훗날 백 명, 천 명의 경찰관이 감당하지 못한다."라는 말은 생활지도의 중요성을 강조함과 동시에 생활지도의 근본 목적이 문제가 발생하지 않게 예방하는 데 있음을 잘 나타내고 있다.

다섯째, 생활지도의 계획은 교육 기관과 가정, 그리고 지역사회를 통한 적극적이고 계속적인 과정이 될 수 있도록 짜여져야 한다. 왜냐하면 아동의 행동은 교육 기관 내에서뿐만 아니라, 아동이 속한 가정 또는 지역사회의 영향을 직·간접적으로 많이 받기 때문이다.

따라서 생활지도는 교육 기관과 가정, 그리고 지역사회가 상호 협조하는 가운데 모두가 적극적으로 참여할 수 있도록 연계적으로 계획되어야 한다. 또한 행동의 변화를 목표로 하는 생활지도가 올바르게 이루어지기 위해서는 연중 지속되고 연계가 이루어질 수 있는 계획적인 과정이 되도록 수립하여야 한다. 교육 기관에서 공통적으로 계획되어야 할 생활지도 내용을 살펴보면 다음과 같다.

(1) 3월

① 새로 입학한 아동에게 방과후교실의 생활 전반에 관한 오리엔테이션을 한다.

② 생활기록부, 가정환경조사서 등을 정확하게 조사하여 기록한다.

③ 지능 검사를 실시한다.

④ 부적응아를 관찰하여 선별한다.

⑤ 학부모와의 간담회나 부모 교육 시간을 갖는다.

⑥ 기본생활습관을 몸에 익히도록 해 준다.

⑦ 간단한 규칙을 알게 하고 자기 또래와 사이좋게 놀게 한다.

⑧ 가정방문을 실시하여 아동에 대한 보다 구체적인 정보를 수집한다.

⑨ 1학기 중의 생활지도 계획에 대한 최종 점검을 한다.

(2) 4월

① 인성 검사를 실시한다.

② 집단생활에 필요한 규칙과 약속을 지키도록 해 준다.

③ 부적응아를 관찰하여 선별한다.

④ 기본생활습관을 몸에 익히도록 해 준다.

(3) 5월

① 교우 측정도를 작성하여 부적응아를 선별한다.

② 집단생활에 필요한 규칙과 약속을 지키도록 해 준다.

③ 기본생활습관을 몸에 익히도록 해 준다.

④ 학부모와의 간담회나 부모 교육 시간을 갖는다.

(4) 6월

① 신체검사를 한다.

② 또래와 협력적인 태도를 가지도록 한다.

③ 기본생활습관을 익힌다.

④ 부적응아를 지도한다.

(5) 7월

① 여름 방학을 맞아 각종 안전 및 건강에 관한 지도를 한다.

② 부적응아의 개별지도를 심화한다.

③ 1학기 중 아동의 행동 변화에 대한 평가 및 지도상의 문제점에 대한 평가회를 가진다.

④ 학부모와의 간담회나 부모 교육 시간을 갖는다.

⑤ 기본생활습관을 익힌다.

(6) 8월

① 가정과의 긴밀한 유대 관계 속에 각종 안전 및 건강에 관한 지도를 한다.

② 여름 캠프를 가진다.

③ 가정과의 협조 아래 기본생활습관을 익힌다.

④ 부적응 증세가 심한 아동은 방학 중 개별지도를 한다.

(7) 9월

① 기본생활습관과 예의범절을 몸에 익히도록 지도한다.

② 스스로 적극적으로 모든 일을 처리하게 한다.

③ 또래와 서로 도우며 적극적으로 놀이에 참여하게 한다.

④ 부적응 증세가 심한 아동은 개별지도를 한다.

⑤ 2학기 중의 생활지도 계획에 대한 최종 점검을 한다.

(8) 10월

① 기본생활습관과 예의범절을 몸에 익히도록 지도한다.

② 부적응 증세가 심한 아동은 개별지도를 한다.

③ 스스로 적극적으로 모든 일을 처리하게 한다.

④ 또래와 서로 도우며 적극적으로 놀이에 참여하게 한다.

⑤ 욕구 좌절 검사를 한다.

⑥ 나라 사랑하는 마음을 가지게 한다.

(9) 11월

① 교우 측정도를 작성하여 5월의 것과 비교 분석한다.

② 기본생활습관과 예의범절을 몸에 익히도록 지도한다.

③ 부적응 증세가 심한 아동은 개별지도를 한다.

④ 스스로 적극적으로 모든 일을 처리하게 한다.

⑤ 또래와 서로 도우며 적극적으로 놀이에 참여하게 한다.

⑥ 주변의 여러 가지에 대해 감사하는 마음을 갖게 한다.

(10) 12월

① 겨울 방학을 맞아 각종 안전 및 건강에 관한 지도를 한다.

② 부적응 증세가 심한 아동은 개별지도를 심화한다.

③ 자기가 하는 일에 자신을 갖도록 지도한다.

④ 학부모와 간담회를 가진다.

⑤ 사물을 처리할 수 있는 능력을 길러준다.

⑥ 불우 이웃에 대해 봉사하는 마음을 가지게 한다.

⑦ 또래와 서로 도우며 적극적으로 놀이에 참여하게 한다.

(11) 1월

① 가정과의 긴밀한 유대 관계 속에 각종 안전 및 건강에 관한 지도를 한다.

② 겨울 캠프를 가진다.

③ 가정과의 협조 아래 기본생활습관과 예의범절을 몸에 익히게 한다.

④ 부적응 증세가 심한 아동은 방학 중 개별지도를 한다

(12) 2월

① 지능 검사를 실시하여 3월과 변화된 모습을 비교 분석한다.

② 사회 성숙도 검사를 한다.

③ 자율적인 생활을 하게 한다.

④ 학부모와의 간담회를 가진다.

⑤ 1년간의 생활지도에 대한 평가회를 가진다.

⑥ 다음 학년도의 생활지도 계획을 수립한다.

교육 기관에서 생활지도를 실시할 때 공통적으로 계획되어야 할 것에 대하여 살펴보았는데, 이외에도 생활지도 전문가와 부적응아에 대한 상담가를 초빙하여 특강이나 상담을 받는 것이 포함되어야 한다.

5. 생활지도의 내용

일상생활에 있어서 학령기의 생활지도는 가정이나 학교에서 진행되며, 지도 내용은 건강한 생활 유지에 필요한 것을 학습시켜서 적극적으로 건강을 유지하고 증진시키는 태도나 습관을 습득하게 하는 것이다. 따라서 식사습관, 수면습관, 학습이나 놀이, 청결한 생활 등을 실천하는 태도를 길러 주며, 동시에 적극적으로 체력을 증진시켜, 자신의 역할을 충분히 수행할 수 있게 하고, 건강 유지를 위한 기본적인 태도를 스스로 생각하도록 지도해야 한다.

교육 기관에서 이루어져야 할 생활지도는 기본생활습관 지도와 예의범절지도, 사회성지도, 진로 및 가치관지도, 그리고 문제행동지도로 나눌 수 있다(조인숙, 오선영, 유정은, 1998).

1) 기본생활습관지도

교육은 '바른 인간', '사람다운 사람'을 만드는 것이 가장 기초적인 목적이다. 또한 한 개인이 자아실현의 욕구를 충족시킬 수 있도록 하는 데 있다. 이는 일시적인 교육으로 이루어지는 것이 아니라 일상생활 속에서의 바른 행동과 습관을 통해 이루어진다. 가정, 학교, 사회단체에서 바른 습관을 지니도록 지도·훈련하고 수련과 수양을 통해 내면화되도록 하는 것이 생활지도의 가장 구체적이고 분명한 길이다.

생활습관 교육은 규칙과 타인을 인식하기 시작하는 시기부터 시작되어 지속적으로 이루어져야 하며, 인지적인 방법보다는 정의적인 방법으로 이루어지도록 해야 한다. 우리가 지녀야 할 기본생활습관은 예절, 질서, 절약, 청결, 봉사 등을 들 수 있으며 이들 내용은 개개인의 생활, 가정생활, 학교 및 사회생활에서 지켜야 할 내용이 모두 포함되어야 한다. 바른 생활습관을 가지고 있다는 것은 결국 한 개인의 자아실현에 다가서는 지름길이고, 한 국가를 일등 국가로 만드는 지름길이기도 하다. 생활습관지도의 내용을 보면 다음과 같다.

(1) 개인생활

- 정직한 마음가짐을 갖도록 한다.
- 타인에게 폐를 끼치지 않도록 한다.
- 얼굴 표정, 걸음걸이, 옷차림 등 기본적인 몸가짐의 중요성을 지도한다.
- 아름다움을 느끼고 찾으려는 생활 태도를 가르친다(정직한 생활, 밝고 명랑한 생활).

(2) 가정생활

- 가족에 대한 중요성을 알고 애정을 갖도록 한다.
- 가정의례에 대해 알고 이를 실천할 수 있도록 한다.
- 가정일은 가족 모두의 일이므로 스스로 찾아 함으로써 화목한 가정이 되도록 한다.
- 식생활은 생명을 유지해 주는 근원일 뿐 아니라 즐거움이기도 하며, 식사 태도는 그 사람의 인격과 교양과 관계되어 있음을 알게 한다.

(3) 사회생활

- 대인 관계에서의 예절을 지도한다.
- 공공규칙을 알고 실천할 수 있도록 지도한다.
- 또래와의 갈등을 다양한 방법으로 해결할 수 있도록 지도한다.
- 또래와 협동하고 봉사하는 정신을 가질 수 있도록 지도한다.
- 약속 지키기, 바른 인사법, 친구에 대한 예절, 전화 예절 등을 지도한다.
- 사람이 많이 모인 곳에서의 예절과 공공시설을 아끼는 생활이 습관화되도록 한다.
- 상대방에 대해 지켜야 할 교양, 도덕적인 윤리관, 인간 존중의 습관 형성, 의사 전달의 합리적인 방법, 이성 교제, 원만한 인간관계, 집단에 잘 적응하기 등을 지도한다.

(4) 방과후교실에서 생활

- 학습할 때의 예절을 지도한다.
- 시설 내 공공시설을 바르게 이용하는 법을 익히도록 지도한다.
- 시설에서의 교사 및 동료와의 인간관계 및 그들과의 생활에서 지켜야 할 예절에 대해 지도한다.
- 단체 생활에서 지켜야 할 규칙과 질서를 지킴으로써 전체적 질서에 조화롭게 적응해 가도록 한다.

2) 진로 및 가치관지도

생활지도가 진로·직업 지도에서 출발되었기 때문에 생활지도 내용 중에서 진로·직업지도는 커다란 비중을 차지하게 되었다. 올바른 직업관을 가지고 개인의 적성과 직업 간의 관련성에 대해 이해하도록 한다. 또한 올바른 가치관과 공동체적 유대감을 가질 수 있도록 모든 아동을 대상으로 생활지도 프로그램을 실시하여야 한다. 무엇보다 중요한 것은 교사 및 부모, 방과후지도 교사가 실생활에서 성실하고 근면한 생활 모습을 보여주어 아동의 생활 속에서 바른 생활이 내면화되도록 하는 것이다.

3) 문제 행동지도

방과후지도 교사는 가정생활, 학교생활, 기타 사회생활에서 나타나는 문제 행동에 대해 학교 교사 및 부모와 협조하여 문제 행동을 지도해야 한다.

초등학교 아동의 문제 행동으로는 다음과 같은 것이 있다.

첫째, 성격 부적응으로 인한 충격이나 스트레스 등으로 정서적 장애 증상이 나타난다.

둘째, 학업을 따라가지 못하여 학습 동기, 성취동기 등에 결여되고 학습에 대한 흥미, 욕구 등이 결여되어 있다.

셋째, 반사회적 행동과 공격적 행동 등이 나타난다.

이러한 문제 행동을 야기시키는 원인은 매우 다양하며 한 가지 원인보다 복합적인 원인에 의해 발생하는 경우가 많다. 개인이 유전적·정서적 결함이 있거나 성격적으로 이상이 있는 경우, 또는 가족 내의 불화, 갈등, 결손 가정 등 가정환경의 영향을 받거나 부모의 불합리한 양육 등의 문제로 인해 야기되는 경우, 그리고 학교 내에서 갈등과 학교생활이나 교사 등에 대한 부적응으로 일어나는 경우가 많다. 따라서 문제 행동을 지도할 때에는 아동 개인과 주변 상황을 면밀히 살펴보아 그 원인을 명확히 파악하는 일이 선행되어야 하며 이에 따른 지도 계획을 수립하는 것이 중요하다.

위에서 제시한 내용 외에도 가정 문제지도 등이 포함될 수 있다. 생활지도는 아동의 건전한 성장과 발달을 촉진하기 위하여 생활 과정에서 나타나는 현실적 문제를 흥미, 능력, 적성 등 개인의 특성에 알맞게 지도하는 일이며, 개인 생활과 사회생활에서의 만족, 행복, 효능을 증진하고 개인의 자아실현을 도모하기 위한 활동이다. 이를 위해서 학생 자신의 이해, 자아 수용, 자아 존중을 증진하고, 환경의 물리적, 인적, 사회적인 특징을 이해하여 적응하고 다루어 나갈 수 있도록 돕는 활동이야말로 중요한 과제이고 필수적인 요소이다.

생활지도의 내용은 서로 관련이 있으므로 따로 떼어내어 지도할 수 없다. 생활지도는 인간의 성장 과정을 통하여 필수적이며 종합적인 문제를 바르게 해결하는 데 크게 도움을 주고 있다. 따라서 개인의 성장 발달과 가능성은 일찍부터 발견하여 개인의 능력에 알맞게 지도하여야 하는 만큼 개인을 객관적으로 깊이 이해할 수 있도록 자료를 충분히 수집하여야 한다. 또한 전문적인 개별 상담을 통하여 문제의 실마리를 끄집어내어 이를 성공적으로 해결할 수 있도록 협조하여야 한다.

토의 및 발표 과제

1. 아동관찰 일지를 만들어 2~3명의 유아를 관찰해 보고 발표한다.
2. 학령기 아동의 생활지도에서 필요한 내용은 무엇인지 조사하여 조별로 토의 · 발표한다.

13

숙제지도

AFTER SCHOOL PROGRAM

1. 숙제지도의 의미

초등학교 저학년 아동이 방과후아동지도의 주 대상이기 때문에 학부모는 숙제지도에 더 많은 관심과 지도를 요구한다. 따라서 방과후아동지도에서 숙제지도는 중요한 부분이므로 숙제지도를 어떻게 해야 하는지 알아야 할 것이다.

숙제는 학교 학습에 대한 예습 또는 복습이 요구되는 내용을 교사가 학생에게 제시하는 과제라고 볼 수 있다. 지금까지 대부분의 숙제는 교사가 일방적으로 학생에게 지시하여 강제적으로 이루어지거나 그 내용도 한정적인 경우가 많다. 반복적이고 기계적인 학습을 요구하는 숙제나 단순히 교과서 내용의 예습, 복습에 직결된 내용을 하게 하는 것이 아동이 숙제를 싫어하게 하는 원인이 되기도 한다. 많은 아동이 숙제를 싫어하는 이유는 다음과 같다.

첫째, 숙제의 양이 너무 많은 경우
둘째, 숙제하는 것보다 노는 것을 더 좋아하는 경우
셋째, 가정환경 때문에 숙제를 할 여건이 되지 않는 경우
넷째, 암기나 반복 학습을 요구하는 지루한 숙제일 경우
다섯째, 숙제의 수준이 자신의 능력보다 쉽거나 어려운 경우
여섯째, 숙제 검사를 하지 않거나 교사의 피드백이 없는 경우
일곱째, 숙제에 대한 도움을 받을 성인이나 자료가 없는 경우
여덟째, 학습 능력이 부족하여 숙제하는 데 어려움이 있는 경우
아홉째, 메모하는 습관이 없어, 숙제가 있다는 사실을 잊어버리는 경우

따라서 숙제지도는 위와 같은 기피 이유 중에서 아동이 어떠한 이유로 숙제를 하지 않으려 하는지를 명확히 파악하여 그에 따른 적절한 지도를 하여야 한다. 아동이 숙제를 싫어하지 않도록 학습을 돕는 내용이면서 아동이 자율적으로 즐겁게 할 수 있는 숙제를 내주어야 한다. 예를 들면, 숙제가 아동의 학습 성취와

성장 발달에 긍정적인 도움을 주는 것, 숙제의 내용과 양이 아동 개개인의 학습 능력에 적합한 것, 창의적이고 활동적인 숙제 등이 좋다. 교실에서 할 수 없었던 활동적이고 창의적인 숙제는 아동이 자율적으로 할 수 있고 학습 흥미를 유발할 수도 있기 때문이다.

2. 숙제지도의 방법

교육심리학자 하임 기너트는 그의 저서 『교사와 학생의 사이』에서 어머니에게 숙제를 도와달라고 요청하는 제프라는 소년에게 이렇게 말을 했다. "숙제는 너와 선생님 사이의 문제란다." 이 말은 숙제의 중요한 가치에 대해 생각해 보게 한다. 아동 스스로 해 봄으로써 경험을 얻는 데 숙제의 중요한 가치가 있다. 숙제지도라고 하면 대부분의 성인들은 숙제를 도우려고 하지만 이것은 위험한 일이다. 이는 아동들에게 "숙제는 너 혼자 할 수 없는 것이다."라는 의미를 준다. 숙제지도에서 가장 좋은 방법은 간접적인 것이다. 따라서 방과 후 교사는 아동의 숙제지도를 하면서 지시를 하거나 직접적으로 돕는 것보다는 편안하게 보살펴 주면서 숙제를 할 수 있도록 방향을 제시해 주어 아동이 스스로 목표에 도달할 수 있도록 도와야 한다(허현주, 2001).

방과후교실에 오는 아동은 학교와 학년, 그리고 학급이 다르므로 숙제의 양과 내용이 제각기 다르다. 또한 방과후교실에 등원하는 시간도 학년마다 차이가 있으므로 숙제지도를 하는 시간이 다를 수도 있다. 따라서 전체 아동을 대상으로 정해진 시간에 숙제지도를 하는 것보다 개인별로 숙제 시간을 정하는 것이 효율적이다. 숙제 시간을 정할 때는 교사가 일방적으로 정하기보다 아동과 함께 의논해서 정하면 좀 더 즐겁게 책임감을 가지고 숙제를 할 수 있다.

숙제지도에 있어서 가장 선행되어야 할 점은 아동이 좋아하는 숙제이건 그렇지 않은 숙제이건 간에 스스로 주어진 과제를 해결하려고 하는 의지를 갖도록 유도해야 한다. 이것이 선행되지 않으면 아무리 좋은 숙제이고, 지도 방법이 훌륭하다 하더라도 바람직한 결과를 이끌어 낼 수 없다. 따라서 숙제지도를 하기 전에 교사는 아동이 즐거운 마음으로 숙제를 할 수 있도록 학습분위기를 마련해 주고, 아동의 학습 능력을 파악하여 개별 및 집단지도를 해야 한다. 또한 숙제 해결을 위한 학습 보조 자료의 활용 방법을 지도해 주고, 직접적인 답을 제시하기보다 문제 해결을 위한 원리나 자료를 제공하는 간접적인 방법을 활용하여야 한다(정민자, 박초아, 이진숙, 1997).

숙제지도를 할 때 교사가 유의하여야 할 사항을 살펴보면 다음과 같다(조인숙, 오선영, 유정은, 1998).

① 숙제를 하고자 하는 학습 분위기를 조성한다.

② 숙제를 스스로 해결하는 방법을 알도록 한다. 숙제에 직접적인 답을 제시하기보다 숙제를 하는 절차와 방법을 가르쳐야 한다.
- 숙제가 무엇인지, 무엇을 요구하는지 파악한다.
- 제출해야 하는 시간, 혹은 숙제에 요구되는 시간에 맞추어 당일과 주중, 혹은 주말에 해야 할 숙제로 나누어 계획을 세운다. 숙제 계획표를 만들어 스스로 해결하고 체크할 수 있도록 돕는다.
- 숙제를 위해 필요한 자료와 진행 방법에 대해 교사와 의견을 나누거나 스스로 계획하게 한다.
- 정해진 시간에 숙제를 한다. 모르는 것은 교사와 함께 의논하고, 계획대로 숙제를 하는 아동에게는 칭찬을 해 주어 자율적으로 숙제를 하는 습관을 기른다.

③ 숙제를 해결하기 위해 자료를 어떻게 이용할 것인지에 내해 지도한다.

④ 숙제를 완전히 해결했는지 여부를 점검한다.

숙제는 꼭 종이와 연필로 하는 활동만을 가리키는 것은 아니다. 어떤 주제를 놓고 가족과 토론하기, 신문과 잡지에서 무엇을 찾기, 토론 준비를 위한 책읽기 등도 좋은 숙제가 된다는 것이다. 미국의 교육전문가들이 말하는 숙제지도 요령을 알아보면 다음과 같다(http://blog.naver.com/ysgoodfriend/).

1) 숙제를 언제 할 것인지 계획한다

아동이 학교를 마치고 집에 오자마자 숙제부터 하고 놀게 하는 것이 바람직하다. 신나게 놀다가 저녁을 먹고 나면 졸리기 때문이다. 따라서 숙제를 언제 할 것인지 하루 일과표에 숙제하는 시간을 정해두는 것이 좋다. 과외활동 때문에 방과 후 즉시 숙제를 할 수 없다면 그 시간을 피해 숙제하는 시간을 정하고, 한 번 정했으면 가급적 지키도록 한다. 숙제를 하는 시간 동안에는 먹을 것을 주지 말고, 전화도 사용하지 말고 텔레비전도 끄는 것이 좋다.

2) 정해진 시간 안에 마치는 버릇을 들이도록 한다

아동으로 하여금 숙제를 언제까지 끝낼 것인지 스스로 정하게 하고, 그 안에 마치기 위해 노력하도록 하는 게 좋다. 만일 아동이 그 숙제에 통상적으로 요구되는 시간만큼 최선을 다해 임했는데도 숙제가 끝나지 않으면 숙제하는 것을 멈추고, 선생님에게 알려준다. 그러면 아동이 정규과정을 따라가지 못하는 원인을 전문가가 찾아내어 치료 방법을 모색할 것이다. 또한 부모는 아동이 숙제를 하고 있는 동안에 빨리 끝내라고 재촉하지 말아야 한다. 숙제를 하는 동안 부모가 곁에 함께 있을 수 없을 경우에는 숙제를 다 하고 나서 부모가 그것을 볼 수 있도록 일정한 장소에 놓아두게 한다.

3) 숙제에 집중할 수 있도록 조용한 공부환경을 조성해 준다

아동으로 하여금 장소를 택하게 하되, 텔레비전과 떨어져 있고 전화 소리가 들리지 않는 조용한 곳으로 조명도 좋아야 한다. 연필, 종이, 지우개, 사전, 지도, 달력, 연필 깎기 등을 이용할 수 있도록 곁에 두는 게 바람직하며 전자계산기와 컴퓨터도 필요하다.

4) 숙제는 엄마의 몫이 아님을 알려주고, 가르쳐 주지 않는다

숙제는 엄마의 몫이 아니라 아동의 책임이라는 것을 명확하게 심어준다. 대신 숙제를 의논하는 것은 좋지만 절대로 가르쳐 주지 말아야 한다(Consult! Don't teach!). 아동이 틀렸을 경우에는 질문을 하여 아동 스스로가 틀린 부분을 찾아내도록 한다. 장기 프로젝트의 마감이 내일이고 부모의 도움 없이는 마칠 수 없다고 하더라도 부모가 숙제를 대신해서는 안 된다. 부모의 숙제가 아니기 때문이다. 아동으로 하여금 결과를 그대로 받아들이게 해야 한다. 아동을 도와주는 것은 도움을 요청받았을 때만, 그리고 그 요청이 합리적이라고 생각될 때에만 하는 것이 좋다. 그것도 예를 들거나 방향을 알려줌으로써 아동이 다시 답을 찾아갈 수 있도록 돕는 것이 좋다.

5) 혼자 해결하기 어려운 문제는 부모나 교사에게 도움을 요청하게 한다

어려운 문제가 있으면 그 문제는 건너뛰고 다음 문제를 풀게 한다. 어려운 문제는 나중에 언제든지 풀어도 된다. 부모가 숙제를 지도하는 데 어려움을 느낄 때는 아동의 친구나 친척과 함께 숙제를 하게 하거나 가정교사(tutor)를 구하는 것이 좋다. 지역도서관에 가면 고등학생들이 초등학생이나 중학생들의 숙제를 도와주기도 한다.

6) 숙제를 대충하는 버릇을 들이면 안 된다.

숙제에 대해 선생님이 평가하고 수정한 것에 너무 신경 쓰지 않는다. 아동이 숙제를 하는 과정과 노력에 의미를 부여해 준다. 그러나 숙제를 대충 하고 넘어가는 버릇을 들이면 안 되며 최선을 다하는 습관을 들여야 한다. 잘했을 때는 칭찬을 아끼지 않으며 잘된 것은 벽이나 냉장고에 붙여놓고 이야기를 나누는 것도 좋다.

교사가 숙제 해결을 위해 다양한 지도 방법을 사용하더라도 숙제지도를 하면서 여러 가지 문제점이 발생하는데 이 점에 대해서도 미리 대책을 세울 필요가 있다. 즉, 아동이 숙제를 엉터리로 할 때, 학교에서 내 주는 숙제를 알림장에 제대로 적어 오지 않을 때, 숙제 시간에 다 끝내지 못하고 매번 가정으로 가져갈 때, 숙제를 스스로 하지 않으려고 할 때, 교사가 확인하지 않으면 숙제를 게을리할 때 등 여러 가지 발생할 수 있는 상황에 대해 교사들 혹은 학부모들과 의견을 나누어 지혜롭게 해결하여야 한다. 또한 방과 후 시설을 이용하는 아동 중 숙제를 해결하고 오기를 원하는 부모가 있고 숙제는 자신이 지도하려 하는 부모가 있다. 그러므로 사전에 부모와의 면담으로 숙제지도 프로그램을 개별적으로 융통성 있게 운영해야 한다.

3. 재미있는 숙제

재미있는 숙제란 아동이 숙제를 하다 보면 저절로 재미있고, 즐겁고, 신나게 하는 것이라고 볼 수 있다. 재미있는 숙제는 아동이 충분히 흥미를 가질 수 있는 것이어야 하고, 스스로 쉽게 할 수 있는 것이어야 하고, 아동의 환경, 학년, 능력에 맞게 내어 주어야 하고, 생활 속에서 할 수 있는 것이면 더 좋다.

표 13-1 | 재미있는 숙제

번호	숙 제 내 용	숙제 날짜	확인
1	내 이름의 뜻은?		
2	하늘 5분 바라보기		
3	가족 태몽 알아보기		
4	땀 흘려 집안일 하기		
5	부모님 일터 찾아가기		
6	부모님 세 번 웃겨 드리기		

번호	숙 제 내 용	숙제 날짜	확인
7	친구의 장점 5가지 적기		
8	내가 만약 대통령이라면?		
9	우리 집 쓰레기 조사하기		
10	우리 집 족보 조사하기		
11	산과 들판에서 봄 찾아보기		
12	나의 자랑 30가지 적어 보기		
13	부모님 연애시절 인터뷰하기		
14	우리 집 식단 일주일 조사하기		
15	뉴스를 보고 자기 생각 써 보기		
16	신문 글자 오려서 일기 써 보기		
17	친구와 친해지는 방법 조사하기		
18	부모님 발 씻겨 드리고, 발 본뜨기		
19	'나는 이런 사람이 될래요' 꾸며 보기		
20	이럴 때 엄마, 아빠가 자랑스러워요.		
21	세상에서 가장 슬픈 이야기 알아보기		
22	나의 숨겨진 비밀 한 가지 생각해 오기		
23	가족회의를 하고 난 후 느낀 점 말하기		
24	우리 반이 다른 반과 다른 점 적어 보기		
25	부모님 어릴 적 이야기 듣고 녹음해 보기		
26	내가 엄마, 아빠와 닮은 부분 찾아보기		
27	집단 따돌림에 대한 내 생각 적어 보기		
28	부모님 도와 드리기(설거지, 빨래, 청소 등)		
29	부모님이 어린 시절에 하던 놀이 조사하기		
30	엄마, 아빠 앞에서 율동하고 점수 받아 오기		
31	내가 존경하는 인물의 어린 시절 조사해 보기		
32	우리나라에서 제일 구경하고 싶은 곳 조사해 보기		
33	벽돌을 가지고 할 수 있는 일이 몇 가지나 있을까요?		

번호	숙 제 내 용	숙제 날짜	확인
34	고쳐야 할 나의 버릇 찾아보고, 고치는 방법 생각해 보기		
35	내가 살고 있는 동네의 좋은 점과 나쁜 점 조사해 보기		
36	혼자 알고 있는 이야기나 고민하고 있는 것을 적어 보기		
37	만약 학교 미끄럼틀이 말을 할 수 있다면 어떤 말을 할까요?		
38	내게 도깨비 감투가 생긴다면 무엇을 제일 먼저 하고 싶나요?		
39	빗속을 걸을 때와 뛸 때 어느 쪽이 더 많이 젖을까? 그 이유는?		
40	내가 남자 혹은 여자여서 좋은 점과 나쁜 점에 대해 얘기해 보기		
41	나의 친척이 살고 있는 주소와 친척의 이름, 나와의 관계 알아보기		
42	가장 웃기는 이야기를 한 가지씩 조사해서 가족들 앞에서 들려 주기		
43	'오늘 나의 학교생활을 선생님은 어떻게 보셨을까?'에 대하여 말해 보기		
44	우리 가족에게 별명을 붙여 주고 왜 그렇게 지었는지 그 이유 적어 보기		
45	'엄마! 난 이런 걸 원해요.' 부모님께 부탁이나 하고 싶은 이야기 적어 보기		

토의 및 발표 과제

1. 재미있는 숙제들의 내용 중 2~3가지를 뽑아서 작성하여 본다.
2. 학령기 아동의 숙제에는 어떤 것이 있는지 조사하여 발표하고, 그 숙제가 적절한지 토론한다.

14

건강 및 안전지도

AFTER SCHOOL PROGRAM

1. 건강지도

아동의 건강을 잘 가꾸는 것은 평생 건강의 기틀이 되며 이를 위해 잘 계획된 양질의 보건 서비스는 개인이나 가족의 안녕은 물론 사회와 국가의 인적 자원 개발을 위한 훌륭한 투자이다. '건강한 신체에 건전한 정신이 싹튼다.'는 말은 교육이 지향하는 인격의 도야가 결국 건강한 신체가 유지될 때 가능하다는 것을 의미한다. 따라서 미래의 완성된 인격체로 아동이 성장·발달하기 위해서는 무엇보다도 먼저 건강을 유지해야 한다. 즉, 아동이 보다 행복하고 안전한 생활을 영위하게 하기 위하여 또는 장차 훌륭하고 큰일을 해 나가도록 하기 위해서는 어려서부터 부모나 교사는 건강에 관심을 가지고 지도를 해야 한다. 아동의 건강지도를 위하여 다루어야 할 내용으로는 바람직한 식생활습관, 규칙적인 운동습관, 규칙적인 생활습관, 위생에 대한 습관이 있다(장선철, 2010). 아동이 모이는 장소는 전염성 질환의 전파가 쉬운 장소임에도 불구하고, 대부분의 방과 후 교사는 전염성 질환에 대한 교육을 받은 경험이 부족하다. 교육 기관에서 아동의 건강지도를 위하여 알아 두어야 할 전염병과 응급처치법, 그리고 상비약에 대하여 살펴보면 다음과 같다(최민수, 2001; 홍길회, 정미자, 2014; http://dis.mohw.go.kr/temp_main_7.html).

1) 전염병

(1) 홍역

홍역은 홍역바이러스(measles virus)가 원인으로 공기나 환자의 침을 통하여 발생하는 제2종 법정 전염병으로 전염성이 매우 강하고 잠복기는 8~14일 정도이다. 홍역의 초기 증상은 감기와 비슷하여 열이 나면서 기침이 나거나 눈곱이 생기며, 입 안이나 얼굴에 반점이 생긴다. 또한 얼굴에서 발끝까지 3일에 걸쳐 온몸에 붉은 반점이 나타났다 사라진다. 홍역의 합병증으로는 폐렴, 중이염을 들 수 있고,

경우에 따라 위막성 후두염과 뇌염으로 전이될 수도 있다. 홍역은 전염성이 매우 강하여 예방 접종을 하지 않은 상태에서 환자와 접촉하면 90% 이상 감염된다. 특정 요법은 없고 MMR 백신으로 예방 접종하면 예방이 가능하다. 홍역의 유행은 건조한 계절과 밀접한 관계가 있으며, 백신 접종 사업 이후에는 발생이 크게 줄었다. 홍역은 주로 늦은 봄철(4~6월)에 많이 발생한다.

(2) 유행성이하선염

유행성이하선염(epidemic parotitis)은 볼거리(mumps)라고 부르는 제2종 법정 전염병이다. 이하선염은 기침이나 말을 통한 침의 분비로 인하여 다른 사람에게 전염된다. 보통 처음에는 얼굴의 한쪽에만 종창이 나타나지만 환자의 75% 정도는 곧 다른 쪽 얼굴에도 종창이 생겨 음식을 삼킬 때와 머리를 움직일 때 종창이 있는 쪽 귀의 통증을 유발한다. 이하선염은 심각한 질병은 아니지만, 심한 두통과 목의 경직 증상이 10일 이상 지속되면 뇌염이나 뇌막염 같은 심각한 합병증을 유발시킬 수 있다. 증상은 전신 권태, 두통, 인후통이 생기고 얼굴의 한쪽이나 양쪽이 부으며, 남아는 고환이 붓고 통증이 생기며 여아는 하복부에 통증이 생긴다. 이하선염은 MMR 백신을 접종하면 예방이 가능하며, 겨울철과 봄철에 많이 발생한다.

(3) 풍진

풍진(rubella)은 홍역의 변형, 성홍열로 여겨졌으나, 1814년에 단일 질병으로 분류되었으며, 1938년 바이러스가 원인이라는 가설이 세워지기 시작했다. 다른 감염병과는 달리 우리나라에서 풍진은 2000년에 들어서야 법정전염병으로 지정받게 되었다.

풍진의 초기 증상으로는 미열과 가벼운 기침으로 시작되어 2일 후에는 귀 뒷부분과 얼굴에 발진이 나타나 빠른 속도로 온몸에 퍼진다. 풍진의 발진은 홍색이며 대체로 며칠 후에 사라진다. 그러나 합병증을 예방하기 위해서는 증상이 가볍더라도 잘 치료해야 한다. 풍진은 보통 사람에게는 심각하지 않지만 임신부가 풍진을 앓게 되면 심각한 합병증으로 인하여 태아가 선천성 시력 상실, 청력 상실, 심장 결손, 뇌손상을 입은 상태로 태어날 수 있다. 따라서 12~13세까지의 아동 특히 여아가 풍진을 앓지 않았거나 미접종으로 풍진 바이러스에 대한 면역이 생기지 않았다면 반드시 예방 접종을 해야 한다.

(4) 콜레라

콜레라는 비브리오 콜레라(vibrio cholera) 균에 의한 급성 세균성 장내감염증으로 구토와 설사가 주 증상이다. 위생 시설 및 환경이 나쁜 곳(특히 오염된 상수도원)에서 발생되며, 오염된 식수, 음식물, 어패류를 먹은 후 감염된다. 수분 및 전해질을 보충해 주고 테트라사이클린 등을 사용하여 치료할 수 있고, 물이나 음식물을 끓여 먹으면 예방할 수 있다.

(5) 뇌염

뇌염(encephalitis)은 뇌에 염증이 생기는 질병이며, 주로 모기가 매개하는 원충, 진균, 세균, 바이러스 등에 의해 병이 전염된다. 또 세균 바이러스, 기생충, 백신, 약물, 중금속 등 어떤 물질에 의해 뇌에 염증이 일어난 경우이기도 하다. 특히 일본뇌염의 경우 일본뇌염 바이러스를 보균한 모기가 사람을 물어 그 바이러스가 뇌에 염증을 일으켜 발병한다. 개인에 따라 머리가 조금 아프거나 미열이 나는 등의 증상을 보이다가 저절로 완쾌되는 경우도 있다. 그러나 고열, 심한 두통, 뇌막, 척수 자극 증상, 혼수상태 등의 증상을 보이는 경우도 있어, 이럴 때는 곧바로 응급실로 데려가야 한다.

뇌염의 후유증으로는 근육 강직으로 동작이 느려지고, 동작 조절 능력이 상실되며, 지능 감퇴 등의 증상이 있고, 심한 경우에는 사망에 이르는 경우도 있다. 뇌염을 예방하기 위해서는 모기의 유충이 산란하는 장소를 제거하거나 살충제를 뿌리고 잠을 잘 때는 모기장을 사용해야 한다. 뇌염에 걸렸을 때는 체위를 자주

변경시켜 주어야 하고 병실은 조용해야 한다. 눈은 직사광선을 피하고 세안을 통하여 통증을 완화시켜 줄 수 있다. 급성 뇌염인 경우에는 과일즙이나 우유 등을 3~4시간 간격으로 먹게 하고, 회복기에 들어서는 고단백질과 고비타민식을 첨가해 주어야 한다.

(6) 장티푸스

장티푸스(typhoid fever)는 여름과 가을에 주로 발생하는 제1종 법정 전염병으로 비위생적인 생활, 불결한 음식, 오염된 음료수 등에 의해서 전염되며 빈민 계층에서 많이 발생하는 질병이다. 장티푸스균은 오염된 식품, 물, 우유, 파리, 갑각류 등을 통하여 사람의 몸에 침입하며, 7~30일 정도의 잠복기를 거쳐 발병한다. 증상으로는 발병 후 1주 동안은 열이 단계적으로 상승하며, 2주에는 39~40℃의 고열이 지속되고, 3주에는 아침과 저녁으로 열의 온도가 1~2℃씩 오르내리는 현상이 일어난다. 원인 불명의 고열이 며칠간이나 계속되면서 간이나 비장이 커져 있을 때에는 장티푸스의 가능성이 늘 존재한다. 장티푸스는 열과 함께 두통, 느린 맥박, 헛소리, 혀의 백태 현상이 생기고 심하면 혈변을 보는 경우도 있다. 가장 위험한 것은 장출혈이 생기는 경우이다.

환자가 발생했을 때에는 격리시키고 배설물에 대한 소독을 해야 한다. 또한 전염원을 발견하고 매개 음식물과 보균자를 찾아내어 치료하고 환자는 음식물을 취급하는 일에 종사하지 못하도록 해야 한다. 장티푸스는 예방이 가장 중요하다. 일반적으로 안전한 음용수 공급이 중요하므로 수원은 오염되지 않도록 보호하고 여과나 소독을 해야 한다. 또한 환경 위생을 철저히 하고 파리나 쥐를 구제해야 한다.

(7) 세균성 이질

세균성 이질(bacillary dysentery, shigellosis)은 단간균이라 부르는 병원체에 의해 발병하며, 장티푸스균에 비해 인체 바깥에서는 생존력이 약하며 특히 태양이나 열에 약한 것이 특징으로 제1종 법정 전염병이다. 세균성 이질의 전염은 환자나 보균자의 대변을 통하여 배설된 균이 물, 우유, 식품 등에 오염되어 사람의 몸에 전염된다. 환자의 대변에 점액, 고름, 혈액이 섞이고 대장의 염증으로 인하여 뒤가 무겁고 빈번한 설사로 탈장이 되어 온몸이 몹시 쇠약해진다. 세균성 이질은 집단 급식을 하는 학교 기관에서 발생하기 쉽다. 따라서 집단 급식을 하는 경우에는 개인위생을 철저히 하고 음식과 물을 끓여 먹어야 세균의 감염을 막을 수 있다.

(8) 유행성 출혈열

유행성 출혈열(epidemic hemorrhagic fever)은 급성 열성 감염증으로 발열, 출혈이 특징인 제2종 법정 전염병이다. 늦가을(10~11월)과 늦봄(5~6월) 건조기에 병에 감염된 쥐들의 배설물인 오줌·똥이 건조되면서 섞여 있던 바이러스가 공기 중에 떠돌다가 사람의 호흡기를 통하여 몸 안으로 침입하기도 하고, 피부의 상처를 통하여 전염되기도 한다. 잠복기는 평균 2~3주이지만 짧게는 4일 만에, 길게는 40일 만에 발병하는 경우도 있다. 유행성 출혈열의 증상은 오한, 전율, 무기력, 염증 등 감기와 비슷하다. 발병 4~5일이 지나면 심한 두통, 관절통에 시달리고 온몸에 출혈성 반점이 나타나며, 코와 귀에서 피가 나오기도 한다. 합병증으로는 고혈압, 폐렴, 빈혈, 뇌출혈 등이 있다. 열이 내리고 혈압과 소변량이 정상화되면서 서서히 회복되지만 완전 회복까지는 3~4개월이 걸린다.

(9) 인플루엔자

인플루엔자(inluenza)는 전염 시 급격한 열이 생기고 전신에 통증이 있으며 인후통과 허탈 상태가 따르는 급성 감염성 질환이다. 환자가 재채기를 하거나 호흡할 때 감염되며, 학교 등 사람이 많이 모인 곳에서는 공기 전염도 된다. 인플루엔자는 24~72시간 정도 잠복해 있다가 급격하게 발병하는 것이 특징이다. 주요 증상으로는 발열과 오한이 있고 감염의 정도에 따라 2~4일간 계속된다. 전신 증상이 따르는 것이 보통이며 두통, 요통, 하지 근육통, 식욕 부진 등이 있고 불안감이 따르른다. 합병증으로는 폐렴, 중이염, 임파선염 등이 있다. 유행성 인플루엔자를 예방하기 위해서는 환자의 격리가 가장 중요하다. 호흡기 질환을 가진 사람과 접촉을 피함으로써 감염을 예방할 수 있다. 예방 접종만이 인플루엔자 발생을 감소시킬 수 있는 실질적인 방법이다. 그러나 유행하는 인플루엔자의 모든 병원균이 다르기 때문에 한 가지 백신으로 철저하게 예방할 수는 없다.

(10) 수두

수두(varicella)는 증상이 경미하지만 전염성이 높아 누구나 한 번씩 앓고 지나가는 감염 질환으로 인식되었으나, 백신이 개발되어 예방 가능 질환의 하나가 되었다. 수두는 작은 수포인 물집이 전신에 생기고 심한 가려움증과 두통과 열이 수반되는 급성 감염 질환이다. 수두 바이러스가 원인이며 공기나 직접 혹은 간접 접촉으로 전염된다. 잠복기는 10~21일 정도이며, 수두가 전염되는 시기는 발진 1일 전에서 발진 6일까지이다. 어느 연령이나 걸릴 수 있으나 보통 2~8세에 감염되기 쉽다.

수두의 증상은 전구기와 발진기로 나누어진다. 전구기는 권태감, 발열, 식욕 부진, 두통 등의 증세로 수두가 발진되기 24시간 전부터 나타난다. 발진기는 반점, 구진, 수포, 농포, 가피의 순서로 진행한다. 반점에서 진행된 홍반성 구진은 24시간 안에 수포로 변하고, 눈물방울 같은 수포(물집)는 둘레에 붉은색을 띠면서 농포로 변한다. 처음 발진은 가슴과 배에서 시작되어 3~4일 이내에 얼굴, 어깨, 사지로 퍼져 나간다. 수두는 말초보다는 몸통에 많기 때문에 손바닥이나 발바닥에는 드물다. 수포는 매우 가려우며 7~10일에는 딱지가 형성된다. 모든 반점에 딱지가 형성되면 전염성은 없어진다. 수두는 입 안, 질, 요도점막에도 생길 수 있으며, 심한 경우에는 발진기에 38.3℃ 정도의 열이 나기도 한다. 수두의 발진은 완치하면 자국을 남기지 않으나, 크게 생긴 발진이나 가피(딱지)는 자국을 남길 수 있다. 수두는 예방 접종을 위한 백신이 있으며, 한 번 앓고 나면 영구 면역이 생기기 때문에 수두를 한 번 앓은 사람은 백신을 접종할 필요가 없다.

(11) 유행성 눈병

유행성 눈병의 원인 바이러스는 아데노 바이러스(유행성 각결막염)와 엔테로 바이러스(아폴로 결막염) 2종이며, 유행성 눈병 환자와의 직접적인 접촉이나 환자가 사용한 물건 등을 통해서 전염될 정도로 전염력이 매우 강하다. 잠복기는 아데노 바이러스는 12시간에서 3일, 엔테로 바이러스는 5일에서 12일이며, 주요 증상은 눈에 통증 현상이 나타나고 눈꺼풀이 부으면서 결막이 충혈되고 심할 경우에는 출혈이 생기기도 한다. 유행성 눈병을 예방하려면 다음의 사항을 지켜야 한다.

되도록 유행성 눈병 환자와의 접촉을 삼가고, 가족 중에 눈병 환자가 있을 때에는 반드시 수건과 세숫대야를 별도로 사용해야 하며, 눈병 환자가 만진 물건을 접촉하지 않도록 해야 한다. 또한 외출 시에 손을 자주 씻고 눈을 비비지 않아야 하며, 눈병에 걸렸을 경우에는 즉시 가까운 안과 병·의원에서 치료를 받아야 한다.

2) 응급 처치

응급 처치(emergency medical care)란 응급 상태에 대한 의사의 의료 행위이다. 의사가 아닌 부모 형제 등 주위 사람들이 위급 상태에 있는 사람에 대해 어떤 처치를 하는 것은 구급 처치라고 말한다. 따라서 비전문가인 일반인이 위급한 상태에 대해 처치를 하게 될 범위는 의사의 전문적인 응급 처치를 받기 전까지로 한정하여야 한다. 아무리 주의를 하여도 생각하지 못한 사고를 낭하는 일이 더러 있다. 민저 사고를 방지하기 위한 노력이 앞서야 하겠지만 불의의 사고를 당하여 위급한 경우에도 당황하지 말고 적절한 응급 처치를 할 수 있도록 올바른 예비지식을 가지고 있어야 한다. 왜냐하면 응급 처치는 더 큰 사고를 예방하기 위한 적절한 조치가 될 수 있기 때문이다(http://ksbaby.doctor.co.kr/ frame_baby.html).

(1) 화상을 입었을 때

어느 정도의 화상이든 먼저 화상 부위를 차게 해야 한다. 화상 부위를 흐르는 찬물 속에 넣어 적어도 10~15분 동안 담가야 한다. 화상을 당한 부위에 된장, 간장, 감자, 기름약 등을 바르는 것은 오히려 상처 표면을 불결하게 하여 세균 감염을 일으키는 원인이 되므로 절대로 해서는 안 된다. 수포(물집)를 없애면 세균 감염 등의 원인이 되기 때문에 그대로 두어야 한다(홍길회, 정미자, 2014).

① 1도 화상인 경우

햇볕에 피부를 노출시켰거나 뜨겁게 달구어진 물체에 가볍게 스쳤거나 뜨거운 물이나 증기에 약간 데인 정도가 1도 화상이다. 피부가 빨갛게 되며, 약간 부풀어 오르고, 화끈거리거나 손으로 만지면 쓰리고 아프다. 이때는 화상을 식히기 위하여 상처 부위를 10~15분 동안 찬물이나 얼음물에 담근다. 찬물은 상처 부위를 진정시켜 주며 회복을 빠르게 한다. 그러나 흐르는 수돗물을 세게 틀어 상처 부위에 대는 것은 피부에 손상을 입힐 수 있다. 또한 장시간 얼음을 직접 화상 부위를 대고 있는 것은 피부의 혈액 순환에 지장을 줄 수 있다. 대부분의 1도 화상은 불결하지 않으나 데인 부위가 다소 지저분할 때는 먼저 맹물이나 비눗물로 조심스럽게 씻어낸다. 씻을 때는 조심스럽게 해야 하며 절대 문질러서는 안 된다. 필요에 따라 환부에 상처가 생기지 않도록 마른 가제를 붙여 주어도 된다. 이때 상처 부위를 완전히 덮도록 넓게 붙이는 것이 좋다. 다른 합병 증세가 없으면 1~2일이면 진정되고 약 1주일이면 완전히 회복된다.

② 2도 화상인 경우

피하층까지 열기가 침투한 상태로 피부가 빨갛게 되며 붓고 물집이 생긴다. 예를 들면, 햇볕에 심하게 노출되었을 때, 가스불이 닿았을 때, 끓는 물에 데었을 때는 2도 화상일 가능성이 높다. 심한 통증을 느끼며 흉터를 남길 수도 있고 깨끗이 나을 수도 있다. 만일 염증이 생기면 3도 화상이 되어 흉터를 남기게 된다.

치료 기간은 7~21일 정도이다. 이때는 통증이 가라앉을 때까지 찬물을 끼얹어 주거나 냉찜질을 한다. 그 다음에는 표면을 건조하게 한다. 물집은 화상을 소독된 깨끗한 상태로 보호하는 역할을 하므로 터뜨리면 안 되며 함부로 연고를 바르는 것도 좋지 않다. 화상의 크기가 15% 이상이거나 얼굴, 손·발, 외음부에 화상을 입었거나 통증이 심하고 물집이 많아지며, 더 빨갛게 부풀어 오르는 등 상태가 안 좋을 때는 즉시 병원에 가서 치료를 받아야 한다.

③ 3도 화상인 경우

외피와 피하층은 물론이고 피하 조직까지 화상을 입은 상태이다. 물집은 형성되지 않으며 피부는 타서 말라 쪼그라진 상태로 창백한 흰색이 되거나 까맣게 된다. 신경이 파괴되어 화상 부위에 심한 통증이 느껴지지 않기도 하지만 대신 그 주변 부위의 통증은 매우 심하다. 이때는 가능한 한 신속하게 병원으로 옮겨야 한다. 구급차를 기다리는 동안 깨끗한 시트 위에 아동을 편히 눕힌다.

손·발이나 다리에 화상을 입었을 경우, 화상 당한 부위를 심장보다 높은 위치로 놓는 것이 편하다. 얼굴에 화상을 입었을 때는 되도록 고개를 들고 있도록 해야 하며 계속해서 호흡 곤란을 일으키는지의 여부를 관찰해야 한다. 만일 호흡 곤란을 일으킨다면 인공호흡으로 기도를 트이게 해 주어야 한다. 자리에 누인 다음 고개를 한쪽 옆으로 돌리게 하고 다리는 심장보다 높은 위치에 놓이게 해 준다. 이는 중요 기관에 필요한 만큼의 혈액이 공급되게 하여 쇼크가 일어나는 것을 예방하기 위함이다. 또한 세균 감염이 우려되므로 깨끗한 시트를 깔고 눕게 하는 것이 바람직하다. 의사의 진료를 받기까지 시간이 걸릴 때는 입고 있는 옷을 벗기되 이미 피부에 달라붙어 있는 옷은 억지로 벗기지 말고 가위로 옷을 잘라내야 한다.

(2) 벌레에 물리거나 쏘였을 때

벌에 쏘이면 쏘인 부위만 아프고 붓는 국소 반응이나, 전신에 두드러기가 생기며 호흡 곤란과 쇼크가 일어나는 벌 알레르기 반응이 나타날 수 있다. 국소 반응을 보일 경우, 벌침을 빼고 독액을 입으로 빨아 낸 후 암모니아수를 바른다. 벌이나 일반 벌레의 독은 산성이므로 암모니아수를 바르면 중화가 되기 때문이다. 벌에 쏘인 부위에 얼음 주머니를 올려놓아 붓는 것과 통증을 감소시키며, 그래도 환부의 통증과 가려움이 계속되면 의사에게 문의하여 약물치료를 받아야 한다. 벌 알레르기가 있는 경우에는 즉시 가까운 병원으로 데려가야 한다. 병원에 가기 전에 우선 벌에 쏘인 부위에서 심장 가까운 부위를 붕대로 졸라매어 벌의 독이 전신으로 퍼지는 것을 방지한다. 붕대가 없는 경우, 허리띠, 스카프, 넥타이 등을 사용한다.

(3) 이물질이 목에 걸렸을 때

질식은 땅콩 같은 음식물이나 단추, 동전 등의 이물질이 기도로 들어갔을 때 발생한다. 목에 이물질이 걸렸을 때는 눈동자가 풀어지고 괴로워하며, 기관지가 막혔을 때는 격심한 기침과 함께 호흡 곤란이 되며 순식간에 얼굴빛이 변한다. 이런 상태는 질식 일보 직전이므로 응급 처치를 해야 한다. 아동을 거꾸로 세워 등을 세게 두드리거나, 아동의 얼굴을 옆으로 돌리고 손가락을 입 안에 넣어 토해내도록 한다. 또한 호흡을 할 수 없고 맥이 풀려 얼굴과 입술이 새파래졌을 때는 곧바로 인공호흡을 시키고 당황하지 말고 가까운 병원으로 급히 데려가야 한다. 이물질이 식도에 들어갔더라도 건강하고 이상이 없을 때는 4~5일 동안 매일 변을 살펴서 배출되는가 확인하고 도중에 걸려 나오지 않을 때는 병원에 가야 한다.

(4) 타박상을 입었을 때

타박상은 밖으로 상처가 보이지 않고 피하 조직에 장해를 받은 것을 말한다. 아동들의 부상 중에서 가장 흔한 것으로 어딘가에 부딪히거나 넘어지거나 굴러 떨어졌을 때 모세 혈관이 터져서 나타나는 흔적이다. 타박상은 처음에는 붉은색을 띠나 시간이 흐르면 검푸른 색이나 자줏빛으로 변한다. 멍이 들어 변색된 부위는 차츰 갈색에서 노란색으로 변해 가고 나중에는 완전히 사라져 본래의 색으로 돌아온다. 또 환부는 약간 부풀어오르고 만지면 아프고 말랑말랑하다. 약간 멍이 들었을 경우에는 그대로 놔두면 저절로 회복된다. 그러나 가슴과 배를 심하게 부딪혔을 때는 내장 출혈을 일으킬 수도 있으니 주의해야 한다. 타박상을 입었을 때는 환부를 높게 하고 청결한 물이나 붕산수 등으로 차게 한다. 붓거나 통증이 심할 때는 얼음찜질을 하고, 며칠이 지나 통증과 열이 없으면 뜨거운 찜질로 바꾸어 응어리를 풀어 준다.

(5) 귀에 이물질이 들어갔을 때

① 물이 들어갔을 때

물이 들어간 쪽의 귀가 밑으로 가도록 눕히고 따뜻한 돌을 귀에 대고 있으면 물이 나온다. 또는 물이 들어간 쪽의 귀를 밑으로 하여 면봉으로 가볍게 수분을 흡수시키면 된다.

② 벌레가 들어갔을 때

귀를 밝은 쪽으로 향하게 하거나 손전등을 귀 가운데 비추어 벌레가 빛을 따라 나오도록 유도하거나 담배 연기를 뿜어도 좋다. 그래도 나오지 않으면 식용유나 알코올을 귀속에 한 방울 떨어뜨려 벌레를 죽게 한 후 꺼낸다.

③ 기타 이물질이 들어갔을 때

작은 콩이나 돌 같은 이물질이 들어갔을 때는 귀이개를 귀 벽에 따라 넣어 이물질의 뒤쪽에 대고 꺼낸다. 그러나 깊이 들어간 경우에는 병원에 가야 한다.

(6) 눈에 이물질이 들어갔을 때

눈에 이물질이 들어갔을 때는 눈을 비비거나 문지르는 것은 절대 금해야 한다.

눈을 비비거나 문지르게 되면 상처가 생기고 그곳에 세균이 들어가 염증이 생기거나 각막이 상하여 시력 장애를 일으킬 수도 있다. 눈물을 나오게 해서 이물질이 흘러나오게 하거나 집에 깨끗한 생리 식염수가 있으면 그것을 눈에 넣어 씻어내는 것이 좋다. 콘택트렌즈 세척액 같은 것을 사용해도 좋다. 눈물로 이물질이 제거되지 않을 경우, 세안을 한다. 깨끗한 세숫대야에 수돗물을 틀어놓고 물속에 눈이 잠기도록 한 다음 눈을 깜박거리게 한다. 이렇게 해도 안 될 때에는 병원에 가야 한다.

(7) 코에 이물질이 들어갔을 때

콩이나 유리구슬, 작은 돌멩이 등의 이물질이 콧구멍에 들어가 나오지 않는 경우가 있다. 이때 무리하게 빼내려고 하다 보면 오히려 깊게 들어가 버려 코의 점막을 손상시킨다. 코의 한쪽을 누르고 코를 푸는 듯이 하여 빼내 보도록 한다. 그래도 안 될 경우에는 병원에 가야 한다. 거꾸로 세워 등을 두드린다든지 하면 오히려 나쁜 결과를 초래할 수도 있으므로 주의해야 한다.

(8) 일사병, 열사병에 걸렸을 때

일사병은 직사광선을 오랫동안 받았을 때, 고열 속에 오랫동안 있을 때, 더운 곳에서 운동을 열심히 했을 때에 일어난다. 뜨거운 열로 인하여 뇌의 체온 조절 중추에 이상이 생겨 갑자기 혼미한 상태가 되고 얼굴이 빨갛게 되며 고열이 난다. 일사병에 걸리면 토할 것 같은 느낌과 어지러움, 두통, 경련, 일시적으로 쓰러지는 등의 증상을 보인다.

우선 통풍이 잘되는 그늘진 곳으로 옮겨 눕히고 옷을 풀고 찬물을 타올에 적셔 머리를 식힌다. 의식이 회복되면 냉수를 조금씩 자주 주고 안정을 취하도록 한다. 만약 의식이 돌아오지 않고 고열이 계속되는 경우에는 곧바로 병원으로 데리고 간다. 땀을 흘리지 않는 중증의 경우에는 경련을 일으키고 드물게는 사망하는 수도 있다.

열사병은 흔히 일어나지 않지만 치료하지 않으면 위험한 병이다. 격렬한 신체활동이 있으면서 밀폐된 공간에서 자주 발생하고, 때로 잠긴 차량 안에 갇힌 어린이에게서 많이 발생한다. 이런 환자들은 피부가 뜨겁고 건조하며, 붉은색을 띠고, 땀을 흘리지 않는다. 시원한 장소로 환자를 옮긴 후, 옷을 벗기고 젖은 수건이나 담요를 덮어주고, 부채질을 해 주고, 가장 중요한 것은 체온을 내려주는 것이다. 열사병 환자는 몸의 표면보다 중심 체온이 상승한 것이 근본적인 문제이므로 겉의 피부만 시원해서는 근본적인 처치가 되지 않는다. 즉, 얼음물로 환자의 체온을 낮추려고 하다가 몸 표면의 혈관이 수축되어 몸 안의 열이 잘 발산되지 않을 수도 있다. 따라서 혈관이 수축되지 않을 정도의 너무 차지 않은 물로 자주 닦아주고, 바람으로 열이 증발할 수 있도록 해야 한다.

(9) 가스에 중독되었을 때

가스 중독의 대부분은 가정의 연료 가스, 연탄 등에 의한 일산화탄소 중독이다. 어린 아이일수록 중독 증상이 심하게 나타난다. 두통, 현기증, 구토, 호흡의 불규칙 등이 나타날 수 있으며 중증인 경우는 의식이 없어지고 경련, 호흡 정지 등을 일으킨다. 가스에 중독되었을 때, 곧바로 신선한 공기가 있는 곳으로 옮기거나 창문을 열어 방안의 공기를 환기시켜야 한다. 또한 호흡 및 혈액 순환을 돕기 위해 옷을 느슨하게 풀어 주며 몸을 따뜻하게 해 준다. 의식이 있는 경우에는 심호흡을 시키며, 의식을 잃었을 때는 즉시 병원으로 옮겨 고압 산소 치료를 받도록 해야 한다.

(10) 물에 빠졌을 때

물에 의한 사고는 설마 하고 생각할 정도의 아주 적은 물에서도 일어난다. 조금 남은 욕조물, 대야물, 세탁기에 담긴 물, 집안의 작은 연못 등에서 일어나기 쉬우며, 물에 의한 사고는 때때로 호흡 정지 상태가 되기도 한다. 물에 빠진 아동을 건져 냈을 때 호흡이 중단되었다든지, 약하게 호흡하고 있을 때(가사 상태)는 인공호흡으로 숨을 쉬게 해야 한다. 인공호흡은 먼저 위를 향하게 눕히고 목 밑에 베개를 대고 머리를 뒤쪽으로 젖혀서 숨통이 막히지 않도록 하고 턱이 기도를 막지 않도록 아래턱을 위로 치켜 올린다. 그 다음 크게 숨을 들이쉬어 아동의 입에 입을 대고 들이쉰 공기를 불어넣는다. 입을 떼고 배와 가슴을 눌러 불어넣은 공기를 빼낸다. 인공호흡할 때 유의할 점은 도중에서 중단하지 말고 일정한 속도로 끈기 있게 계속하는 것이 중요하다. 숨을 쉬고 스스로 호흡할 수 있게끔 되면 바로 멈추고 상태를 관찰한다.

3) 비상 구급용품

교육 기관에서는 크고 작은 사고가 많이 일어난다. 그러므로 가벼운 상처, 화상, 소화 장애, 발열 등에 사용할 비상 구급용품을 준비해 두는 것이 바람직하다. 상비약은 약품을 담아둘 수 있는 구급함에 넣어서 깨끗하게 보관하여야 한다. 구급상자에는 가위, 칼, 핀셋, 족집게, 손전등, 얼음 주머니, 체온계, 혈압계, 지혈대, 의료용 고무장갑 등을 준비한다. 의료용 재료로는 붕대와 가제, 면봉, 삼각건, 커트밴드, 반창고, 탈지면 등이 있고, 외용약으로는 소독용 알코올, 옥시풀, 항생 물질 연고, 테라마이신 연고, 피부 연고제, 바셀린, 암모니아수, 식염수, 소다, 습포약, 안약, 관장약 등이 있다. 내복약으로는 해열제, 종합 감기약, 진통제, 위장약, 소화제, 지사제, 차멀미 방지약, 항히스타민제 등이 있다. 내복약은 유효기간에 주의하고, 복용량을 적은 설명서를 함께 보관해야 한다.

약품은 아동의 손이 닿지 않는 곳에 보관하도록 하고 습기가 많거나 온도가 높은 곳, 직사광선이 닿는 곳도 약이 변질될 우려가 있으므로 피하도록 한다. 사용한 후에 뚜껑을 꼭 닫아서 보관하도록 하고 유효 기간이 경과했거나 라벨이 벗겨져 어떤 때 사용하는 약인지 알 수 없게 된 것은 버리도록 한다. 가능하면 약의 효능과 성분, 주의 사항이 적혀 있는 안내서를 버리지 말고 함께 보관해야 하며 규정된 용량과 횟수를 지켜 부작용을 일으키거나 면역반응만을 증가시키는 일이 없도록 한다.

2. 안전지도

아동은 발달 특성상 강한 호기심으로 환경이 주는 자극물에 대하여 매우 민감하게 반응하며 충동적인 행동을 하게 된다. 또한 아동은 주의 집중 시간이 짧으며 보다 구체적인 행동을 하려고 애쓰는 경향이 있어서 순간적으로 사고를 유발하게 된다. 뿐만 아니라 모방심이 매우 크기 때문에 TV를 보고 주인공처럼 2층에서 뛰어내리기도 한다. 공놀이나 술래잡기를 할 때 눈앞의 것만 생각한 나머지 다른 상황을 판단할 여유가 없어 찻길로 뛰어들기도 하며, 눈이나 비 오는 날 우산 등이 시야를 가로막거나, 자신의 긴 겉옷 자락에 걸려서 사고가 나기도 한다. 이처럼 아동의 생활환경 주변에는 사고를 유발하는 요인이 많다. 그렇기 때문에 안전지도는 보건 및 위생에 관한 작은 일로부터 시작하여 가정 및 길거리에 잠재되어 있는 위험에 대한 것까지 광범위하게 지도되어야 한다.

교육 현장에서 안전지도를 할 때 포함되어야 할 내용은 첫째, 낙상 전도(落傷顚倒) 둘째, 교통사고 셋째, 화상사고 넷째, 중독사고 다섯째, 질식사고 여섯째, 감전사고 등의 방지에 대한 교육과 일곱째, 물놀이에 대한 올바른 지식과 태도 여덟째, 유괴와 성교육에 관련된 지식 등을 올바르게 지도해 주어야 한다.

바깥에 자주 나가고 활동력도 왕성한 아동의 안전사고에서 부모나 교사는 한시도 마음을 놓을 수 없다. 올해 초 유니세프에서는 경제협력개발기구 회원국 26개국을 대상으로 15세 이하 아동 사망률을 조사했는데, 우리나라가 10만 명당 25.6명으로 1위를 차지할 만큼 우리나라 아동은 사고의 위험에 많이 노출되어 있다. 아동 사고 중 가장 큰 범위를 차지하는 것은 교통사고인데 집이 많이 들어서 있거나 한적해서 횡단보도가 만들어져 있지 않은 길에서 사고가 많이 일어난다고 한다. 사고가 많다고 해서 아이를 집안에만 가두어 둘 수는 없는 일이다. 따라서 아동의 안전 교육과 아동을 보호하는 사회 안전 시스템을 갖추는 일이 무엇보다도 중요하다. 아동이 지킬 수 있는 안전사고에 대비한 여러 가지 요령을 살펴보면 다음과 같다(http://member.hitel.net/~chamchi/firstaid/).

1) 보행 안전 대책

여러 사고 중 교통사고가 가장 많은 만큼 보행할 때는 더욱 안전에 주의해야 한다. 더구나 한 가지에 열중하면 주위를 살피지 않는 아동에게는 매번 보행 안전 규칙을 일러 주어 습관화시켜야 한다.

(1) 횡단보도를 건널 때

차가 멈춘 것을 확인한 후 건넌다. 신호등이 있으면 초록불이 켜진 뒤 왼쪽을 보고 차가 멈춘 것을 확인한 후 건넌다. 이때 꼭 손을 들게 지도해야 한다. 또한 녹색 신호가 깜박일 때는 건너가지 말고, 건널 때는 뛰지 않게 한다. 신호등이 없으면 가까운 육교나 지하도를 이용하는 것이 안전하다. 횡단보도를 이용해야 할 때는 어른을 따라 건너거나 교통 정리하는 사람의 신호를 따른다. 안전하게 도로 횡단을 할 수 있는 다섯 가지 원칙은 다음과 같다.

첫째, 길을 건너거나 차도로 나갈 때는 우선 멈춘다.

둘째, 차가 오는지 좌우를 살핀 다음 건넌다.

셋째, 횡단보도의 오른쪽에서 운전자를 보며 손을 든다. 차는 왼쪽에서 오므로 횡단보도의 오른쪽에서 오른손을 들고 왼쪽 방향의 차량을 확인한 뒤 건너다가 중앙선을 지나면 왼손으로 바꿔 들고 오른쪽의 차량을 확인하며 건넌다. 차량을 확인할 때는 꼭 운전자와 눈을 마주치도록 해야 한다.

넷째, 녹색불일 때도 차가 멈추었는지 확인한 뒤에 건넌다.

다섯째, 길을 건널 때는 손을 들고 차를 계속 보면서 건넌다. 운전자가 브레이

크를 밟으려다 액셀러레이터를 밟을 수도 있기 때문이다.

(2) 학교에 갈 때

등교 시간에 시간을 넉넉하게 두고 학교로 출발해 뛰는 일이 없게 한다. 항상 인도의 안쪽으로 걷도록 하고, 가급적 신호등과 건널목이 가장 적고 공사장 등의 위험한 장소가 적은 곳으로 다니게 한다. 뒤돌아보며 걷거나 친구와 장난하며 걷지 않게 한다.

(3) 골목길, 주차장을 다닐 때

골목에서 차가 다니는 길로 나올 때는 먼저 차나 오토바이, 자전거 등이 오지 않는지 앞뒤 좌우를 살피게 한다. 주차장에서는 진입하거나 빠져나가는 차에 부딪힐 수 있으므로 차 사이를 뛰어다니지 않게 하고, 차가 다니는 골목길이나 주차장에서 공놀이를 하거나 자전거 등을 타지 않도록 해야 한다.

(4) 비와 눈이 올 때

비와 눈이 오는 날은 가능하면 밝은 색 옷을 입고 우산은 오른손에 든다. 우산을 높이 들어 시야를 확보하고, 가방은 가능하면 어깨에 메고, 손은 주머니에 넣지 않는다. 바람이 많이 부는 날은 들고 있는 물건이 날아갈 수도 있으나 물건을 줍기 위해 찻길로 뛰어들지 않는다. 또 도로변에서 미끄러지거나 넘어질 수 있으므로 가급적이면 차도와 떨어져서 걷도록 한다.

2) 공간별 안전 대책

시설이 2층 이상인 경우에서는 특히 여름철에 추락 사고를 주의하여야 한다. 여름철의 경우에는 날씨가 더워 베란다 문을 열어 놓게 되어 추락 사고의 위험이 커지고, 물놀이를 즐기다 미끄러져 다치기도 한다. 또한 바깥 활동이 많아지는 만큼 놀이터나 야외에서의 안전사고도 무시할 수 없다. 따라서 베란다, 놀이터, 야외 등 공간별 안전 대책을 세워야 한다.

(1) 창가와 베란다

창문이나 베란다에는 창문 보호대나 난간을 반드시 설치해야 한다. 모기장이 설치되어 있다고 해서 방심해서는 안 된다. 조금 세게 밀면 떨어져 나갈 수 있기 때문이다. 문이나 창문에 잠금장치를 해 두는 것이 보다 안전하다. 물건을 꺼내기 위해 난간에 기대거나 올라갈 수 있으므로 창틀 위에는 아이들의 시선을 끌 만한 물건을 올려놓지 말아야 하며, 책상 등의 가구도 창가에서 멀리 배치한다. 무엇보다도 평소 창문 밖으로 상체를 내밀거나 베란다 난간에 기대어 서지 않게 주의시켜야 한다.

(2) 욕실

세면대보다 대야가 안전하다. 욕실 바닥재로 표면이 미끄러운 타일은 피하고, 욕조의 바닥과 욕실 앞 깔개 뒷면에는 미끄럼 방지 처리가 된 깔개를 설치해야 한다. 욕조가 설치된 벽면에는 손잡이를 부착해 미끄러질 때 잡을 수 있게 한다. 미끄러지며 수도꼭지에 머리를 부딪칠 염려가 있으므로 수도꼭지에는 보호 덮개를 씌운다. 또한 아동의 키에 비해 세면대가 높은 경우 받침대를 사용하다 미끄러질 수 있으므로 세숫대야에 물을 받아 바닥에서 씻게 하는 것이 보다 안전하다.

(3) 놀이터

동물을 안거나 물건을 손에 들거나 가방을 메고 놀이 기구를 타면 위험하므로 가방을 메고 놀이 기구를 타지 않게 한다. 미끄럼틀을 내려올 때 다른 사람을 밀지 않게 하고, 그네에 부딪히는 일이 없도록 그네 주변에는 다가가지 않게 한다. 또한 놀이 기구는 싸우지 않고 순서대로 사용하게 하고, 모래를 던지는 일이 없도록 주의시켜야 한다. 특히 자전거나 롤러스케이트 등을 타고 놀이 기구에 올라가거나 놀이 기구 가까이에 가는 것은 절대 금물이다.

바깥 놀이터는 햇볕이 강한 시간대에는 일사병에 걸릴 수 있으므로 놀이터에서 노는 것을 삼가고, 부득이하게 바깥 놀이를 해야 하는 경우에는 자외선 차단제를 바르도록 해야 한다. 또한 미끄럼틀은 타기 전에 만져 보아 햇볕에 쇠가 달구어져 뜨겁다면 화상을 입을 수 있으므로 타지 않게 한다.

(4) 야외

야외에 나갈 때는 가능하면 긴 소매의 옷을 입도록 해야 한다. 방학이나 주말에 산이나 들, 시골을 찾을 경우 야생화나 야생 식물, 특히 색깔이 고운 버섯은 독이 있을 수 있으므로 만지거나 입에 대지 않게 한다. 사마귀나 거미, 송충이 등 곤충도 손으로 만지지 않게 한다. 벌이 가까이 날아오면 손이나 팔을 저어 쫓지 말고, 가만히 있거나 몸을 서서히 조금씩 움직여 다른 곳으로 피하게 하고, 가시에 찔리거나 독이 있는 식물에 스쳤거나 먹었을 경우에는 그 식물을 가지고 병원으로 간다.

3) 놀이 기구 안전 대책

롤러스케이트, 킥보드, 자전거 등의 탈것을 이용할 때는 안전사고에 특히 주의해야 한다. 속도가 빠른 만큼 사람이나 물건, 차량과 충돌하였을 경우에 큰 사고를 불러올 수 있기 때문이다.

(1) 롤러스케이트, 킥보드를 탈 때

타기 전에 바퀴가 고장 나지 않았는지, 브레이크가 제대로 작동되는지 등 기구를 점검하고, 반드시 헬멧과 무릎·팔꿈치 보호대를 착용하게 한다. 롤러스케이트나 킥보드를 탄 채 계단을 오르내리거나 묘기를 부리거나 내리막길을 내려가는 것은 피하고, 물건을 손에 들고 타는 것 또한 주의한다. 특히, 횡단보도를 건널 때는 반드시 롤러블레이드나 스케이트는 벗고, 킥보드에서는 내린 채 들고 건너며, 다 함께 손을 잡고 타거나 앞사람을 잡고 타거나 트럭이나 자전거 등을 따라가며 타지 않도록 주의시킨다.

(2) 자전거를 탈 때

자전거를 타기 전에는 핸들, 브레이크, 타이어 공기압, 페달, 체인 상태 등을 점검하고, 자전거에 올라타서 다리를 쭉 폈을 때 발끝이 땅에 닿는지를 살펴본다. 복장은 바지를 입고 헬멧과 무릎·팔꿈치 보호대를 착용해야 하며 운동화를 신어야 한다. 밤에는 자전거를 타지 않는 것이 좋은데, 부득이한 경우라면 야광 조끼를 입혀야 한다. 자전거를 탈 때는 학교 운동장이나 놀이터 등 차가 다니지 않는 곳을 선택해야 하고, 주차장, 특히 지하 주차장에서는 타지 않도록 해야 한다. 또한 오르막길이나 내리막길, 횡단보도 등에서는 내려서 끌고 가고, 골목길에서 큰길로 나갈 때는 반드시 멈추어 서서 전후 좌우를 살피고 지나가도록 한다. 도로의 미끄럼 방지 턱이나 인도와 차도와의 구분 턱에서도 주의하도록 하고, 인도와 차도의 구분이 없는 도로에서는 오른쪽으로 통행하도록 한다. 서 있는 차 옆을 지나갈 때도 차 문이 갑자기 열릴 수 있으므로 일단 멈추어 서서 잘 살피고 지나간다.

4) 화재 안전교육

화재는 불시에 발생하는 사고로 연기에 의한 질식, 유독가스 발생, 추락, 화상 등 대규모 인명 피해와 재산 손실이 발생하는 대표적인 사고이다. 화재 발생 원인과 대처방법은 다음과 같다(박은혜, 조혜선, 이성희, 황보영, 2011).

(1) 화재의 원인

화재의 원인을 살펴보면, 전기 합선 등 전기로 발생한 원인이 38%로 가장 높다. 그 다음으로 담뱃불(17%), 방화(11%), 유류(7%), 불장난(6%), 가스(5%) 순이었으며, 원인을 알 수 없는 경우가 16%로 높게 나타났다. 결국 화재는 일상생활 속 부주의가 원인이 되는 경우가 많으므로 화재 예방교육이 필요하다.

① 부적절한 전기 사용

한 개의 소켓에 여러 개의 전선을 연결하는 문어발식 전기제품 사용, 불이 붙기 쉬운 비닐 전선 사용, 꼬이거나 벗겨진 전선 방치 등 생활 속 부적절한 전기 사용이 화재의 원인이 된다. 또 눈에 보이지 않는 누전도 화재를 일으킨다.

이에 대한 진화 방법으로는 첫째, 스위치를 내려 전원을 차단한다. 둘째, 감전의 위험이 있으므로 물은 절대 사용하지 않는다. 셋째, 담요, 이불, 모래, 소화기 등으로 불이 난 부분을 덮어서 끈다.

② 부적절한 가스 사용

밸브를 잠그지 않아서 발생하는 가스 누출, 밸브 사이 연결 부분이 낡아 새어 나온 가스가 화재의 원인이 되기도 한다. 가스레인지 위에 냄비를 방치하여 과열시키거나 이동식 가스레인지의 부주의한 사용도 화재로 자주 이어진다.

이에 대한 진화 방법으로는 첫째, 중간 밸브를 잠근다. 둘째, 창문을 열어 환기시킨다. 셋째, 소화기로 불을 끈다.

③ 부적절한 유류 사용

전원을 끄지 않고 석유를 사용하는 기구에 급유하는 경우와 화기 접촉이 가능한 곳에 부주의하게 유류 제품들을 보관하는 것은 큰 화재의 원인이 된다. 유류는 인화성이 커서 불이 급속도로 번지게 하는 특성이 있기 때문이다.

유류로 인한 화재의 진화 방법으로는 첫째, 불이 더 퍼질 위험이 있으므로 물은 뿌리지 않는다. 둘째, 담요, 이불, 모래 등으로 불을 완전히 덮어서 산소를 차단하여 진화한다. 셋째, 불이 난 범위가 크면 소화기를 이용하여 끈다.

(2) 화재 진화 방법

전기, 가스, 유류 등에 의한 화재 시 초기 진압이 가장 중요하므로 간단한 진화 방법을 알고 있으면 많은 도움이 된다. 특히 자기 보호능력이 약한 아동을 안전하게 대피시키기 위해서는 교사 자신이 대처 방법을 잘 알고 있어야 신속하게 대처할 수 있다. 119에 화재 신고 전화요령도 익혀 두면 비상시에 당황하지 않고 신고할 수 있다. 무리한 진화 시도보다는 빠른 대피를 통해 인명을 보호하는 것이 최우선이다.

(3) 화재 발생 시 행동 요령

급박한 화재 발생 상황에서도 안전수칙을 준수하면 인명을 지킬 수 있다. 화재 시 대처 방법에 대한 반복 훈련을 통하여 화재 발생 시 행동 요령을 익힐 수 있도록 해야 한다.

① 화재 시 행동 요령

- 물건을 챙기거나 다른 사람을 찾으려 하지 말고 빨리 대피해야 한다.
- 비상구, 피난 시설을 이용하여 신속하게 대피한다.
- 문을 열고 대피해야 하는 경우에는 손을 살짝 대어 손잡이의 온도를 확인한다.
- 통로에 연기가 가득 차 있으면 낮은 자세로 기어서 대피한다.
- 물에 적신 옷이나 수건 등으로 입과 코를 막고 대피한다.
- 화염과 연기의 확산을 지연하기 위해 통과한 곳의 문을 닫으면서 대피한다.
- 엘리베이터는 정전으로 추락의 위험이 있으므로 사용을 가급적이면 피하고, 계단을 이용하여 대피한다.

② 실내에 갇혔을 때 행동 요령

- 고층인 경우 창밖으로 뛰어내리지 않는다.

- 불기가 없는 창밖으로 물건을 던지거나 소리를 질러 자신의 위치를 알린다.
- 연기가 들어오면 낮은 자세로 물에 적신 옷이나 수건 등으로 입과 코를 막고 가능한 한 짧게 숨을 쉰다.
- 물 사용이 가능하면 불에 타기 쉬운 물건에 물을 뿌려 주고, 불이 붙기 쉬운 커튼 등은 제거한다.
- 연기가 문틈으로 들어오면 물에 적신 옷, 수건 등으로 틈을 막는다.
- 두꺼운 천이나 담요 등을 물에 적셔 화상을 입기 쉬운 다리, 얼굴, 손등과 같은 노출 부분을 감싼다.

③ 옷에 불이 붙었을 때의 행동 요령

옷에 불이 붙은 경우, 당황하지 말고 그 자리에 멈추어 바닥에 엎드려 두 손으로 눈과 입을 가린다. 그 후 불이 꺼질 때까지 계속 뒹군다.

아동에게 일어나는 모든 사고를 예방하는 것이 가능하지는 않다. 사고의 원인에 교사와 부모의 통제 범위를 넘어서는 부분이 있기 때문이다. 따라서 교육 기관에서는 아동에게 닥칠 위험을 최소화하기 위하여 응급 상황에 대처하기 위해 문서화된 자료가 있어야 하므로 응급처치에 대한 동의서를 작성해 두는 것이 바람직하다. 응급 처치 동의서에는 학부모가 직접 가족의 연락처와 평소에 이용하는 응급 병원 연락처를 기록하도록 해야 한다.

표 14-1 | 응급 처치 동의서 및 비상연락처

학생명		학년반	
성 별	남 여	생년월일	

1. 응급처치의 절차

초등돌봄교실에서는 사고 발생 시 날짜와 시간을 가장 먼저 학부모에게 연락합니다.

학생과의 관계	부	학생과의 관계	모
이 름		이 름	
전화번호		전화번호	

2. 응급상황 시 학부모와 연락이 되지 않을 경우, 초등돌봄교실에서는 다음의 사람들에게 연락을 합니다.

학생과의 관계	부	학생과의 관계	모
이 름		이 름	
전화번호		전화번호	

3. 필요한 경우 119구조대로 연락할 것이며, 학교에서 지정한 의료기관이나 학부모께서 정하신 의료기관 (　　　)으로 응급 수송할 것입니다.

▶ 비용은 관련 규정에 의합니다.

4. 의료기관 수송 후에는 다음의 의료보험으로 신속한 치료를 받을 수 있도록 합니다.

의료보험의 종류	직장, 지역, 의료보험 중 기재
번 호	
기 관	

사고 발생 시 응급처치는 학부모 동의를 얻어야 합니다.
본교 초등돌봄교실에서는 사고 시 응급처치에 대한 신속한 처치가 이루어질 수 있도록
상기 연락처로 연락을 취할 것이며, 다음의 절차에 따라 응급처치를 하는 경우,
그 권한을 본교 초등돌봄교실에 위임할 것을 동의합니다.

년　　월　　일

학부모:　　　　　(서명)

○ ○ 초 등 학 교 장 귀하

표 14-2 | 안전점검 리스트

점검일: 년 월 일

관리	점검사항	그렇다	아니다	비고
교실 시설 안전	• 창문 주변에 딛고 올라설 만한 물건이 놓여 있는가?			
	• 가구들은 바닥과 벽에 안전하게 설치되어 있으며, 가구의 볼트와 너트 등이 튼튼하게 고정되어 있는가?			
	• 수건은 수시로 교체하고 있는가?			
돌봄 교육 활동 안전	• 실내 활동 시 시설·교재·교구의 안전성을 확인하여 사용하고 있는가?			
	• 아동들이 실내 활동 안전규칙을 잘 지키고 있는지 수시로 확인·점검하고 있는가?			
	• 운동장 활동 시 안전한 활동을 위하여 안전규칙을 지키고 있는가?			
급식 및 간식 안전	• 간식이나 급식 제공 시, 특이 체질 유·무를 확인하여 주의 식품을 제공하는가?			
	• 식기류 및 조리 기구는 세척하여 건조하고 있는가?			
	• 조리자는 안전한 급·간식 제공을 위한 조리자의 개인위생 및 점검사항을 준수하고 있는가?			
화재 예방	• 사용하지 않는 전기콘센트에는 안전 덮개가 설치되어 있는가?			
	• 교실에는 화재 감지기가 작동되고 있는가?			
	• 불필요한 전원은 차단하고 있는가?			
귀가 안전	• 개인별 귀가 시간에 맞춰 안전하게 귀가하고 있는가?			
	• 귀가 시 학부모가 안심 알리미 문자 메시지를 받고 있는가?			
	• 저녁돌봄 아동은 귀가 시 학부모가 매일 귀가 일지에 날인하고 있는가?			

토의 및 발표 과제

1. 학령기 아동의 안전사고 사례를 조사하여 발표하고, 대처 방안에 대해 토론한다.
2. 전염병의 내용에 대해 조사하여 발표한다.

15

문제 행동지도

문제 행동의 개념과 아동의 문제 행동지도의 필요성, 문제 행동의 원인, 문제 행동 수정 기법, 문제 행동지도 방법 등을 살펴보면 다음과 같다(김현주, 손은경, 신혜영, 2013).

1. 문제 행동의 개념

문제 행동이란 한 사회 문화권 안에서 바람직하지 않게 여기는 행동을 의미한다. 즉, 한 문화권 내의 일정 연령 단계 아동에게 일반적으로 기대하지 않는 행동이나 일반적으로 그 연령 단계에서 나타나는 것이지만 그 양과 정도가 지나친 행동을 말한다. 또한 한 연령 단계에서 기대되는 행동이 전혀 없거나, 그 정도가 아주 빈약한 경우와 어느 연령 수준에서도 기대하지 않는 전혀 엉뚱한 행동을 말하므로 아동이 자신의 생활을 원만하게 적응하고 이끌어 가지 못하는 부적응 행동을 의미한다.

2. 문제 행동지도의 필요성

아동기에 사회 문화권에서 바람직하지 않은 행동이 고착되어 습관화되면, 사회·문화적으로 인정받지 못하는 행동을 지속하게 되어 성인이 되면 부적응자, 인생 실패자가 될 수 있기 때문에 아동기부터 혹은 더 어린 연령부터 문제 행동의 원인을 파악하여 적절한 지도를 해야 한다. 아동은 정상적 발달에 수반되는 지적, 신체적, 정서적, 사회적 변화에 적응하는 데 어려움을 경험하며, 이때 수반되는 갈등이나 긴장이 학습이나 행동 문제를 야기시킨다.

특히 부모나 교사의 기대나 환경이 아동의 연령이나 발달 단계에 부적절할 때 문제 행동이 쉽게 일어날 수 있으며 특정 발달 단계에서 나타나는 문제 행동도 있을 수 있다. 심한 정신 지체나 전형적인 자폐증처럼 유전적 원인이나 신경계 등의 이상으로 오는 문제 행동은 조기 발견하여 치료함으로써 가지고 있는 능력을 개발하여 조금이라도 정상에 가깝게 생활할 수 있도록 해야 한다. 정상적인 아동들이 나타내는 문제 행동은 후천적으로 학습되거나 정서적 장애에 의한 것이기 때문에 정서적인 문제를 해결해 주고 잘못된 행동을 바로잡아 주는 재학습이 필요하다. 이러한 조기 진단과 치료, 정서적 문제 해결 및 재학습 등은 나이가 어릴수록 효과가 크기 때문에 문제 행동지도는 어릴 때부터 해야 한다.

성인들이 이런저런 이유로 우울 증세를 보이기도 하고 소리를 지르며 날카롭게 공격하기도 하고 다른 사람들과 잘 어울리지 못할 때가 있는 것처럼 아동의 문제 행동도 삶의 과정에서 나타날 수 있는 반응이며 행동 양식이다. 또한 문제 행동은 아동의 마음 상태를 알려 주는 창이며 교육이 가능한 순간이므로 그 순간을 잘 포착하여 지도하면 아동의 문제 행동을 바람직한 방향으로 이끌어주어 건강하고 행복한 아동으로 자라는 데 도움을 줄 수 있다.

3. 문제 행동의 원인

아동의 문제 행동에 대한 지도는 문제 행동의 원인에 따라 접근해야 한다. 따라서 아동의 문제 행동이 어디에서 기인하는 것인지 알아야 한다.

1) 유전적·기질적 원인

유전적으로 생물학적 결함을 갖고 태어나거나 출생 전, 분만 시, 출생 후의 뇌 손상이나 신경계 이상 등이 문제 행동의 원인이 되기도 한다. 또한 순하다든지, 까다롭다든지, 느린 것 등의 기질 또한 체질적·유전적 요인으로 문제 행동을 야기시킨다. 모든 아동은 자신의 행동 양식 혹은 기질을 가지고 있는데, 이 기질은 성인의 지도가 얼마나 효과적으로 될 것인지를 결정하는 데 큰 부분을 차지한다. 부모나 교사의 지도에 순응적인 아동도 있지만 그렇지 않은 아동도 있기 때문에 활동 에너지 수준이 매우 높은 아동은 부적절한 행동을 보다 쉽게 나타낸다.

유전적 원인에 의한 문제 행동에 대해서는 의료적 진단과 처치가 필수적이므로 지능 검사, 성격 검사, 신체 발달 검사 등 아동의 문제 상태를 정확하게 파악할 수 있는 검사를 신뢰할 수 있는 기관에서 받아야 한다.

2) 환경적 원인

(1) 부모의 양육 태도

부모가 지나치게 권위주의적이거나 혹은 허용적일 경우, 아동은 자기 통제능력이 부족하여 문제 행동을 나타낼 수 있다. 또한 아동은 부모의 상호 작용 방식을 학습한다. 예를 들면, 부모가 아동의 잘못된 행동에 대해 신체적 체벌로 반응할 때, 아동은 학교나 교육 시설에서 다른 아동들을 신체적으로 공격하는 행동을 할 수 있다. 특히 부모와 교육 기관의 훈육 방식이나 기대가 불일치할 경우, 아동은 적절한 행동이 무엇인지 인식하지 못하게 되므로 문제 행동이 발생하기 쉽다.

아동의 문제 행동은 부모가 원인인 경우가 많은데 그 내용을 보면 다음과 같다.

첫째, 부모 자신이 정서적으로 안정되어야 한다. 정서적으로 안정된 부모는 자녀의 문제를 객관적으로 볼 수 있기 때문에 자녀에게 안정된 사랑을 주면서도 자녀의 문제 행동을 수정해 나갈 수 있다. 부모가 정서적으로 불안할 경우 자녀의 문제 행동은 점점 정도가 심각해진다.

둘째, 부모의 양육 태도가 자애로우면서도 엄격함이 있도록 해야 한다.

셋째, 부모는 자녀 교육에 대한 지식과 정보를 습득해 활용할 수 있어야 한다. 부모가 아동의 발달 특성과 그에 따른 지도 방법에 대한 정보를 알면 자녀의 문제 행동에 대한 이해가 쉽다. 고학력인 부모들도 의외로 인간에 대한 이해가 부족한 경우가 많다.

넷째, 매우 일시적이거나 사소한 문제 행동은 자연스럽게 지나쳐 버릴 수 있는 정도의 교육적 통찰력을 가져야 한다. 공연히 지적해서 고치려 하다가 문제 행동이 고착화되는 경우도 있다. 따라서 어떤 때 그냥 지나치는 것이 좋은가 하는 문제는 교육적인 안목과 관련이 있으므로 끊임없는 자기 수련을 통해 교육적 통찰력을 길러 나가야 한다.

부모의 양육 태도에 따른 아동의 행동 양식을 살펴보면 다음과 같다.

- 부모가 자애롭기만 해 허용적이면, 자녀는 의존적이며 자신감이 부족하고 버릇이 없고 쉽게 좌절하게 된다. 따라서 자녀에게 따뜻하고 관대하게만 대하는 부모는 자녀가 잘못했을 때 침착하게 적절한 벌을 주어야 하며, 자녀가 항의할 때는 단호하게 대처하여 부모의 입장을 분명히 말하고 말과 행동이 일치하여 권위를 세워야 한다.
- 엄격하기만 한 부모는 칭찬은 하지 않으며 자녀가 잘못한 점을 곧바로 지적하고 처벌하며 부모의 권위에 도전하는 것을 허락하지 않기 때문에 자녀는 항상 긴장, 불안, 우울하며 죄책감도 많이 느껴 부정적인 자기 이미지를 갖고 있다. 책임감이 강하고 예절이 바르지만 지나치게 복종적이 된다. 따라서 엄격하기만 한 부모는 자녀가 잘못했을 때 자녀 자체를 비난하지 말고, 자녀의 행동에 대한 잘못을 지적해야 하며, 칭찬과 사랑의 표현을 많이 해야 한다.
- 엄격하지도 자애롭지도 못한 부모는 자녀에게 무관심하고 무기력하여 칭찬은 물론 벌도 주지 않고, 비난만 하며 믿지 못한다. 따라서 자녀는 반사회적 성격으로 무질서하고 적대적이 되어 세상 및 타인에 대해 불신하며 자신도 혼란스러워하고 좌절감을 많이 느낀다. 엄격하지도 자애롭지도 못한 부모는 우선적으로 자녀 자체를 받아들여야 하고 자녀의 욕구와 상태에 대해 주의를 기울여야 한다. 바람직하지 않은 행동은 꾸중하고 벌을 주되 바람직한 행

동은 칭찬해야 한다.

- 엄격하면서도 자애로운 부모는 자녀가 일으키는 문제를 정상적인 삶의 한 부분으로 생각해 자녀가 적절하게 좌절을 경험하게 하여 자기 훈련의 기회를 제공한다. 자녀를 장·단점을 가진 한 인간으로 생각하여 자녀의 잘못을 벌할 때도 자녀가 가진 잠재력을 인정하고 장점은 발견해 키워 준다. 그렇게 하면 자녀는 자신감 있고 성취동기가 높으며, 사리 분별력이 있고 원만한 인간관계를 유지하게 된다. 따라서 부모가 자애로우면서도 엄격한 양육 태도를 일관되게 가질 때 자녀는 좋은 습관을 갖게 되어 문제 행동이 예방되며 문제 행동이 있더라고 개선될 수 있다.

(2) 애착 발달

어머니에게 안정적으로 애착을 형성한 아동은 그렇지 못한 아동보다 적대적인 공격 행동을 덜 한다. 어머니와 애착이 잘 이루어진 아동은 어머니를 정서적 안전기지로 삼아 새로운 사물이나 사람을 탐색하는 반면 부모와 안정적인 애착을 형성하지 못한 아동은 자신을 수용되지 못할 존재로 인식하기 때문에 새로운 상황에 대한 적응이 어렵고, 또래와의 상호 작용, 교사와의 상호 작용에서 위축된 행동을 나타낸다.

(3) 교사와의 관계

아동의 문제 행동은 그렇게 행동할 때 교사의 관심을 얻기 때문에 계속되는 경우가 많다. 아동의 문제 행동에 대한 교사 반응이 부정적이면 아동은 부정적인 자아 개념을 갖게 된다. 교사와 안정적으로 애착을 형성하지 못한 경우 또래의 물건을 빼앗거나 신체적 공격을 가하는 행동, 활동에 집중하지 못하고 주의가 산만한 정서적 문제 행동을 보일 수 있다.

4. 문제 행동 수정 기법

1) 관찰 학습

아동은 다른 사람들의 행동을 관찰하고 모방하여 학습하기 때문에 바람직한 행동을 하는 사람을 관찰할 기회를 갖게 해야 한다. 따라서 교사나 부모는 습득시켜 주어야 할 바람직한 행동에 대하여 모범을 보여야 한다. 관찰 학습은 아동에게 바람직한 행동을 강화·학습시키고 부적응 혹은 문제 행동은 소거시켜 나가는 것이므로 지속적으로 이루어질 수 있도록 해야 한다.

2) 바람직한 행동을 증가시키는 방법

(1) 정적 강화 (Positive Reinforcement)

바람직한 행동을 한 후 보상의 의미가 있는 강화물로 그 행동을 강화하는 방법이 정적 강화이다. 예를 들면 방과후교실에 들어오면서 아동이 선생님께 "안녕하세요."라고 인사를 하면 선생님은 "참 인사성이 바르구나." 하면서 머리를 쓰다듬어 준다. 그러면 이 아동의 인사하는 행동은 더 빈번히 일어날 수 있다. 그때마다 선생님이 머리를 쓰다듬어 주거나, 미소를 짓거나, 등을 두드려 주거나 안아주는 등 관심을 보여 주며 격려해 주면 이 아동은 인사성이 바른 아동이 될 수 있다. 이 경우, 인사하는 행동은 선생님의 격려로 정적 강화를 받아서 더욱 강화되었다고 볼 수 있다.

정적 강화를 할 때의 원리는 다음과 같다.

첫째, 강화 자극이 아동에게 어떤 영향을 미치고 있느냐 하는 과학적 관점에서 규정되어야 한다.

둘째, 아동이 강화 받을 만한 행동을 했고, 그 행동에 따라 강화 자극을 주고

자 할 때에는 별도의 조건 없이 주어야 한다.

셋째, 강화 자극은 계획된 바람직한 목표 행동에 직접 주어야 한다.

넷째, 강화 자극은 일관성 있게 주어져야 한다.

다섯째, 강화 자극은 증가시키고자 한 행동이 발생하면 즉각적으로 주어져야 효과적이다.

여섯째, 강화 자극의 양은 행동 변화를 위해서 필요한 만큼 충분하게 주어져야 한다.

(2) 부적 강화 (Negative Reinforcement)

어떤 행동을 한 결과, 그때까지 주어지던 혐오 자극을 피할 수 있었다면 그 행동이 미래에 다시 일어날 확률이 증가되는데 이를 부적 강화라 한다. 예를 들면 한여름에 상의를 벗음으로써(행동) 더위(혐오 자극)를 피하는 경험을 한 후, 더울 때마다 상의를 벗는 행동이 증가되는 것이다. 정적 강화에서는 아동의 바람직한 행동에 대해서 만족스러운 결과를 제시해 주지만, 부적 강화에서는 아동이 싫어하는 것을 제거해 줌으로써 행동을 변화시키게 된다. 즉, 아동이 부모나 교사의 꾸중과 벌을 피하기 위해서 지시나 요구를 잘 따라 하게 되는 것은 바로 부적 강화의 결과이다.

(3) 행동 조성 (Behavior Shaping)

바람직한 행동이 아동에게 전혀 발생하지 않거나, 아주 빈약해서 정적 강화의 방법을 쉽게 사용할 수 없을 때 사용하는 행동지도 방법이다. 예를 들어, 선생님 말씀에 귀를 기울여 듣게 하고 싶은데, 귀 기울여 듣기는커녕 돌아다니기만 한다면 정적 강화 방법을 적용하기 어렵다. 이러한 경우 행동 조성을 할 수 있는데, 혼자 돌아다니다가 한두 번 선생님을 쳐다볼 때 그 행동을 강화시켜 주면, 그 행동은 증가될 수 있다. 이처럼 최종 목표 행동(선생님 말씀에 귀 기울여 듣는 것)에 도달하는 과정에서 간헐적인 행동을 단계적으로 강화시켜 가며 바람직한 행동을 조성해 나가는 것을 행동 조성이라고 한다.

행동 조성을 할 때의 절차와 원리는 다음과 같다.

첫째, 최종 목표 행동을 명확하게 설정해야 한다.

둘째, 아동 행동을 면밀히 관찰해 현재의 행동 수준을 규정해야 한다.

셋째, 목표 행동과 현재 행동 사이를 아주 세밀하게 여러 단계로 나누어 작은 목표 행동을 설정해야 한다.

넷째, 작은 중간 단계의 행동이 설정되고 아동에게 적절한 강화 자극을 확인하여 결정하게 되면 정적 강화에 의한 행동 조성이 가능하다.

(4) 상반 행동 강화 (Reinforcement of Incompatible Behavior)

아동의 바람직하지 못한 행동을 직접 고치려고 하는 대신에 그와 상반된 좋은 행동을 강화시킨다면 바람직하지 못한 행동이 점차 사라지고 바람직한 행동이 강화된다는 원리이다. 예를 들어, 교실을 어질러 놓는 아동을 야단만 친다고 해서 정리를 잘하게 되는 것은 아니므로, 어질러 놓는 행동의 상반 행동인 깨끗이 정리하는 역할을 맡기면 어지럽히는 행동은 줄어들 수 있다. 깨끗이 치우고 정리하는 행동은 단순한 지시로 이루어지기는 어려우므로 아동에게 '정리 조장', '청소 부장' 등 소속 집단에서 일정한 역할을 할 수 있는 지위를 부여해 주면, 어질러 놓는 행동을 고치게 되는 방법이 상반행동 강화이다.

(5) 행동 계약 (Behavior Contract)

프리맥 원리(Premark Principle)라고도 하며, 빈도가 높은 행동이 빈도가 낮은 행동을 강화한다는 것이다. 아동은 자기가 흥미를 느끼는 일에는 먹는 것도 잊고 오랫동안 몰두하며, 흥미 없는 일은 쉽게 싫증을 내고 하지 않으려 한다. 재미있는 놀이는 빈도가 높은 행동이며 싫어하는 학습은 빈도가 낮은 행동이다. 이때 재미있는 놀이가 싫어하는 학습 행동을 강화시킬 수 있다. 즉, 10분간 공부를 한 후 30분간 놀기로 아동과 계약을 맺고 약속을 지켜 주면 공부하는 행동을 증가시킬 수 있다. 이때 매우 점진적으로 수행해 나가면서 바람직한 행동을 하는 시간을 늘려갈 수 있는데 야단을 치거나 강압적으로 무언가를 하게 하는 것보다 유연하고도 효과적인 방법이다.

(6) 토큰 강화 (Token Reinforcement)

아동이 바람직한 행동을 했을 때 물리적 또는 사회적 보상을 직접 제공하는 대신 구매력을 가진 상징인 표나 점수 등을 주는 강화 방법을 말한다. 정적 강화와 동일하지만 물질적 보상이 직접 주어지지 않고 대용품이 주어진 후 일정한 시간이 지난 후 물질적 강화 자극이 주어진다는 점이 다르며 토큰을 주는 것 자체도 즉석에서 사회적 보상의 역할을 한다. 토큰이 강화 자극의 역할을 충실히 하기 위해서는 구매력이 있어야 한다. 일반적으로 토큰은 가정, 학급, 학교, 병원 등 특정의 집단 내에서 통용될 수 있는 화폐와 같은 기능을 지니게 되며, 이는 일정한 약속에 따라 아동이 원하는 물건이나 특혜와 교환할 수 있다.

토큰 강화의 장점은 다음과 같다.

첫째, 토큰은 바람직한 행동과 강화 제공 사이의 시간적 지연을 메우는 역할을 하기 때문에 행동의 강도를 계속 유지시킬 수 있고, 아동에게 만족을 지연시키는 습관을 길러 줄 수 있다.

둘째, 연속적으로 일어나는 행동의 경우에는 강화 제공으로 인한 중단 없이 간편하게 강화시킬 수 있다.

셋째, 토큰 자체로 인한 강화와 교환 가치에 의한 강화로 이중 강화의 효과가 있다.

넷째, 토큰은 휴대와 보관이 편리하고 모양을 표준화할 수 있을 뿐 아니라 학급 단위나 가정 단위의 독립적 행동지도 프로그램을 진행하는 데 유용하다.

다섯째, 토큰은 부모나 교사의 칭찬, 관심 등 일반적으로 사용되는 강화 자극에 별로 반응하지 않는 아동에게도 유용하다.

여섯째, 토큰은 여러 가지 강화 자극과 교환될 수 있기 때문에 동일한 강화 자극에 의한 포화를 방지할 수 있다.

일곱째, 특정 아동에게 가장 효과적인 강화 자극이 무엇인지를 찾아내는 데 유용하다.

여덟째, 목표 행동의 학습에 대한 아동의 참여 의욕을 높여 주는 데 유용하다.

아홉째, 하나의 강화를 여러 조각으로 나누어 줄 수 있기 때문에 경제적이다.

3) 부적절한 행동을 감소시키는 방법

(1) 소멸 (Extinction)

소멸이란 지금까지 어떤 행동을 지속하도록 강화시켜준 자극을 제거함으로써 그 행동을 감소 또는 종식시키는 방법이다. 어떤 행동이든지 그 행동의 결과에 영향을 받기 때문에, 그 결과가 만족스러울 때 그 행동의 빈도와 강도는 증가된다. 반대로 그 결과가 만족스럽지 않을 때에는 그 행동이 약화된다. 예를 들어 공부를 하기 싫어할 때마다 과자를 주어 공부하게 하면 아동은 과자를 먹고 싶을 때마다 공부하기 싫다는 반응을 보이게 된다. 그러나 공부하기 싫어할 때는 무관심한 반응으로 대하여 공부를 하게 하고, 스스로 알아서 숙제를 잘할 때에만 과자를 주면 아동이 숙제하기 싫다고 하는 행동은 감소하고 자율적으로 공부를 하는 행동은 강화된다. 즉, 바람직하지 못한 행동은 무관심으로 소멸시키고, 바람직한 행동은 보상을 통해 정적 강화를 하는 것이다.

소멸 방법 사용 시 다음의 것들을 고려해야 한다.

첫째, 어떤 문제 행동을 감소시키고자 할 때에는 그것을 지속시켜 주는 강화 자극이 무엇인가를 분명히 확인해야 한다.

둘째, 소멸은 일관성 있게 계속적으로 주어져야 효과가 있다.

셋째, 소멸의 방법을 시행한 초기에는 그 문제 행동의 강도가 더욱 심해질 수 있다. 문제 행동의 강도가 더욱 심해지는 것이 위험을 동반하거나 커다란 도덕적 문제를 야기시키지 않는 한 중도에 포기해서는 안 된다.

넷째, 어떤 문제 행동에 대한 소멸은 이와 상반되는 바람직한 행동에 대한 정적 강화와 병행해서 사용해야 더욱 효과가 있다.

(2) 벌 (Punishment)

바람직하지 못한 행동을 없애는 방법을 말하는데 때로는 벌이 오히려 강화 자극이 되어 행동을 증가시키는 경우도 있다. 예를 들어, 교실에서 떠들어서 복도에서 손들고 있는 벌을 받았는데, 손들고 벌을 서면서 옆의 친구와 장난을 치며 벌서는 것 자체를 즐긴다면 그것은 벌이 될 수 없다. 즉, 아동의 행동지도 시 사용한 벌이 문제된 행동을 감소시켰을 때에만 벌이라고 할 수 있다. 벌은 즉각적인 효과를 나타내기 때문에 쉽게 활용되고 바람직하지 못한 행동감소에 유용하지만 부작용이 있을 수 있으므로 유의해서 사용해야 한다.

벌 사용 시 고려해야 할 내용은 다음과 같다.

첫째, 문제 행동을 벌한다고 반드시 새로운 행동이 저절로 습득되는 것은 아니다. 벌 받은 행동은 줄어들거나 없어질 수도 있지만 이와 상반된 좋은 행동이 습득된다는 보장은 없기 때문이다.

둘째, 벌은 벌을 주는 성인이나 벌을 받는 아동에게 좋지 못한 정서 반응을 일으킬 수 있다. 기분 좋게 주고받는 벌은 벌로서의 효과를 지니지 못하기 때문이다.

셋째, 벌을 사용하는 경우 벌 받은 문제 행동뿐 아니라 다른 행동도 감소시킬 우려가 있다.

넷째, 벌은 바람직하지 않은 행동을 하지 말라고 주는 것이지만, 아동은 아예 벌 받는 상황으로부터 도피해 버릴 가능성이 있다.

(3) 포화 (Satiation)에 의한 행동의 약화

어떤 행동을 유지시키고 있는 강화 자극을 빈번히 주거나 일시에 많이 제공하여 강화력을 잃게 하는 방법을 말한다. 문제 행동이 위험을 동반하지 않거나 아동 자신이 그 행동을 지속함으로써 다른 문제를 야기시키지 않을 경우에 효과적으로 사용될 수 있다. 편식을 할 때마다 부모가 걱정하고 더 맛있는 음식을 제공해 주기 때문에 계속 편식을 하는 경우가 많다. 이 경우 아무런 다른 반응을 보이지 말고 아동이 편식하는 음식만 계속 주면 얼마 지나지 않아서 그 음식에 싫증을 내고 다른 음식을 찾게 된다. 포화를 사용할 때에도 정적 강화를 병행하면 더욱 효과적으로 문제 행동을 좋은 행동으로 바꾸어 줄 수 있다. 즉, 문제 행동은 포화로 소멸시키면서 그와 상반되는 좋은 행동을 강화시켜야 한다.

(4) 타임 아웃 (Time out)

문제 행동을 일으킨 상황으로부터 일시적으로 분리시킴으로써 문제 행동을 감소시키는 방법이다. 일종의 벌과 같은 역할을 하지만 벌보다는 여러 가지 부작용이 적은 방법이기 때문에 널리 사용되고 있다. 그러나 주의할 것은 분리시키는 시간을 최소화하여야 한다는 것이다. 아동은 대개 3~5분 정도, 길어도 5분을 넘기지 말아야 한다.

5. 문제 행동지도 방법

문제 행동은 크게 선천적인 요인에 의한 것과 후천적 요인에 의한 것으로 구분할 수 있다. 선천적 요인에 의한 것은 유전적 결함이나 출산 과정상의 문제 등으로 태어날 때부터 문제를 수반하는 경우이다. 그 외 적응상의 모든 문제를 후천적 요인에 의한 문제 행동이라고 볼 수 있다.

문제 행동은 첫째, 정신 지체, 학업 부진, 우수아 등 아동의 능력과 관련된 문제 둘째, 감각적, 신경적, 신체적으로 타고난 기질적 결함에 관련된 문제 셋째, 적극적, 소극적, 도피적 등 성격의 문제 넷째, 열등감, 자신감 결여, 자기 중심적, 이기적, 질투, 공포, 불안, 백일몽, 타인에 대한 부정적 태도, 양심의 결여, 냉담, 부

주의 등의 경증인 문제로 나눌 수 있다. 문제 행동은 다시 사회적 의미가 큰 것과 작은 것으로 나눌 수 있다. 사회적 의미가 큰 것은 도벽, 성적인 비행, 거짓말 등이 있으며, 사회적 의미가 작은 것에는 과식, 소식, 편식 등의 식사 문제, 고도의 성적 호기심, 성에 대한 수치심 등과 관련되는 성적 문제, 손톱 물어뜯기 등 신경적 습관, 교우 관계 등이 있다(한국여성개발원, 1994b).

아동에게서 나타나는 대표적 문제 행동에 대한 원인과 지도 방법을 살펴보면 다음과 같다(오영희, 김경희, 1999).

1) 욕하기

(1) 원인

욕을 하는 아동은 가정이나 사회적·문화적인 배경 때문에 하기도 하고 다른 친구들을 골려주고 싶을 때나 교사나 성인의 주의를 집중시키기 위해서 하기도 한다.

(2) 지도 방법

아동이 욕을 사용하면 무관심하게 두거나 가족들이 올바른 말로 모범을 보인다. 또한 고운 말을 쓸 때 칭찬하고 욕하는 것에 대해 걱정하고 있다는 것을 이야기해 주며 나쁜 말을 쓸 때마다 어떤 꾸중을 할지 어린이가 결정하게 하여 습관이 되지 않도록 한다.

2) 폭력(때리거나 던지기)

(1) 원인

친구를 때리거나 물건을 던지는 등의 난폭한 행동을 하는 아동은 부모 양육 태도(편애, 고압적인 태도)나 가정환경(폭력적인 부모, 유해한 환경에 방치 등)이 원인인 경우가 있다. 또한 분노나 좌절을 느꼈을 때 감정을 다스릴 수 있는 통제력이 부족하거나 적절한 방법을 알지 못해서 폭력을 행사하는 경우가 있다.

(2) 지도 방법

분노나 좌절을 다루는 다른 방법들을 체계적으로 가르침으로써 물건을 던지는 대신 말로 한다거나 다른 방법으로 할 수 있는 대안을 가르쳐 준다. 또한 어떤 경우에도 폭력이 정당화될 수 없음을 인식시킨다. 행동 수정 방법으로 물건을 던지면 타임 아웃을 사용하여 그 행동이 감소하도록 할 수도 있다. 아동에게 때리거나 던지는 행동 대신에 바람직한 사회적 행동이 나타나면 칭찬해 주고, 때리거나 던지는 행동이 없어지고 나서도 적절하고 바람직한 사회적 행동에 대한 관심을 계속 보여 주어야 한다.

3) 훔치기

(1) 원인

도벽은 자기 통제 훈련과 소유 관념에 대한 인식이 부족하여 생길 수도 있다. 소유욕이 강하거나, 부모·성인의 주목이나 관심을 끌기 위해서 혹은 부모에게 복수하기 위한 심리적인 요구에 의해서 친구들의 물건을 훔치기도 한다. 또한 부도덕한 가정의 분위기를 모방하여 도벽이 생기기도 하고 사춘기 여아의 경우 생리적 요구에 의해 도발적으로 일어나기도 하며 인격의 분열 상태로 인해 일어나는 경우도 있다.

(2) 지도 방법

일상생활에서 올바른 소유의 개념을 심어 주고, 자기와 타인의 소유물 구분을 명확하게 하여 정당한 수단에 의해서 소유의 욕구를 충족시키는 훈련이 필요하다. 아동에게 수치감을 주지 말고 예방할 수 있도록 하고, 자신의 행위에 책임지게 한다.

4) 반항적인 아동

(1) 원인

가정생활과 부부의 태도를 모방하여 아동이 반항적인 성격을 보이기도 하며 자녀에게 마음이 약한 어머니, 혹은 자녀를 무시하는 언행을 사용하는 부모, 그리고 정당한 인정과 칭찬이 결여되어 있고 체벌과 칭찬에 있어서 일관성이 없는 부모인 경우에는 아동에게 반항적인 성격이 나타난다.

(2) 지도 방법

칭찬이나 인정을 해 주고 아동의 입장에서 이해한다. 또한 충분한 사랑을 베풀어 신뢰감을 가질 수 있도록 한다. 그러나 약속에 관하여 단호하고 진지한 태도를 가져야 하며, 지시나 명령보다 권고와 요청의 입장을 취해야 한다.

5) 편식하는 아동

(1) 원인

편식은 이유할 때 일정 식품만 먹였을 경우와 부모의 편식 습관 때문에 혹은 처음 맛본 음식의 인상이 안 좋았을 경우에 나타난다. 간혹 정서적으로 불안하거나 병적인 경우에 편식이 나타나기도 한다.

(2) 지도 방법

강압적 태도나 잔소리는 삼가고 자녀의 편식에 과다하게 신경을 쓰지 않는 것이 좋다. 대신 포근한 식탁의 분위기를 조성하고 조리 방법을 개선하며 부모가 솔선수범하여 편식을 하지 않도록 하고 음식을 먹을 때 기분 좋은 권유나 적절한 칭찬을 한다. 그래도 편식이 고쳐지지 않는 경우에는 체질 개선 및 신체적 질환 치료를 한다.

6) 오줌을 잘 싸는 아동

(1) 원인

정서적으로 긴장하거나 걱정이 있을 때 혹은 동생이 태어나 부모의 사랑을 동생에게 빼앗겼을 경우, 애정과 관심의 결핍으로 퇴행 현상 중 하나로 나타나기도 한다. 가끔은 배설 기관에 이상이 있는 아동의 경우 오줌을 싸기도 한다.

(2) 지도 방법

오줌을 잘 싸는 아동의 경우 그 원인이 기질적이면 전문의의 치료가 필요하고 정서적인 문제라면 안정감을 주고 긴장을 없애야 한다. 또한 자존심과 자립심을 길러 주고 오줌을 싼 경우에는 비난하는 잔소리는 하지 않는다. 또한 저녁에 수분이 많은 음식은 피하고, 취침 중에 한 번씩 소변을 보게 한다.

7) 친구들이 싫어하는 아동

(1) 원인

친구들에게 따돌림을 받거나 모든 친구가 싫어하는 아동은 욕을 잘하고 제 할 일을 하지 않는 아동이나 감독자같이 친구들에게 지시와 명령·간섭을 마음대로 하는 아동, 혹은 지능이 현저히 높거나 낮은 아동, 싸움을 잘하고 잘 때리는 아동들이다.

(2) 지도 방법

모든 면의 조화로운 발달을 꾀할 수 있도록 하고 올바른 사랑을 흡족하게 주어야 한다. 그리고 협력하는 집단놀이를 권장하고, 의사 표시를 말로 하는 방법을 가르쳐야 한다.

8) 말을 하지 않는 아동

(1) 원인

타인과의 접촉 경험이 적은 경우, 마음에 충격을 받았던 경험이 있을 때 혹은 청각 및 발성 기관에 결함이 있는 경우와 부모의 거부 등으로 인해 말을 하지 않게 되기도 한다.

(2) 지도 방법

장점을 찾아 칭찬하고 인정해 주며 쉬운 일을 시켜 자신감을 갖게 한다. 또한 부모와 같이 놀고 이야기하는 시간을 마련하고 친구들과 어울릴 수 있는 시간도 만들어 준다.

9) 성적 놀이를 하는 아동

(1) 원인

성에 대한 관심이 많고 불만이나 불안이 가득하거나 외로움을 느끼는 아동이 가끔 성적 놀이를 하기도 하며, 환경적인 영향으로 인하여 성적 놀이에 대한 흥미와 관심을 보이기도 한다.

(2) 지도 방법

신체에 관한 지식을 알려 주고 불평·불만을 해소할 수 있는 활동적 놀이와 흥미를 끌 수 있는 다양한 놀이를 할 수 있도록 한다. 더불어 또래 친구를 많이 사귈 수 있도록 돕는다.

10) 신경질적인 아동

(1) 원인

보통의 아동들보다 신경질을 많이 내는 아동은 유전이나 비만, 허약 등의 체질이 원인일 수도 있고 가정적인 불화, 부모의 잘못된 태도(음식의 분량이나 영양가, 간섭, 청결, 예능 지도) 등의 환경적인 요인이 원인일 수도 있다.

(2) 지도 방법

간섭과 잔소리를 많이 하는 부모의 경우에는 양육 태도를 바꾸고 화목한 가정 분위기를 조성한다. 또한 건강한 체력을 위한 운동을 장려하고 자연과 접할 기회를 많이 제공한다.

11) 돈을 자주 요구하는 아동

(1) 원인

돈을 너무 자주 주어 습관이 되었거나 친구들에게 자랑하기 위해서 혹은 애정 결핍 등의 심리적인 이유로 아동이 돈을 자주 요구하는 경우가 있다.

(2) 지도 방법

일정한 액수를 정해서 주거나 간식을 준비해 놓거나 만들어 주어 돈을 요구할 빌미를 제공하지 않는다. 그리고 저축하는 습관을 길러 주거나 시장놀이를 권장한다.

12) 손톱을 물어뜯는 아동

(1) 원인

초등학교 고학년이 되어서까지 손톱을 물어뜯어 손톱 모양이 변하는 아동이 있는데 손톱을 물어뜯는 원인은 긴장과 불안을 느껴서 혹은 욕구 불만과 무료함으로 인한 습관에서 기인하는 경우가 있다.

(2) 지도 방법

칭찬과 격려로 정신적 안정을 시켜주고 손톱을 아름답게 가꾸는 것을 인식시킨다. 또한 긴장, 불안, 공포 등의 근본적인 문제를 해결해 주고 흥미 있는 장난감 제공, 또는 손가락을 사용하는 놀이를 시켜 주의를 환기시킨다.

13) 거짓말을 잘하는 아동

(1) 원인

아동은 타인으로부터 주목받기 위해서 혹은 칭찬받기 위해서 거짓말을 하기도 하고, 자기 방어를 위해서 거짓말을 하기도 한다. 또한 현실과 공상에 대한 구별이 되지 않아 거짓말을 하는 경우도 있다.

(2) 지도 방법

현실과 공상의 세계를 구별시켜 준다(방금 네가 한 이야기는 꿈속에서 있었던 일이란다). 그리고 거짓말을 할 때, 때로는 못 들은 척하거나 지나친 꾸중과 잔소리는 하지 않는다. 아동이 사실대로 말하면 수용하는 분위기를 조성하고 대신 잘못임을 아동이 확실하게 알 수 있도록 인식시킨다.

토의 및 발표 과제

1. 아동의 문제 행동을 조사하여 그 문제에 대한 바람직한 문제 행동 수정 방법을 작성하여 발표하고, 더 좋은 방안이 있는지 토론한다.
2. 한 가지 문제 행동을 선택하여 2인 1조가 되어 문제 행동지도와 상담을 해 보고 느낀 점을 토론한다.

16

성 교 육

AFTER SCHOOL PROGRAM

성(性)은 인간 삶의 기본적 욕구의 하나로 인간 생활을 의식적, 무의식적으로 지배하고 있다. 경제적 상황과 생활 문화가 풍부해지면서 사춘기 연령이 낮아져 10대 청소년 성문제가 심각하게 대두되고 있다. 그러나 사건이 발생할 때마다 필요성만 강조될 뿐 구체적인 방법이 제시되지 못하고 있다. 성의 독특성 때문에 1983년 이전까지만 해도 성교육은 금기 또는 통제적 입장을 고수하며 여성에 대한 순결 교육 위주의 소극적이고 비체계적인 내용으로 구성되어 있었다. 그러나 1983년 서울시교육위원회에서 10단계 성교육 지침을 내놓으면서 성이 교육의 한 영역이 되기 시작했고, 교육 현장에서 공개적이며 실제적인 교육을 하기에 이르렀다. 또 2015년 3월, 교육부에서는 유치원생부터 대학생까지 연령대별로 체계적이고 실효성 있는 성교육이 이루어질 수 있도록 하겠다며 "국가 수준 학교 성교육 표준안"을 마련하였으나 표준안이 현실과 맞지 않고, 오히려 성차별을 조장한다는 비판이 일면서 일부 수정하여 개선안을 제시하고 있다. 그러나 아직도 제대로 된 성교육을 받지 못한 청소년들이 성인보다 더 많은 성폭력의 피해에 노출되어 있으며, 가해자의 연령도 점차 낮아지고 있는 실정이다.

1. 성교육의 개념

성교육은 교육의 일반적 개념에서 강조되는 지식을 전달하는 학문이 아니라 사람과 사람 사이의 사회생활을 통하여 서로 돕고 인간적인 생활 감정을 공유하는 것이다. 성교육은 내분비선의 발달이나 번식, 성욕, 순결, 임신, 분만 등과 관련하여 신체적 발달이 이루어진 청소년기 이후의 대상만을 위한 것이 아니다. 출생 시부터 가정의 일상생활에서 시작되는 생활 교육이다. 아동기의 성교육은 아동에게 성에 관한 올바른 태도를 심어 주어 행복한 삶을 살도록 하는 것이며, 남녀의 특성과 역할을 이해하고 성에 대한 고정관념이나 편견을 갖지 않도록 하는 것이며, 일상생활을 통한 인간 교육이고, 인간 존중 정신에 입각한 전인 교육이다. 즉, 성교육이란 인간 존재 속에 성의 본질을 바로 세우는 일이라고 할 수 있으므로 사랑, 결혼, 가정, 사회 질서, 행복이라는 차원에서 다루어져야 한다.

따라서 어릴 때부터 성에 대해 올바른 태도를 갖게 해서 사회 윤리와 도덕에 부합되고, 균형 있게 개인의 욕구를 조절할 수 있게 하고, 건강한 애정과 인간관계를 맺으면서 원만한 사회생활을 할 수 있도록 도와주는 것이 성교육의 목적이다. 따라서 올바른 성교육을 통하여 비인간적이고 말초적인 성의 충족이 아닌 바른 성 관념을 확립하고 성차별 의식을 극복하여 행복한 생활을 할 수 있도록 도와야 할 것이다.

2. 성교육의 필요성

사회적·경제적 성장과 변화에 따라 사춘기는 빨라지고, 결혼은 늦어져 청소년기와 미혼으로 있는 시간이 길어졌다. 그리고 아동의 신체적인 조숙함과 더불어 급속한 사회 변화로 인한 가치관의 혼돈과 성의 개방성으로 성 도덕은 문란해지게 되었다. 아동의 신체적 조숙함에 비해 정신적 성숙과 올바른 성교육이 병행되지 못하고 있다. 따라서 어려서부터 건전하고 올바른 성교육을 실시하여 청소년과 성인이 되어 나타날 수 있는 성 문란과 성 비행을 막을 수 있도록 사전 예방 차원에서 성교육은 더욱 필요하다.

김형태(2009)는 성교육의 필요성을 다음과 같이 제시했다.

첫째, 아동도 성적 욕구를 가진 존재라는 사실을 성인이 인정해 주어야 한다. 성교육의 목적이 과거에는 성적 표현을 통제하고 억압하는 데 있었지만, 오늘날은 성이 부여하는 인간미를 적극 향유할 수 있도록 가르치는 데 있다.

둘째, 성교육은 도덕 교육의 주입이 아니다. 성교육은 다른 교육처럼 단순한 지식을 주입하는 것이 아니라 지식과 태도 등을 가르쳐서 이성 있는 선택과 의사 결정을 할 수 있는 역량을 키워 주는 것이다.

셋째, 시대에 맞는 성 관념을 설정해 주어야 한다. 즉, 사회의 발전에 상응하는 적절한 규범과 윤리를 제시해 주어야 한다.

넷째, 성인에 대한 성교육도 필요하다. 아동과 청소년에게 성교육을 하는 것은 물론이고, 성인이 된 후에도 시대감각에 맞는 성교육이 지속되어야 한다.

다섯째, 바람직한 선택과 의사 결정을 할 수 있는 인격적 훈련이 필요하다.

여섯째, 성교육은 총체적인 교육에 체계적으로 반영되어야 한다. 대중 매체와 사회 교육은 물론, 학교 교육과정에도 포함되어 체계적으로 지도되어야 한다.

일반적으로 아동은 성에 대한 기초 지식이 부족할 뿐 아니라 단편적이고 인간성이 부재된 허구적인 지식이 더 많다. 아동기는 발달특성상 신체발달과 더불어 지적, 성격적, 사회적, 성적인 면에서 기초를 잡는 시기이므로 이 시기에 적극적인 교육적 개입이 이루어져야 한다. 따라서 아동에게 남녀의 정신적, 육체적인 관계 등 성에 관한 과학적인 지식을 올바르게 지도하여 성에 대한 바람직한 지식을 습득하고 성역할의 방향을 인식하고 실천할 수 있도록 돕기 위하여 성교육은 필요하다.

3. 발달에 따른 성교육의 내용

학령기는 Freud가 말하는 잠재기(잠복기)로 유아기보다 성적인 호기심이 표면상 줄어든 듯이 보이지만, 그러나 임신에 대한 궁금증이 증폭되는 시기이다. 동물의 생식에 관해 이해하기 시작하면서 막연히 남자와 여자가 아기를 만든다는 인식을 하고, 임신과 출산에 대해 질문을 자주 하고 구체적인 답을 듣기를 원한다. 그리고 남녀의 사랑에 대한 감정을 진지하게 느끼기 시작한다.

따라서 초등학교 저학년 때는 다른 성에 대해 친근해질 수 있도록 자연스럽게 남녀 짝을 정해 주어 친근감을 형성하도록 돕는다. 1학년 무렵이 되면 이성에 대한 궁금증으로 치마를 들치거나 화장실을 몰래 엿보는 등의 짓궂은 행동을 하기도 한다. 이때는 보다 구체적인 성교육을 할 필요가 있다. 3학년까지는 주로 청결교육에 힘을 써서 위생적이고 청결한 생활을 할 수 있도록 하는 것이 중요하지만, 4학년부터는 여자는 월경에 대하여, 남자는 변성에 대하여 설명해 주는 것이 좋다. 최근에는 아동의 성숙이 빨라져 여자의 초경 연령이 초등학교 4학년경으로 당겨졌다. 그러므로 이러한 점을 충분히 고려하여 성교육을 하여야 한다.

1) 연령별 성 발달과정 및 내용

연령별 성 발달과정과 내용을 살펴보면 다음과 같다(김영혜, 2002; 김옥수, 2003).

(1) 1단계(0~18개월)

'신체에 대해 관심 가지는 단계'로 자신의 신체에 관심이 많고 성기를 포함한 신체를 탐색하며 자신이 여자인지, 남자인지 어렴풋이 느끼는 시기이다. 이 시기에는 아동에게 피부 접촉과 포옹 등을 해 주는 것이 좋다.

또한, 생식기관에 대한 질문이 많아진다. 예를 들어 "엄마, 이게 뭐야?"라고 생식기에 대한 질문을 하면 구체적인 명칭을 말해 주고 성기도 신체의 일부분이라는 것을 알려 주어야 한다.

(2) 2단계(18개월~만 3세)

'성기에 대해 관심을 가지는 단계'로 남자와 여자의 몸이 다르다는 것을 안다. 특히 성기의 모양이 다르다는 것과 여자는 앉아서 소변을 하고, 남자는 서서 소변을 한다는 것을 알고 받아들인다.

이 시기의 아동은 "엄마, 아기는 어디로 나와요?", "아기는 어떻게 생겨요?", "동생은 어디서 나왔어요?"라는 질문을 많이 하는데 이때 성행위에 초점을 두고 대답하지 않아야 한다. 그리고 성기를 손으로 만지거나 성기로 장난을 하는 일이 있는데 이때 부모가 모르고 지나치면 성적 쾌감을 얻는 자위행위로 지속될 수도 있다. 따라서 몸에 끼는 옷을 피하고, 예쁘다고 성기를 만져주는 일이 없도록 해야 한다. 더불어 유아가 성기를 만지는 행동에 집착하지 않도록 재미있고, 다양한 놀잇감을 제공해 주어 관심을 다른 방향으로 유도하여야 한다.

(3) 3단계(만 4~6세)

'남녀의 신체와 성기의 차이에 대해 인식하는 단계'로 아이의 행동반경이 집안에서 밖으로 향하고 또래들과 어울리면서 성역할 의식이 뚜렷해지기 시작한다. 여자, 남자를 구별하고 동성끼리 모이며 어울리는 경향이 있고 이성친구가 생기기도 한다. 또한 이성 앞에서 옷을 벗는 것에 대해 부끄러움을 느끼기도 한다. 성에 대한 질문이 많아지는 시기인데 이때는 자연스럽고 담담하게 대하고 진지하게 대답을 한다. 인체 구조나 생리를 가르치는 것도 중요하지만 성교육 본래의 목적대로 남녀 간의 인간관계를 원만하게 하도록 초점을 맞추어야 한다.

이 시기에는 남자를 우월하게, 여자는 열등하게 묘사하거나 암시하는 성차별주의, 남성우월주의의 표현을 하지 않는 것이 좋다. 또한 형제자매간이라도 남아와 여아를 따로 재우는 것이 좋고 공중목욕탕에도 따로 데리고 가야 한다. 성기를 보여주고 만지며 진찰하는 등의 병원놀이와 엄마놀이에 집착하는 아동의 경우에는 성기는 중요한 부위이므로 병이 났을 때 병원 의사선생님 혹은 부모에게만 보여줄 수 있다고 설명해 주는 것이 필요하다.

(4) 4단계(초등학교 1~5학년: 학령기)

프로이트의 이론에 의하면 학령기 아동은 성적 잠복기(6~12세)에 해당한다. 이 시기는 오이디푸스 갈등의 임시적 해결 후의 휴식기로 이해되는데 성적 에너지가 없는 것이 아니라 억제되어 성적 에너지가 지적 활동으로 집중된다. 학령기에는 또래 관계나 단체에 집중하여 안전감을 추구하며 가족으로부터 벗어나는 시기가 된다. 이때 아동은 자신의 충동을 조절하기에 충분한 자아를 강화해야 하며 성 정체감을 포함한 자신의 정체감을 형성하기 시작하는 단계이다.

초등학교 저학년의 경우에는 성과 생식기에 대한 단어와 개념에 대해 간단하고 정확하게 알 수 있도록 해야 한다. 더불어 생식기의 기능에 대해 설명하면서 몸의 귀중함을 느끼도록 해 주어야 한다. 남녀의 차이도 생식기의 차이일 뿐 인격적으로는 동등하다는 것도 강조하고, 성에 대해 장난치거나 폭행하는 문제와 연관시켜 여성을 보호해야 한다는 것을 주지시켜야 한다.

초등학교 고학년의 경우에는 어른이라는 전제를 두고 성교육을 해야 한다. 왜냐하면 또래보다 좀 더 성숙한 아동의 경우 초경과 몽정을 하기도 하므로 임신 능력이 있는 나이이다. 성에 대한 질문이 나오는 경우 어른들이 당황하여 야단치고, 핀잔을 줄 것이 아니라 성의껏 설명해 주어야 한다. 생리와 몽정에 대한 생리적 현상에 대해서도 설명을 하고, 임신과 출산에 대해서도 구체적으로 설명한다. 더불어 남녀의 몸에 대한 호기심을 풀어주고, 이성교제에 대해 바람직한 방향으로 설명한다.

따라서 학령기 아동의 성교육은 생물학적인 차원의 단계를 넘어서 사회, 문화적인 인간의 가치관을 형성하고, 건전한 성적 감정을 가지고 능동적이고 긍정적인 통합된 인간을 형성하는 교육이 되어야 한다. 즉, 남녀 신체의 발달, 남녀의 특징, 남녀 양성평등의 이해, 평등한 부부관계, 성 행동에 대한 윤리와 책임, 성 정보에 대한 비판 능력과 선별 능력의 함양, 음란물로부터 스스로를 보호할 수 있는 등의 다양한 측면에서의 성교육이 필요하다.

(5) 5단계(초등학교 6학년~중학교 1, 2학년: 청소년 초기)

청소년기의 시작은 여자에게 있어서 첫 월경의 시작과 남자에 있어서는 성숙한 정자가 소변에 검출되는 시기이다. 여자는 12살 정도, 남자는 13살 정도로 볼 수 있다. 여자의 경우 여성호르몬(estrogen), 남자의 경우 남성호르몬(androgen, testosterone)이 활발히 공급되면서 동시에 분비되는 성장호르몬과 함께 신체적으로 키와 몸무게의 급성장과 성기 자체가 성인 크기와 모양으로 변하게 되며, 성적인 충동이 고조되기 시작한다.

남자의 경우 음경의 크기가 커지고 성기 주위에 털이 나며, 변성이 되고, 정액 생산이 증가되어 자기도 모르게 수면 중 배출되는 몽정현상을 일으키기도 한다. 여자의 경우에는 유방이 나오고, 피하지방이 쌓이면서 피부가 고와지고, 자궁이나 질의 크기가 커진다. 이러한 신체적인 변화는 생물학적 유전적 요소에 의해 자연의 법칙에 따라 일어나는 현상으로 청소년이 심리적으로 어떻게 받아들이느냐 하는 것은 정신건강과 밀접한 관련이 있다.

(6) 6단계(중학교 2, 3학년~고등학교 1, 2학년: 청소년 중기)

이 시기의 청소년은 자기가 성적으로 성숙했음을 인정하게 되고, 이에 따르는 성적 역할에 신경을 쓰게 되며, 이성교제에 관심을 갖게 되고, 성적 정체성이 완성되는 시기이다. 이 시기에 성적 정체성이 불확실할 때에는 성을 완전히 부정해 버리는 생각이나 행동을 하거나 이에 대한 실험으로 원하지 않는 성적인 접촉이나 행동을 하게 된다. 특히 부모와의 관계가 부정적일 때 부모에 대한 반항의 한 부분으로 성적인 접촉을 하거나 성관계에 쾌락을 느끼지 못하면서도 상대방과 성적인 관계를 갖는 수도 있다.

(7) 7단계(고등학교 2, 3학년~대학교 1, 2학년: 청소년 후기)

이 시기는 자아정체성이 완성되는 시기로서 정체성의 완전성을 이루기 위한 싸움이 일어나며 이로 인해 상당한 불안과 초조를 겪게 된다. 자아정체감을 갖기 위해서는 성적 정체감이 잘 형성되어야 하는데 그렇지 못할 경우 성적 행동이나 성에 관한 정서적인 반응에 영향을 끼쳐 성에 대한 비정상적인 개념과 태도를 지속할 수 있다. 이 시기는 상당수의 청소년이 실제적인 성적 경험을 하게 되는데 첫 경험의 대다수가 비건설적인 장소에서 애정이 부족한 상대자와 관계를 할 경우가 많아 심리적인 상처를 받을 수 있다.

중·고등학교 시기에는 성욕과 성충동에 대해 부모의 경험을 이야기해 주면서 당연한 일이라는 것을 알려주고, 남녀의 성호르몬의 차이와 그에 따른 관심과 충동의 차이에 대해 설명한다. 자위행위에 대한 이해와 건전한 문화생활과 취미생활, 운동 등을 통해 승화할 수 있는 방법도 같이 모색해 보는 것이 좋다. 임신과 출산에 대한 과정과 의미를 통해 생명의 귀중함과 소중함을 인식시킨다. 낙태와 이성교제에 대한 비디오 등을 보고 행동에 책임이 따른다는 것을 알고 바람직한 성에 대해 느끼도록 해 준다.

5, 6, 7단계인 청소년 초·중·후기에는 성이 무엇이며, 바람직한 청소년기의 성은 어떠한지에 대해 알아야 한다. 또한 성충동 억제 방법, 십 대 임신, 인간 존엄성, 남녀관계의 발전, 이성애, 동성애, 생명의 탄생, 성과 사회와 법, 성역할 정체감의 형성기, 가족, 양육, 부모역할 등의 광범위한 교육이 필요하다. 성의 발달이 육체적, 심리적, 사회적인 조화를 이룰 때 정신적으로 건강하게 성장할 수 있고, 정신적 성장이 원만해야 올바른 성에 대한 개념과 가치관, 행동규범이 생길 수 있으므로 바람직한 성교육이 연령에 따라 적절하게 이루어져야 한다.

2) 방과후아동지도 시설에서의 성교육

일과 운영에 일정 시간을 할애하여 성교육을 하기보다는 생활 속에서 자연스럽게 이루어져야 한다. 교사는 아동이 성 문제에 대하여 궁금증을 가지고 있거나 질문을 할 때, 자연스럽게 대답해 줄 수 있도록 각 학년과 연령에 맞는 성교육 내용에 대하여 구체적으로 알고 있어야 한다. 또한 성 문제에 대한 대화를 통하여 자연스럽게 성의 생리적인 측면과 윤리적인 측면을 알려 주어야 한다. 교사는 성교육 필요성은 인식하나 아동의 성 질문이나 궁금증에 대해 소극적으로 대처하는 경향이 있다. 따라서 교사가 단순한 지식 위주로 성교육으로 할 것이 아니라 건전한 성 지식에 대한 인성 훈련을 위하여 교육 전체에 포함하여 지도할 수 있어야 한다.

주로 초등학교 아동을 지도하는 방과후아동지도 교사들은 교사 자신이 성교육에 대한 서적을 읽고 연구하여 모든 용어를 이해하고 있어야 한다. 또한 성 정보의 범람과 흥미 위주의 성 지식이 만연되어 있어 자칫 오해하기 쉬운 성에 대하여 교사는 올바른 지식과 이해를 바탕으로 성교육을 할 수 있어야 한다. 바른 성교육이란 아동으로 하여금 두려움 없이 성에 대한 변화를 받아들이게 하고 궁금한 것은 질문과 대화를 통하여 자연스럽게 이해할 수 있도록 이루어져야 한다.

따라서 조인숙 등(1998)은 성교육은 바른 성장을 돕는 인간 교육의 한 부분이므로 성교육 시 다음과 같은 점을 유의하여 실시해야 한다고 하였다.

첫째, 생리적인 변화와 남녀 간의 차이에 대한 교육을 통하여 성은 자연스러운 것임을 인식시킨다.

둘째, 심리적 변화에 대하여 바른 이해와 지식을 바탕으로 성에 대한 불쾌감, 죄책감, 숭배 의식을 가지지 않도록 한다.

셋째, 성은 도덕적이며, 윤리적인 가치를 지니고 있기 때문에 자신의 욕구 충족을 위해 무분별하게 행동해서는 안 된다는 점을 이해시키고, 지나친 욕구에 대해서는 여러 가지 해결 방법을 모색하여 바람직한 방향으로 이끌어 주어야 한다.

넷째, 이성에 대한 올바른 이해와 협조, 성에 대한 태도나 성 문제에 대하여 적절히 적응하는 것을 가르쳐 주어야 한다.

다섯째, 남녀 의식에서 성의 조화가 될 수 있도록 가르쳐야 한다.

여섯째, 외국의 성 문화를 맹목적으로 추구하지 않도록 비판 능력을 길러주어야 한다.

이러한 유의점을 바탕으로 교사는 초등학교 아동의 성교육에 다음과 같은 내용을 포함하여야 한다. ① 신체적·심리적 측면에서의 변화를 종합적으로 이해하는 능력을 기른다. ② 남성과 여성의 생리적, 심리적 차이에 대해 이해시킨다. ③ 생식 구조를 이해시켜 인간의 성이 어떠한 것인가를 알게 한다. ④ 매스컴에서 전달해 주는 성 지식에는 편견이나 과장이 많다는 것을 이해시키고 올바른 비판력을 길러 준다. ⑤ 성병에 대해 이해시키되 성을 두렵고 더러운 것으로 받아들이지 않도록 유의한다. ⑥ 사랑에는 진실한 사랑과 본능적인 만족만 주는 사랑이 있다는 것을 인식시킨다.

3) 가정에서의 성교육

부모 중에는 자녀가 성 문제에 대하여 질문을 하면 당황하여 임기응변으로 부정직한 해답을 하기도 하고, 성 문제 자체에 대한 언급을 회피하기도 한다. 자녀의 질문에 답할 수 없을 때는 당황하지 말고 솔직하게 아는 부분까지 답해 줄 필요가 있으며, 모르는 것은 전문가에게 문의하여 알아보자고 할 수도 있다. 그러나 대답하기 곤란하다고 부정확하거나 엉뚱한 대답을 해서는 안 된다. 따라서 가정에서는 남녀평등과 이성에 대한 올바른 태도를 육성하고, 성 비행을 예방할 수 있도록 안정된 생활습관 교육이 필요하다.

올바른 성 행동과 성에 대한 욕구를 승화할 수 있는 태도는 어린 시절부터 키워져야 한다. 가정에서는 처음에 여자, 남자라는 것을 이해할 때부터 성에 대한 평등 개념을 심어 주어야 한다. 또한 부모는 성교육을 학교에만 맡기려 하지 말고 아동의 질문에 대하여 수준에 맞는 설명을 솔직하게 할 수 있도록 늘 준비하고 있어야 한다.

4. 초등학교 성교육 표준안

1) 성교육 표준안의 개요

우리나라에서는 80년대부터 성교육을 시작하여 오늘날에 이르고 있지만, 실제로 학교 현장에서의 성교육은 체계적으로 정착되지 못한 것이 현실이다. 다만, 학생들의 성교육에 대한 사회적 관심이 높아지면서 성교육지침서, 읽기자료, 시청각자료 등이 다양하게 제작·보급되어 왔고, 학교에서도 제5차, 6차 교육과정에 이어 2000년 개정된 제7차 교육과정 속에서도 각 관련 교과와 범교과 주제학습 활동을 통해 성교육을 실시할 것을 권장해 왔다. 2001년에는 교육인적자원부에서 『교사용 성교육 지도지침서』를 개발하여 보급하였고, 2004년에는 『청소년 상담과 교육』이라는 콘텐츠를 개발하여 보급하였으며, 2010년에는 『청소년들을 위한 성상담과 교육』이라는 교재를 발간하여 보급하였다. 하지만 공교육 기관의 이러한 노력에도 불구하고 여전히 체계적이고 지속적인 성교육의 실시는 이루어지지 못하고 있는 실정이다.

적절한 시기에 적합한 성교육을 받지 못하는 학생들은 인터넷 등으로 왜곡된 성 지식을 탐닉하게 되어 잘못된 성 가치관이나 성 의식으로 인해 성범죄가 증가하는 결과를 가져왔다. 이러한 상황에 이르자 성교육에 대한 사회적 관심이 높아지게 되었으며, 성교육을 위한 교사, 학생, 학부모용 성교육 지침서와 읽기자료, 시청각 자료 등 다양한 성교육 자료를 개발하여 보급해 왔으나 실효성에 대한 논란이 지속되고 있는 실정이다.

이러한 문제를 해결하기 위해 도입된 것이 국가 수준의 「성교육 표준안」이다. 표준안을 통해 학교에서는 단순히 성에 대한 문제해결 차원을 넘어 예방적 차원에 중점을 두고 유치원 시기부터 고등학교에 이르기까지의 각 발달시기마다 필요한 성에 대한 지식과 정보를 제공하고 올바른 성 가치관과 성 태도를 지니도록 하여 올바른 성 행동으로 이어질 수 있도록 하고자 한다. 즉, 성에 대한 생물학적, 심리적, 사회문화적인 접근을 통해서 성을 종합적으로 이해할 수 있도록 하였다.

2) 성교육 표준안의 내용

「성교육 표준안」은 학교급별로 구분하여 초등학교 저학년, 초등학교 중학년, 초등학교 고학년, 중학교, 고등학교 등 5개 단계로 편성하였다. 각 단계에는 학교급별로 목표, 활동내용, 지도상의 유의점을 제시하였다. 초등학교의 성교육 활동 내용을 살펴보면 다음과 같다(교육부, 2015b).

표 16-1 | 초등학교 저학년(1~2학년)

영역	주제	목표	내용 요소	활동 내용
인간발달	(1) 몸의 구조와 생명의 소중함	나와 다른 성과의 차이점, 몸의 구조와 역할, 건강한 성장의 의미를 바르게 알고 아기의 탄생 과정에 대한 이해를 통해 생명의 소중함을 안다.	서로 다른 성	• 나와 다른 성 • 자기 성과 반대성의 차이점
			생명의 소중함	• 생명의 소중함 • 아기 탄생과 소중한 생명
			몸의 구조와 성장	• 몸의 구조와 역할 • 건강한 성장
	(2) 남녀의 성과 생활	남녀의 화장실이 다른 이유를 알고 남녀의 생활방식에 차이가 있음을 이해하며 그에 적합한 행동을 생활화한다.	남녀의 생활	• 남녀의 화장실이 다른 이유 • 남녀의 생활 방식의 차이
인간관계	(1) 가족과 친구의 성과 예절	가족과 친구의 좋은 점과 가족과 친구의 성의 차를 이해하고 서로 간에 존중하는 마음으로 지켜야 할 예절과 역할을 알고 실천한다.	가족 구성원의 성	• 가족의 좋은 점 소개하기 • 가족 구성원이 성의 차 이해 • 화목한 가정을 위한 나의 역할
			가족에 대한 성 예절	• 우리 가족의 구성원 • 가족구성원 성별에 따른 예절
			친구의 성	• 친구의 개성 존중하기 • 동성 친구와 이성 친구 이해하기 • 친구를 소중히 여기기
	(2) 이성 친구와의 관계	이성 친구에게 나의 마음을 솔직하게 표현하고 상대방의 표현을 받아들이며 상황에 맞는 인사말로 서로 사이좋게 지낸다.	이성 친구와 지내기	• 나의 마음을 표현하기 • 상대방의 표현 받아들이기 • 이성친구와의 상황별 인사말 이해

영역	주제	목표	내용 요소	활동 내용
인간관계	(3) 결혼, 부모와 나의 관계	이성과의 결혼에 대한 바른 인식과 결혼으로 인해 만들어지는 가정에 대한 이해를 통해 부모와 나와의 관계를 정확하게 파악한다.	결혼의 의미와 나	• 결혼의 의미와 가정 • 내가 살고 싶은 가정 • 부모와 나와의 관계 이해
대처기술	(1) 동·이성 간의 올바른 태도와 의사결정	동·이성 간 올바른 몸가짐과 서로 존중해야 하는 이유와 태도를 알고 그에 적합한 행동을 하기 위한 합리적인 의사결정을 하며 이를 학교생활에서 실천한다.	동·이성 간 올바른 의사결정	• 동성과 이성에 대한 몸가짐과 태도 • 올바른 몸가짐을 하기 위한 나의 의사 결정
			동·이성 간 존중하는 태도와 행동 결정	• 동성과 이성 간 존중해야 하는 까닭 • 동성과 이성 간 서로 존중하는 행동
				• 동·이성 간 존중하는 태도 • 동·이성 간 학교생활에서의 실천 태도
	(2) 의사 표현하기	이성 친구 앞에서 자신 있게 자신의 의사표현을 할 줄 알고 싫어하는 것에 대한 표현을 정확하게 전달한다.	이성 친구에게 의사표현하기	• 이성 친구 앞에서 자신 있게 의사 표현하기 • 싫어하는 것을 친구에게 표현하기
성 건강	(1) 생식기 관리	몸을 깨끗이 해야 하는 까닭을 알고 생식기의 청결한 관리에 도움이 되는 남녀의 성별에 따른 옷차림을 이해하며 이를 통해 성 건강에 도움이 되는 옷차림을 생활화한다.	생식기의 청결한 관리와 옷차림	• 몸을 깨끗이 해야 하는 이유 • 생식기 청결 방법
				• 상황에 맞는 단정한 옷차림 • 성별에 따른 안전하고 편안한 옷차림
사회와 문화	(1) 강요된 행동과 성폭력	이성의 성적 강요행동과 언어, 성폭력의 의미를 이해하고 놀이과정이나 일상생활에서 나타나는 성폭력성 행동과 언어에 대해 사전에 예방하며 성폭력 상황에 적합하게 대처할 수 있는 능력을 기른다.	아는 사람의 성적 강요 행동과 언어	• 이성의 성적 강요 행동의 의미 • 이성의 강요된 성적 언어의 이해 • 이성의 성적 강요된 행동의 대상 및 유형
			성폭력의 의미와 대처법	• 성폭력성의 의미 • 성폭력성 놀이의 이해
				• 성폭력성 놀이의 유형 • 좋은 접촉, 나쁜 접촉 구별하기
				• 접촉에 따른 성폭력 예방 • 성폭력에 따른 대처 방법

영역	주제	목표	내용 요소	활동 내용
사회와 문화	(2) 성 역할과 평등	성 역할의 의미와 역할분담을 이해하고 양성평등의 실천을 위해 가사분담에 동참하는 일을 생활화 한다.	성 역할과 양성평등	• 성 역할의 의미와 역할분담 • 양성평등과 가사분담
	(3) 인터넷과 대중매체의 성	인터넷 활용에 따른 편리성과 위험성에 대해 바르게 이해하고 인터넷과 대중매체에 나타나는 성 표현 사례와 시청금지의 의미를 이해하며 자신에게 맞는 올바른 대중매체 시청 방법을 알고 이를 실천한다.	인터넷의 편리성과 위험성	• 인터넷 활용의 편리성과 위험성 • 인터넷의 피해 사례
				• SNS 활용의 편리성과 위험성 • SNS의 피해 사례
			대중매체와 성	• 음란물의 이해 • 사진 속 음란물의 종류와 대처법
	(4) 음란물의 이해	음란물의 의미를 바르게 이해하고 사진 속 음란물의 종류와 대처법을 알고 이를 실생활에서 실천한다.	사진 속 음란물	• 대중매체에 나타난 성 표현 사례 • 올바른 대중매체 시청 방법
				• 대중매체에 제시된 시청 금지의 의미 알기 • 자신에게 맞는 대중매체 프로그램 찾기

표 16-2 | 초등학교 중학년(3~4학년)

영역	주제	목표	내용 요소	활동 내용
인간발달	(1) 성과 생활	성의 의미와 내면의 아름다움에 대한 이해를 통해 아름다운 성의 진정한 의미를 깨닫고 일상생활에서 외모보다 내면을 중시하는 태도를 갖는다.	아름다운 성	• 성의 의미와 생활 • 내면의 아름다움 • 외모보다 내면을 중시하는 태도
	(2) 생명의 탄생과 신체발달	남녀의 성장에 따른 신체 변화의 공통점과 차이점을 바르게 이해하고 성장하는 몸, 성장에 따른 신체변화, 생명이 창조되는 과정에 대한 이해를 통해 생명의 소중함을 안다.	생명의 탄생	• 생명의 소중함 • 생명이 창조되는 과정
			남녀의 신체 발달	• 남녀 간 신체발달의 공통점 • 남녀 간 신체발달의 특성과 차이점
			변화하는 몸	• 성장하는 몸 • 성장에 따른 신체의 변화
	(3) 남녀의 성장과 성 정체성	남녀의 심리적 차이와 특성을 바르게 이해하고 사회생활에서 바람직한 남녀의 역할을 수행한다.	남녀의 성과 심리 특성	• 남녀의 심리적 차이와 특성 • 사회생활에서의 바람직한 남녀의 역할
인간관계	(1) 결혼에 따른 구성원의 역할과 책임	가정의 의미와 소중함을 인식하고 가족 구성원의 성별에 따른 역할을 이해하며 부모로서의 책임과 역할이 중요함을 인지하고 자신이 꿈꾸는 결혼을 위해 가족 구성원의 일원으로서 할 수 있는 역할을 찾아 실천한다.	성별에 따른 가족구성원의 역할과 중요성	• 가정의 의미와 소중함에 대한 이해 • 성별에 따른 가족 구성원의 역할과 중요성 • 가족 간에 화목하게 지내기 위해 실천할 일
			내가 꿈꾸는 결혼과 부모의 역할	• 내가 꿈꾸는 결혼 • 부모의 책임과 역할
	(2) 이성 친구 간의 언어와 예절	이성 친구 간에 발생하는 갈등의 원인을 알고 바른 언어사용으로 갈등을 줄여나가며 이성 친구와의 놀이 중에 발생하는 갈등을 줄이기 위한 예절을 알고 이를 일상생활에서 실천한다.	이성 친구와의 갈등과 언어 사용	• 우정의 중요성 • 이성친구 간에 발생하는 갈등의 원인 • 이성친구 간에 시용해야 할 언어 예절
			놀이에서 이성 친구 간 지켜야 할 예절	• 이성친구와의 놀이 유형 • 놀이 중 이성친구에게 지켜야 할 예절

<table>
<tr><th>영역</th><th>주제</th><th>목표</th><th>내용 요소</th><th>활동 내용</th></tr>
<tr><td rowspan="6">대처기술</td><td rowspan="3">(1) 성적 행동에 대한 의사결정과 의사소통</td><td rowspan="3">성적 행동에 대한 올바른 의사결정으로 자신과 타인을 이해하고 존중하는 태도를 실천하며 자기주장과 다를 때 이성 친구에게 바람직한 방법으로 정확하게 거절하는 표현을 한다.</td><td>성적 행동에 대한 올바른 의사결정</td><td>• 올바른 의사결정 방법
• 성적 행동에 대한 나의 결정</td></tr>
<tr><td rowspan="2">이성 친구와의 의사소통</td><td>• 이성 친구와 대화 예절 연습
• 타인을 이해하고 존중하는 언어 사용하기
• 자신과 타인을 이해하고 존중하는 태도</td></tr>
<tr><td>• 자기주장과 다를 때 거절해야 하는 이유
• 이성 친구에게 바람직한 방법으로 거절하는 표현</td></tr>
<tr><td rowspan="2">(2) 서로 돕는 사회</td><td rowspan="2">위험한 상황에서 도움이 필요한 까닭을 이해하고 상황에 따른 적합한 도움을 선택할 줄 알며 도움에 대한 고마움을 안다.</td><td>위험상황에서의 도움</td><td>• 도움이 필요한 경우 이해
• 나를 도와줄 수 있는 사람 알고 고마운 마음 갖기</td></tr>
<tr><td>도움 요청하기</td><td>• 도움이 필요한 상황에 따른 적합한 도움 선택하기
• 상황에 따른 도움 방법 알고 요청하기</td></tr>
<tr></tr>
<tr><td rowspan="2">성 건강</td><td rowspan="2">(1) 남녀의 생식기 관리</td><td rowspan="2">남녀 생식기의 위생에 대해 이해하고 바른 관리 방법을 익혀 이를 생활화 한다.</td><td rowspan="2">남녀 생식기의 위생과 관리</td><td>• 남녀의 생식기 위생
• 남녀의 생식기 관리 방법</td></tr>
<tr><td>• 남녀의 생식기 건강에 좋지 않은 옷차림
• 남녀의 생식기 건강에 알맞은 옷차림</td></tr>
</table>

영역	주제	목표	내용 요소	활동 내용
사회와 문화	(1) 성폭력과 인터넷	타인의 성적 강요 행동, 성폭력의 의미를 이해하고 일상생활에서 나타나는 성폭력성 행동에 대해 예방과 대처해 나갈 수 있는 능력을 기르고, 사이버 세상의 편리성과 위험성에 대한 이해를 통해 인터넷을 이용한 성폭력 상황에 적합하게 대처할 수 있는 능력을 기른다.	타인의 성적 강요 행동	• 타인의 성적 강요 행동의 의미 • 타인의 성적 강요된 행동의 대상 및 유형
			성폭력의 의미와 예방 행동	• 성폭력의 의미 • 성폭력을 부정적으로 보는 이유 • 성폭력 피해 예방을 위한 행동 요령
				• 성폭력의 예방과 대처 사례 • 성폭력 대처 방법
				• 성폭력 예방법 요약하기 • 성폭력 예방법을 나만의 책으로 만들기 • 성폭력 예방법을 생활화하기
			인터넷을 이용한 성폭력의 대처	• 생활 속에서 인터넷의 편리한 이용 사례 • 인터넷을 이용한 성폭력 사례
				• 사이버 세상의 편리성과 위험성 • 인터넷을 이용한 성폭력 사례 대처 방법
	(2) 모두가 존중받는 사회	가정과 사회에서의 성 역할의 변화에 대해 알고 문화, 인종, 종교 등에서의 다양성을 존중하며 성차별 없이 모두가 존중받는 사회구성원으로서의 역할을 알고 실천한다.	성차별 없는 사회	• 가정과 사회에서 성 역할의 변화 • 문화, 인종, 종교 등에서의 다양성 존중 • 모두가 존중받는 성 차별 없는 사회의 이해
	(3) 음란물과 대중매체	영상 속 음란물의 종류와 문제점을 바르게 이해하고 대중매체 속에 나타나는 성 문화의 문제점과 대처법을 알고 이를 일상생활에서 실천한다.	영상에 나타난 음란물	• 영상 속 음란물의 종류와 문제점 • 영상 속 음란물 대처 방법
			대중매체와 성문화	• 대중매체에 나타나는 성문화 • 대중매체 속 성문화의 문제점

표 16-3 | 초등학교 고학년(5~6학년)

영역	주제	목표	내용 요소	활동 내용
인간발달	(1) 사춘기와 생식기관의 이해	인간의 발달과정과 사춘기 도래 시기와 특징에 대해 이해하고 남녀 생식기관의 명칭과 기능, 생식기관의 차이와 이를 보호하기 위한 방법을 안다.	사춘기의 성	• 인간발달과 사춘기 • 사춘기의 도래 시기 • 사춘기의 의미와 특징
			남녀 생식기관의 이해	• 생식기관의 명칭과 기능 • 남녀 생식기관 차이의 이해와 보호
	(2) 태아의 발달과 출산	수정에서부터 태아의 발달과정과 아기의 출산과정을 바르게 이해하고 이를 통해 부모님께 감사하는 마음을 갖는다.	수정과 태아의 발달	• 난자와 정자의 만남 • 태아의 발달과정
			출산과정 이해	• 아기의 출산과정 • 부모님께 감사 표현
	(3) 사춘기의 변화와 대처	사춘기의 의미와 2차 성징에 대해 바르게 이해하고 사춘기에 나타나는 신체와 심리변화를 바르게 인식하고 대처해 나가며 개인차로 인해 발생하는 신체 변화에 대해 긍정적인 신체상을 갖는다.	사춘기의 신체 변화와 대처	• 사춘기 신체 변화의 이해 • 사춘기 신체 변화에 대처 • 2차 성징과 호르몬의 작용
			사춘기의 심리 변화와 대처	• 사춘기 심리 변화의 이해 • 사춘기 심리 변화와 대처 • 개인차 이해로 긍정적인 신체상 정립
인간관계	(1) 건전한 친구 사귀기	사춘기에 나타나는 이성에 대한 관심을 바르게 표현하고 건전한 이성 친구를 사귄다.	건전한 이성 친구	• 건전한 이성 친구 사귀기 • 사춘기 시기 이성에 대한 관심을 바르게 표현하는 방법
	(2) 결혼과 행복한 가정	결혼과 배우자 선택의 조건을 설정할 줄 알고 행복한 가정의 조건을 제시한다.	결혼과 행복한 가정의 조건	• 결혼과 배우자 선택 • 행복한 가정의 조건
대처기술	(1) 효과적인 의사소통	동성과 이성 간 의사소통의 필요성과 방법을 알고 나 메시지 전달법을 바르게 이해하여 이를 이성친구와의 효과적인 의사소통 방법으로 활용한다.	다양한 의사소통	• 동성과 이성 간 의사소통의 필요성 • 동성과의 효과적인 의사소통 방법
			나 메시지 전달법으로 대화 나누기	• 나를 주체로 말하는 나 메시지의 의미 이해 • 나 메시지 전달법으로 이성 친구와 대화 나누기
				• 이성과의 효과적인 의사소통 • 효과적인 의사소통 방법의 연습

영역	주제	목표	내용 요소	활동 내용
대처기술	(2) 윗사람에게 거절하는 방법	자기주장의 의미를 이해하고 윗사람에게 상황에 맞는 거절 방법으로 자기 의사표현을 명확히 하며 필요할 경우 상황에 따른 도움을 요청한다.	상황에 맞는 거절과 도움 요청	• 자기주장의 의미 • 윗사람에게 상황에 맞는 거절 방법 • 필요한 도움 요청 방법
성 건강	(1) 사춘기의 건강관리	사춘기 남녀 생식기의 변화와 이에 따른 바른 관리법을 알고 월경 시기에 주의해야 할 생식기 관리법의 바른 이해를 통해 이성에 대한 배려의 마음을 지닌다.	사춘기 생리 현상의 이해와 건강관리	• 사춘기 남자의 생식기 변화 • 몽정의 이해와 바른 관리법
				• 사춘기 남녀의 생식기 위생 • 월경의 이해와 바른 관리법
				• 사춘기의 바람직한 건강관리법 • 이성에 대한 배려의 마음 갖기
	(2) 에이즈의 이해	에이즈의 질병에 대한 이해를 높이고 에이즈의 감염경로와 예방법을 안다.	에이즈의 감염과 예방	• 에이즈의 이해 • 에이즈의 감염경로 및 예방법
사회와 문화	(1) 강요된 행동과 성폭력의 대처	가족과 친척, 성폭력, 또래 성폭력에 대한 의미를 알고 일상생활에서 이들로부터 발생하는 성폭력성 행동에 대해 상황별 예방과 대처해 나갈 수 있는 능력을 길러 행복한 교실 가꾸기에 참여한다.	가족과 친척의 성적 강요 행동	• 가족과 친척의 의미 • 가족과 친척의 성적 강요 행동의 의미 • 가족과 친척의 성적인 강요 행동의 대상 및 유형
			성폭력의 상황별 예방과 대처	• 성폭력의 의미 • 초등학생의 성폭력 실태 및 사례
				• 상황별 성폭력 사례 • 상황별 성폭력 예방 및 대처법
			또래 성폭력의 예방과 대처	• 또래 성폭력의 의미 • 또래 성폭력의 예방법 • 또래 성폭력의 대처 방법 • 행복한 우리 교실 가꾸기
	(2) 성 차이와 성 역할	성 차이와 성차별의 의미를 알고 성 역할에 대한 고정관념으로부터 벗어나 양성 평등한 직업관을 갖는다.	성 차이와 성 차별의 이해	• 성 차이와 성차별의 의미 • 성 역할 고정관념의 이해 • 양성평등한 직업관

영역	주제	목표	내용 요소	활동 내용
사회와 문화	(3) 대중매체와 성	인터넷의 편리성과 위험성에 대한 이해를 통해 인터넷을 활용한 성 상품화와 성폭력 사태를 바르게 인식하고 대비하며 대중매체 속에 나타난 불편한 광고를 바로잡아 잘못된 성에 대해 바르게 이해한다.	SNS의 편리성과 위험성	• SNS를 이용한 성폭력 사례 • SNS를 이용한 성폭력의 대처와 예방법
			대중매체의 잘못된 성 광고	• 성 상품화의 의미 • 대중매체 속 불편한 광고 바로잡기
	(4) 음란물의 대처	인터넷 음란물의 위험성을 바르게 이해하고 인터넷 음란물이 청소년에게 미치는 영향을 고려하여 인터넷 음란물의 문제점으로부터 대처하는 방법을 알고 실천한다.	인터넷에 나타난 음란물	• 인터넷 음란물의 위험성 이해 • 인터넷 음란물에 대한 대처 방법 • 인터넷 음란물이 청소년에게 미치는 영향

3) 지도상의 유의점

① 성교육을 위한 계획을 수립함에 있어서 국가 표준안으로 제시된 내용체계는 보편적, 일반적, 포괄적 기준을 준거로 작성된 내용이므로 학교에서는 학생의 관심과 발달 수준, 학교의 실태와 지역사회의 여건 등을 고려하여 국가 표준안을 바탕으로 교육내용을 재구성하여 활용하도록 한다.

② 교과 융합을 통한 성교육을 실시함에 있어서는 수업 진행에 앞서 학생들에게 과학이나 보건 등의 일부 내용으로서의 성교육이 아니라, 성교육 시간으로서 융합된 교육과정을 도입한다는 점을 명확히 함으로써 성교육에 대한 관심과 동기를 부여할 수 있도록 한다.

③ 성교육은 학생의 개인차를 존중하여야 한다. 따라서 교사는 학생 개개인에 대한 관찰과 면담, 개인차에 따른 요구나 궁금증 등이 해결될 수 있도록 다양한 방법을 도입하여 개별 지도에 힘쓴다.

④ 성교육을 진행함에 있어서 교사가 학생들의 호기심의 대상이 되거나 비웃음

의 대상이 되어서는 안 된다. 성교육에 앞서 교사는 자연스럽고 편안한 분위기를 만드는 일에 중점을 두어야 하며, 성교육과 관련하여 학생들이 일상에서 가졌던 문제나 궁금증을 해결할 수 있도록 한다.

⑤ 교사는 남녀의 차이에 대한 인식에 있어서 남녀 간에 조그마한 편견이라도 가져서는 안 된다. 성교육을 지도하는 교사는 양성평등을 전제로 하여 지도하여야 한다.

⑥ 교사는 성교육 시간에 학생들이 갖고 있는 성적인 고민이나 성으로 인한 윤리적 문제에 대해 학생들과 동등한 입장에서 생각하고 고민하면서 해결해 나가려는 태도를 갖는다.

⑦ 대부분 은밀한 방법으로 습득한 학생들의 성 지식이 오개념(誤概念)인 것이 많다는 점에 유의하여, 교사는 수업 전에 학습자의 성 관련 지식수준을 파악하여 이에 적합한 수업 진행이 되도록 하고, 잘못 형성된 오개념에 대해서도 지도될 수 있도록 한다.

⑧ 성교육은 단순한 지식 전달의 학습방법에서 벗어나 실생활에서 접하게 되는 다양한 문제 사태에 대한 해결능력을 길러줄 수 있도록 문제해결 중심의 학습방법을 활용하고, 실천중심의 학습내용이 전개되도록 한다.

⑨ 성에 대한 교사의 일방적인 가치의 주입보다는 성에 관한 다양한 정보와 자료를 제공하여 학생 스스로 다가치(多價値) 안에서 자신의 가치 기준을 정해 자율적으로 선택하도록 하는 학습능력을 길러주도록 한다.

⑩ 성에 대한 학습자의 호기심이나 궁금증을 중시하여 수업과정 중에도 성과 관련된 궁금증이나 질문을 할 수 있도록 하고 경우에 따라서는 이를 수업전개의 도입부나 전개과정에서 동기유발로 활용한다.

⑪ 성교육의 평가는 교육내용의 평가, 지도 방법의 평가, 성취결과의 평가를 포함하여 성교육이 전개된 교육활동 전반에 대한 평가가 이루어지도록 한다.

⑫ 성교육의 평가방법은 관찰법, 질문법, 면담법, 자기평가 및 상호평가 방법, 산출물 평가법, 토의 평가 등 다양한 방법을 활용하여 실시하고, 평가결과

는 수업현장의 개선을 위한 환류(feedback) 자료로 활용하도록 한다.

5. 바람직한 성교육

성교육은 사춘기보다 유아기와 아동기에 더욱 중요한 교육의 기회가 주어진다. 따라서 교사들이 자신이 갖고 있는 성에 대한 상식이 정확한 것인지 혹은 왜곡되거나 고정된 관념을 가지고 있는지를 확인하여 건전하고 올바른 지식과 태도로 아동을 지도할 수 있어야 한다(올바른 자녀 성교육, 1997; http:// www.youth-n.com).

1) 생식기의 명칭에 대해 질문

"엄마, 이게 뭐야?" 2~3세 된 아이가 자주 묻는 말이다. 성에 대한 첫 질문은 바로 생식기 명칭에 대한 것인데 어떤 명칭이 올바른 것일까? 흔히들 '고추', '고치', '잠지', '찌찌' 등으로 말하는 데 아주 어릴 때가 지나 6, 7세가 되면 음경, 고환, 음순, 질, 자궁 등의 정확한 용어를 사용할 수 있도록 가르쳐 주어야 한다. 더 중요한 것은 그 명칭을 사용할 때의 자세와 태도이다. 장난스럽거나 더러워하거나 부끄럽게 느끼지 않도록 진지하고도 자연스러운 태도를 취해야 한다.

2) 출생에 대한 질문

"엄마, 나 어디로 나왔어?", "아기는 어디로 나와?", "아기는 어떻게 생겨?" 3세부터 7세까지 자주 묻는 것 중에 하나가 출생에 대한 질문이다. 옛날의 부모세대와는 다르게 현대의 부모들은 설명을 해야 하는 필요성을 느끼면서도 어떻게 대답해야 할지 몰라 얼버무리기 일쑤다. 아빠는 다리 밑에서 주워왔다고 하면서 장난스럽게 대답하기도 한다. 그럴 때 아이는 엄마의 당황하거나 놀라는 모습을 보고 '아 이거 함부로 묻는 것이 아닌가?' 하는 생각을 가질 수 있다. 즉, 부모를 통해 '은밀한 성', '장난스런 성', '애매모호한 성'이라는 것을 느끼게 된다.

이럴 때는 어떤 대답이 좋을까? "좋은 질문이야. 아기는 엄마의 '질'이라는 곳으로 나와, '질'은 엄마의 다리 사이에 있는 길인데 여기는 겉에선 잘 보이지 않지만 참으로 소중한 곳이야. 아빠의 음경으로 엄마에게 아기씨를 주는데 그 아기씨를 처음 받아내는 곳이 엄마의 '질'이라는 곳이야. 나중에 아기가 엄마 자궁이라는 곳에서 다 자라서 밖으로 나와야 하는데 그때 아기가 나오는 길도 바로 '질'이야. 남자의 음경도 중요하지만 여자의 '질'도 참 중요한 거야. 우리 모두가 태어난 곳이니까." 그림을 그리며 알려주거나 동화책이나 비디오를 활용하는 것도 좋다.

3) 생식기의 차이에 대한 질문

"엄마, 나는 왜 오빠처럼 고추가 없어?", "왜 나는 앉아서 오줌을 누고 오빠는 서서 눠?", "왜 아기는 나랑 다르게 생겼어?", "왜 아빠 것은 크게 생겼어?" 5, 6세가 되면 몸에 대한 호기심이 많아져 생식기의 차이를 관찰하고 비교한다. 생식기의 차이를 남녀의 차이로 알게 하는데, 차별은 아님을 일깨워주는 것이 필요하다. 오빠의 고추를 기준으로 나는 있느냐 없느냐가 아니라 '남자는 음경, 여자는 음순이라는 각자 다른 것을 가지고 있다.'는 것이 중요하며 이렇게 생식기가 달라서 여자, 남자라고 한다는 것을 알려 주어야 한다.

서로 다르다는 것은 어느 것이 좋고 나쁜 것이 아니라 오히려 다르기 때문에 둘 다 소중하다는 것이다. 소변 보는 것이 다른 것도, 소변 보는 곳이 모양과 위치가 다르기 때문에 거기에 맞게 편하게 소변을 보기 때문에 남자와 여자가 다름을 알게 한다. 또한 생식기가 다른 것을 가지고 으시대면서 흉보거나 부러워하면서 속상해하지 않도록 잘 교육해야 한다. 차이에 대해 당당하고 기쁘게 생각하면서 상대에 대해서도 존중할 수 있는 마음이 되도록 해야 할 것이다. 모든 사람은 다 다르게 생겼고, 남성과 여성 또한 다르게 생긴 것뿐이라고 알려주어야 한다.

4) 성에 대한 질문을 하지 않는 아동

모든 아동은 성에 대하여 관심을 갖는 것이 정상이다. 그러나 어떤 아동은 성에 대하여 질문을 하지 않는 경우가 있다. 성에 대해 질문을 하지 않는 아동은 호기심과 관심이 억압되어 있는 경우가 많다. 그 이유는 홀로 자랐거나, 너무 일찍 동생을 보았거나, 아니면 성에 대한 호기심으로 질문했을 때 성인들이 잘못 대해 주었거나, 혹은 부모가 너무 엄격해 착한 아이만을 강조하여 핀잔을 들을까 봐 다음부터는 성에 대한 질문을 하지 않고 호기심을 감추어버린 것 등이다.

따라서 유아기나 학령기가 될 때까지 성에 대한 질문을 하지 않는다면 오히려 이상한 일이다. 부모나 교사의 무심한 행동이나 말이 아동에게 부정적 행동이나 생각을 유발시켰을 수 있으므로 가능한 한 자연스럽고 부드러운 태도로 아동이 듣는 앞에서 성에 대한 이야기를 나눔으로써 질문을 할 수 있도록 유도해야 한다. 이때 아동이 호기심을 나타내는 행동을 보이면 자연스럽게 알려 준다. 부모나 교사들이 평범한 태도로 성을 받아들이고 있다는 것을 말이나 행동으로 보여 준다면 아동들은 성을 있는 그대로 받아들일 수 있게 되어, 성적 호기심이나 느낌에 대해 자연스러운 태도를 갖게 되고 편안한 마음으로 생활할 수 있을 것이다.

5) 성적인 놀이를 하는 아동

생식기를 만지거나 성행위를 흉내 내는 놀이를 할 경우 야단치지 말아야 한다. 성인과 같은 성 의식이 있어서 그러는 게 아니기 때문이다. 평범하게 대하면서 너무 만지지 말라고 하거나 성행위는 나중에 결혼해서 하는 것이라고 웃으면서 말해 주어야 한다. 호기심이 많은 아동은 놀이와 장난을 통해 궁금증을 풀어보려고 하고 직접 흉내를 내기도 하므로 이런 경우 부모나 교사는 먼저 아이들 수준으로 내려가서 이해해 주어야 한다.

크게 놀라거나 갑자기 야단을 칠 경우 아이들이 죄의식을 가지고 더욱 은밀하게 할 수 있기 때문이다. 그렇다고 성적인 놀이와 장난을 방관해서는 안 된다. 죄책감을 느끼지 않는 속에서 놀이를 그만두게 해야 한다. 그런데 무조건 하지 말라고 명령할 것이 아니라 왜 좋지 않은지 설명해 주어야 한다. 애정어린 마음으로 머리를 쓰다듬으며 하는 것이 좋다. 옷을 벗고 하는 엄마 아빠 놀이는 아무 때나 하는 것이 아니라 이 다음에 커서 결혼을 한 후에 하는 것이고, 남자의 음경은 아기를 만드는 것이라 함부로 만져서는 안 되며 여자의 질이나 생식기도 아기를 낳는 곳이기 때문에 만지거나 장난치지 않아야 한다고 설명해 준다.

6) 자위행위를 하는 아동

성기를 만지는 행동과 자위행위를 하는 것은 거의 비슷한 행동이다. 먼저 성기를 만지는 경우는 원인이 무엇인지 분석해야 한다. 허전해서, 심심해서, 가려워서, 옷이 꼭 끼어서 그런지 등의 원인에 따라 적절하게 지도해야 한다. 아동이 무의식적으로 성기를 만지는 경우에는 다른 관심거리를 제공하여 성기를 만지는 행위가 줄도록 해야 한다.

그리고 무조건 만지지 못하게 할 것이 아니라 "성기는 중요한 곳이라 만지면 균이 들어가 아플 수 있단다." 또는 "너 이게 뭔지 아니? 음경이야, 또 여기는 고환이라는 곳이야. 여기서 아기씨를 만드는데 이 아기가 되는 씨는 음경을 통해 걸어다녀. 아기씨가 걸어 다니는 길이 음경이기 때문에 너무 많이 만지거나 더러운 손으로 만지면 안 돼. 조금만 만져야 해. 알았니?"라고 성기를 만지지 못하게 하는 이유를 어린이의 수준에 맞게 알려 준다. 그러나 벌레가 들어와 갉아먹는다느니 썩는다고 하는 등의 지나친 표현은 나중에 아이가 커서 성에 대해 강박적이거나 반대로 아주 더럽게 생각할 수도 있으므로 주의해야 한다.

아동의 자위행위는 생활환경의 변화로 과거에 비해 늘어나고 있다. 중요한 것은 아동의 이런 행위에 대해 부모가 이상하게 생각하지 않아야 한다. 아동은 부모의 태도와 자세를 보고 느낌으로 알기 때문에 부자연스럽게 대하면 더욱 자위행위에 집착할 수 있다. 생식기는 감각이 예민한 부분이기 때문에 우연한 기회에 자극을 받으면 이상한 느낌을 가질 수 있다. 단지 잊지 않고 집착을 하면서 자주 계속해서 자위행위를 하는 등 심한 경우에는 소아정신과에 가볼 필요가 있으나 그렇지 않은 경우에는 부모가 아동과 놀아주면서 관심을 다른 곳으로 돌려주면 쉽게 잊을 수도 있다.

7) 성에 관한 질문

초등학생이 궁금해하는 성과 관련된 질문은 다음과 같다(http://news.media.daum.net/culture/2003/01/07/donga/v3554250.html).

① 아기는 어떻게 생기나요?
② 아기는 어디로 태어나나요?
③ 결혼은 꼭 남자랑 여자랑 해야 되나요?
④ 정자와 난자는 어떻게 만들어지나요?
⑤ 남자와 여자는 어떻게 만들어지나요?
⑥ 남자와 여자는 왜 생식기가 달라요?
⑦ 여자는 왜 고추가 없나요?
⑧ 자위행위가 뭐예요?
⑨ 몽정과 유정이 뭐예요?
⑩ 초경과 월경은 어떻게 달라요?
⑪ 남자도 생리하나요?
⑫ 성병에 걸리면 어떻게 되나요?
⑬ 배란기가 뭐예요?

⑭ 사춘기가 뭐예요?

⑮ 동성애가 뭐예요?

⑯ 음란물이 뭐예요?

⑰ 변태란 어떤 사람인가요?

⑱ 원조교제가 뭐예요?

⑲ 여드름은 왜 생겨요?

⑳ 포경수술은 왜 해요?

토의 및 발표 과제

1. 학령기 아동이 궁금해하는 성 관련 질문에는 어떤 것이 있는지 조사하여 그 질문에 대한 바람직한 답변을 작성해 발표하고, 더 좋은 방안이 있는지 토론한다.
2. 학령기 아동이 당면할 수 있는 여러 가지 성 문제를 조사하고 어떻게 지도할 것인지, 대처 방안에 대해 토론한다.
3. 성교육 관련 도서를 찾아서 발표한다.

부 록

영유아보육법

[법률 제14597호 일부개정 2017. 03. 14.]

AFTER SCHOOL PROGRAM

제1장 총칙

제1조(목적)

이 법은 영유아(嬰幼兒)의 심신을 보호하고 건전하게 교육하여 건강한 사회 구성원으로 육성함과 아울러 보호자의 경제적·사회적 활동이 원활하게 이루어지도록 함으로써 영유아 및 가정의 복지 증진에 이바지함을 목적으로 한다. [개정 2011. 8. 4] [[시행일 2012. 2. 5]]

[전문개정 2007. 10. 17]

제2조(정의)

이 법에서 사용하는 용어의 뜻은 다음과 같다. [개정 2008. 12. 19, 2011. 6. 7][[시행일 2011. 12. 8]]

1. "영유아"란 6세 미만의 취학 전 아동을 말한다.
2. "보육"이란 영유아를 건강하고 안전하게 보호·양육하고 영유아의 발달 특성에 맞는 교육을 제공하는 어린이집 및 가정양육 지원에 관한 사회복지서비스를 말한다.
3. "어린이집"이란 보호자의 위탁을 받아 영유아를 보육하는 기관을 말한다.
4. "보호자"란 친권자·후견인, 그 밖의 자로서 영유아를 사실상 보호하고 있는 자를 말한다.
5. "보육교직원"이란 어린이집 영유아의 보육, 건강관리 및 보호자와의 상담, 그 밖에 어린이집의 관리·운영 등의 업무를 담당하는 자로서 어린이집의 원장 및 보육교사와 그 밖의 직원을 말한다.

   [전문개정 2007. 10. 17]

제3조(보육 이념)

① 보육은 영유아의 이익을 최우선적으로 고려하여 제공되어야 한다.

② 보육은 영유아가 안전하고 쾌적한 환경에서 건강하게 성장할 수 있도록 하여야 한다.

③ 영유아는 자신이나 보호자의 성, 연령, 종교, 사회적 신분, 재산, 장애, 인종 및 출생지역 등에 따른 어떠한 종류의 차별도 받지 아니하고 보육되어야 한다. [개정 2011. 8. 4] [[시행일 2012. 2. 5]]

[전문개정 2007. 10. 17]

[본조제목개정 2007. 10. 17]

제4조(책임)

① 모든 국민은 영유아를 건전하게 보육할 책임을 진다.

② 국가와 지방자치단체는 보호자와 더불어 영유아를 건전하게 보육할 책임을 지며, 이에 필요한

재원을 안정적으로 확보하도록 노력하여야 한다. [개정 2013. 1. 23] [[시행일 2013. 3. 1]]

③ 특별자치도지사·시장·군수·구청장(자치구의 구청장을 말한다. 이하 같다)은 영유아의 보육을 위한 적절한 어린이집을 확보하여야 한다. [개정 2011. 6. 7, 2011. 8. 4] [[시행일 2012. 2. 5]]

④ 국가와 지방자치단체는 보육교직원의 양성 및 근로여건 개선을 위하여 노력하여야 한다.

[신설 2015. 5. 18] [[시행일 2015. 9. 19]]

[전문개정 2007. 10. 17]

제5조(보육정책조정위원회)

① 보육정책에 관한 관계 부처 간의 의견을 조정하기 위하여 국무총리 소속으로 보육정책조정위원회(이하 "보육정책조정위원회"라 한다)를 둔다.

② 보육정책조정위원회는 다음 각 호의 사항을 심의·조정한다.

1. 보육정책의 기본 방향에 관한 사항
2. 보육 관련 제도개선과 예산지원에 관한 사항
3. 보육에 관한 관계 부처 간 협조 사항
4. 그 밖에 위원장이 회의에 부치는 사항

③ 보육정책조정위원회는 위원장을 포함한 12명 이내의 위원으로 구성하되, 위원장은 국무조정실장이 되고 위원은 다음 각 호의 자가 된다. [개정 2008. 2. 29 제8852호(정부조직법), 2010. 1. 18 제9932호(정부조직법), 2010. 6. 4 제10339호(정부조직법), 2011. 6. 7, 2013. 3. 23 제11690호(정부조직법)]

1. 기획재정부차관, 교육부차관, 보건복지부차관, 고용노동부차관 및 여성가족부차관
2. 제1호의 위원이 추천하여 위원장이 위촉하는 보육계·유아교육계·여성계·사회복지계·시민단체 및 보호자를 대표하는 자 각 1명

④ 보육정책조정위원회의 구성과 운영 등에 필요한 사항은 대통령령으로 정한다.

[전문개정 2007. 10. 17]

제6조(보육정책위원회)

① 보육에 관한 각종 정책·사업·보육지도 및 어린이집 평가인증사항 등을 심의하기 위하여 보건복지부에 중앙보육정책위원회를, 특별시·광역시·도·특별자치도(이하 "시·도"라 한다) 및 시·군·구(자치구를 말한다. 이하 같다)에 지방보육정책위원회를 둔다. 다만, 지방보육정책위원회는 그 기능을 담당하기에 적합한 다른 위원회가 있고 그 위원회의 위원이 제2항에 따른 자격을 갖춘 경우에는 시·도 또는 시·군·구의 조례로 정하는 바에 따라 그 위원회가 지방보육정책위원회의 기능을 대신할 수 있다. [개정 2008. 2. 29 제8852호(정부조직법), 2010. 1. 18 제9932호(정부조직법), 2011. 6. 7][[시행일 2011. 12. 8]]

② 제1항에 따른 중앙보육정책위원회와 지방보육정책위원회(이하 "보육정책위원회"라 한다)의 위원은 보육전문가, 어린이집의 원장 및 보육교사 대표, 보호자 대표 또는 공익을 대표하는 자, 관계 공무원 등으로 구성한다. [개정 2011. 6. 7][[시행일 2011. 12. 8]]

③ 보육정책위원회의 구성·기능 및 운영 등에 필요한 사항은 대통령령으로 정한다.

[전문개정 2007. 10. 17]

제7조(육아종합지원센터)

① 영유아에게 제26조의2에 따른 일시보육서비스를 제공하거나 보육에 관한 정보의 수집·제공 및 상담을 위하여 보건복지부장관은 중앙육아종합지원센터를, 특별시장·광역시장·특별자치시장·도지사·특별자치도지사(이하 "시·도지사"라 한다) 및 시장·군수·구청장은 지방육아종합지원센터를 설치·운영하여야 한다. 이 경우 필요하다고 인정하는 경우에는 영아·장애아 보육 등에 관한 육아종합지원센터를 별도로 설치·운영할 수 있다. [개정 2008. 2. 29 제8852호(정부조직법), 2010. 1. 18 제9932호(정부조직법), 2013. 6. 4] [[시행일 2013. 12. 5]]

② 제1항에 따른 중앙육아종합지원센터와 지방육아종합지원센터(이하 "육아종합지원센터"라 한다)에는 육아종합지원센터의 장과 보육에 관한 정보를 제공하는 보육전문요원 및 보육교직원의 정서적·심리적 상담 등의 업무를 하는 상담전문요원 등을 둔다. [개정 2013. 6. 4, 2015. 5. 18] [[시행일 2015. 9. 19]]

③ 삭제 [2011. 8. 4] [[시행일 2012. 2. 5]]

④ 육아종합지원센터의 설치·운영 및 기능, 육아종합지원센터의 장과 보육전문요원 및 상담전문요원의 자격 및 직무 등에 필요한 사항은 대통령령으로 정한다. [개정 2011. 8. 4, 2013. 6. 4, 2015. 5. 18] [[시행일 2015. 9. 19]]

[전문개정 2007. 10. 17]

[본조제목개정 2013. 6. 4] [[시행일 2013. 12. 5]]

제8조(보육개발원)

① 보건복지부장관은 보육에 관한 연구와 정보 제공, 프로그램 및 교재 개발, 평가척도 개발 및 보육교직원 연수 등의 업무를 위하여 보육개발원을 설치하거나 그 업무를 관련 연구기관 등에 위탁할 수 있다. [개정 2008. 2. 29 제8852호(정부조직법), 2010. 1. 18 제9932호(정부조직법), 2011. 6. 7] [[시행일 2011. 12. 8]]

② 제1항에 따른 보육개발원의 설치·운영 및 위탁 등에 필요한 사항은 대통령령으로 정한다.

[전문개정 2007. 10. 17]

제9조(보육 실태 조사)

① 보건복지부장관은 이 법의 적절한 시행을 위하여 보육 실태 조사를 3년마다 하여야 한다. [개정 2008. 2. 29 제8852호(정부조직법), 2010. 1. 18 제9932호(정부조직법), 2011. 6. 7][[시행일 2011. 12. 8]]

② 제1항에 따른 보육 실태 조사의 방법과 내용 등에 필요한 사항은 보건복지부령으로 정한다. [개정 2008. 2. 29 제8852호(정부조직법), 2010. 1. 18 제9932호(정부조직법)] [[시행일 2010. 3. 19]]

[전문개정 2007. 10. 17]

제2장 어린이집의 설치[개정 2011. 6. 7][[시행일 2011. 12. 8]]

제10조(어린이집의 종류)

어린이집의 종류는 다음 각 호와 같다. [개정 2011. 6. 7, 2011. 8. 4, 2016. 2. 3, 2017. 3. 14]

1. 국공립어린이집 : 국가나 지방자치단체가 설치·운영하는 어린이집
2. 사회복지법인어린이집 : 「사회복지사업법」에 따른 사회복지법인(이하 "사회복지법인"이라 한다)이 설치·운영하는 어린이집
3. 법인·단체 등 어린이집: 각종 법인(사회복지법인을 제외한 비영리법인)이나 단체 등이 설치·운영하는 어린이집으로서 대통령령으로 정하는 어린이집
4. 직장어린이집 : 사업주가 사업장의 근로자를 위하여 설치·운영하는 어린이집(국가나 지방자치단체의 장이 소속 공무원 및 국가나 지방자치단체의 장과 근로계약을 체결한 자로서 공무원이 아닌 자를 위하여 설치·운영하는 어린이집을 포함한다)
5. 가정어린이집 : 개인이 가정이나 그에 준하는 곳에 설치·운영하는 어린이집
6. 협동어린이집 : 보호자 또는 보호자와 보육교직원이 조합(영리를 목적으로 하지 아니하는 조합에 한정한다)을 결성하여 설치·운영하는 어린이집
7. 민간어린이집 : 제1호부터 제6호까지의 규정에 해당하지 아니하는 어린이집

[전문개정 2007. 10. 17]

[본조제목개정 2011. 6. 7] [[시행일 2011. 12. 8]]

제11조(보육계획의 수립 및 시행)

① 보건복지부장관, 시·도지사 및 시장·군수·구청장은 보육사업을 원활하게 추진하기 위하여 보건복지부장관의 경우에는 중앙보육정책위원회, 그 밖의 경우에는 각 지방보육정책위원회의 심의를 거쳐 어린이집 수급계획 등을 포함한 보육계획을 수립·시행하여야 한다. 이 경우 보육계획에는 국공립어린이집의 공급에 관한 계획 및 목표가 포함되어야 한다. [개정 2008. 2. 29 제

8852호(정부조직법), 2010. 1. 18 제9932호(정부조직법), 2011. 6. 7, 2013. 8. 13] [[시행일 2014. 2. 14]]

② 보건복지부장관, 시·도지사 및 시장·군수·구청장은 제1항에 따른 보육계획의 수립·시행을 위하여 필요하면 어린이집, 보육 관련 법인·단체 등에 대하여 자료 제공 등의 협조를 요청할 수 있으며, 그 요청을 받은 어린이집과 보육 관련 법인·단체 등은 정당한 사유가 없으면 요청에 따라야 한다. [개정 2008. 2. 29 제8852호(정부조직법), 2010. 1. 18 제9932호(정부조직법), 2011. 6. 7][[시행일 2011. 12. 8]]

③ 제1항에 따른 보육계획의 내용, 수립 시기 및 절차 등에 필요한 사항은 대통령령으로 정한다.

[전문개정 2007. 10. 17]

제11조의2(어린이집 또는 어린이집 용지 확보)

시·도지사, 시장·군수·구청장은 「도시개발법」, 「도시 및 주거환경정비법」, 「택지개발촉진법」, 「산업입지 및 개발에 관한 법률」및 「공공주택 특별법」등에 따라 시행하는 개발·정비·조성사업에 어린이집 또는 어린이집 용지가 확보될 수 있도록 노력하여야 한다. [개정 2009. 3. 20 제9511호(보금자리주택건설 등에 관한 특별법), 2011. 6. 7, 2011. 8. 4, 2014. 1. 14 제12251호(공공주택건설 등에 관한 특별법), 2015. 8. 28 제13498호(공공주택 특별법)] [[시행일 2015. 12. 29]]

[본조신설 2008. 1. 17] [[시행일 2008. 4. 18]]

[본조제목개정 2011. 6. 7][[시행일 2011. 12. 8]]

제12조(국공립어린이집의 설치 등)

국가나 지방자치단체는 국공립어린이집을 설치·운영하여야 한다. 이 경우 국공립어린이집은 제11조의 보육계획에 따라 다음 각 호의 지역에 우선적으로 설치하여야 한다. [개정 2011. 6. 7, 2013. 8. 13, 2017. 3. 14]

1. 도시 저소득주민 밀집 주거지역 및 농어촌지역 등 취약지역
2. 「건축법」에 따른 공동주택 중 대통령령으로 정하는 일정 세대 이상의 공동주택을 건설하는 주택단지 지역
3. 「산업입지 및 개발에 관한 법률」 제2조 제8호에 따른 산업단지 지역

[전문개정 2007. 10. 17]

[본조제목개정 2011. 6. 7][[시행일 2011. 12. 8]]

제13조(국공립어린이집 외의 어린이집의 설치)

① 국공립어린이집 외의 어린이집을 설치·운영하려는 자는 특별자치도지사·시장·군수·구청장의 인가를 받아야 한다. 인가받은 사항 중 중요 사항을 변경하려는 경우에도 또한 같다. [개정

2011. 6. 7, 2011. 8. 4] [[시행일 2012. 2. 5]]

② 제1항에 따라 어린이집의 설치인가를 받은 자는 어린이집 방문자 등이 볼 수 있는 곳에 어린이집 인가증을 게시하여야 한다. [신설 2011. 8. 4] [[시행일 2012. 2. 5]]

③ 제1항에 따른 인가에 필요한 사항은 보건복지부령으로 정한다. [개정 2008. 2. 29 제8852호(정부조직법), 2010. 1. 18 제9932호(정부조직법), 2011. 8. 4] [[시행일 2012. 2. 5]]

[전문개정 2007. 10. 17]

[본조제목개정 2011. 6. 7][[시행일 2011. 12. 8]]

제14조(직장어린이집의 설치 등)

① 대통령령으로 정하는 일정 규모 이상의 사업장의 사업주는 직장어린이집을 설치하여야 한다. 다만, 사업장의 사업주가 직장어린이집을 단독으로 설치할 수 없을 때에는 사업주 공동으로 직장어린이집을 설치·운영하거나, 지역의 어린이집과 위탁계약을 맺어 근로자 자녀의 보육을 지원(이하 이 조에서 "위탁보육"이라 한다)하여야 한다. [개정 2011. 6. 7, 2014. 5. 20] [[시행일 2015. 1. 1]]

② 제1항 단서에 따라 사업장의 사업주가 위탁보육을 하는 경우에는 사업장 내 보육대상이 되는 근로자 자녀 중에서 위탁보육을 받는 근로자 자녀가 보건복지부령으로 정하는 일정 비율 이상이 되도록 하여야 한다. [개정 2008. 2. 29 제8852호(정부조직법), 2010. 1. 18 제9932호(정부조직법), 2011. 6. 7, 2014. 5. 20] [[시행일 2015. 1. 1]]

③ 제1항에 따른 어린이집의 설치 및 위탁보육에 필요한 사항은 보건복지부령으로 정한다. [신설 2014. 5. 20] [[시행일 2015. 1. 1]]

[전문개정 2007. 10. 17]

[본조제목개정 2011. 6. 7][[시행일 2011. 12. 8]]

제14조의2(직장어린이집 설치의무 미이행 사업장 명단 공표 등)

① 보건복지부장관 및 대통령령으로 정하는 기관("조사기관"이라 한다. 이하 이 조에서 같다)의 장은 제14조에 따른 직장어린이집 설치 등 의무 이행에 관한 실태 조사를 매년 실시하여야 한다. 이 경우, 조사기관의 장은 실태 조사를 완료한 후 그 결과를 보건복지부장관에게 통보하여야 한다.

② 보건복지부장관은 제1항에 따른 실태조사 결과 직장어린이집 설치 등의 의무를 이행하지 아니한 사업장 및 실태조사에 불응한 사업장("미이행 사업장"이라 한다. 이하 이 조에서 같다)의 명단을 공표할 수 있다. 다만, 대통령령으로 정하는 사유가 있는 경우에는 그러하지 아니하다. [개정 2014. 5. 20] [[시행일 2015. 1. 1]]

③ 제2항에 따른 명단 공표 여부를 심의하기 위하여 보건복지부에 직장어린이집명단공표심의위원회(이하 이 조에서 "위원회"라 한다)를 둔다. 이 경우 위원회의 위원은 위원장을 포함하여 5인 이상으로 구성하고 다음 각 호의 어느 하나에 해당하는 사람 중에서 보건복지부장관이 임명 또는 위촉한다. [개정 2014. 5. 20] [[시행일 2015. 1. 1]]

1. 보건복지부에서 보육정책을 담당하는 3급 공무원 또는 고위공무원단에 속하는 일반직 공무원
2. 변호사 등 법률 전문가
3. 근로자를 대표하는 사람
4. 사업주를 대표하는 사람
5. 공익을 대표하는 사람
6. 그 밖에 보육전문가 등 대통령령으로 정하는 사람

④ 보건복지부장관은 위원회의 심의를 거친 명단공표 대상 사업장의 사업주에게 대통령령으로 정하는 바에 따라 명단 공표 대상자임을 통지하여 소명기회를 주어야 한다.

⑤ 제2항에 따른 공표는 보건복지부·고용노동부의 홈페이지에 1년간 게시하고, 2개 이상 일간지에 게재하는 방법으로 한다. [개정 2014. 5. 20] [[시행일 2015. 1. 1]]

⑥ 제1항부터 제3항까지의 규정에 따른 직장어린이집 설치 등 의무 이행에 관한 실태 조사의 내용과 방법, 미이행 사업장 명단 공표와 관련하여 필요한 사항 및 위원회의 설치·운영 등에 필요한 사항은 대통령령으로 정한다.

[본조신설 2011. 12. 31] [[시행일 2012. 7. 1]]

제15조(어린이집 설치기준)

어린이집을 설치·운영하려는 자는 보건복지부령으로 정하는 설치기준을 갖추어야 한다. 다만, 놀이터, 비상재해대비시설 및 폐쇄회로 텔레비전의 설치와 관련된 사항은 각각 제15조의2부터 제15조의4까지에 따른다. [개정 2008. 2. 29 제8852호(정부조직법), 2010. 1. 18 제9932호(정부조직법), 2011. 6. 7, 2011. 12. 31, 2015. 5. 18] [[시행일 2015. 9. 19]]

[전문개정 2007. 10. 17]

[본조제목개정 2011. 6. 7][[시행일 2011. 12. 8]]

제15조의2(놀이터 설치)

① 어린이집을 설치·운영하는 자는 놀이터를 설치하여야 하며 설치에 관한 기준은 보건복지부령으로 정한다. 다만, 다음 각 호의 어느 하나에 해당하는 어린이집은 그러하지 아니한다.

1. 보육 정원 50명 미만인 어린이집
2. 100미터 이내에 보건복지부령으로 정하는 기준을 충족하는 놀이터가 설치되어 있는 어린이집

② 제1항에도 불구하고 특별자치도지사·시장·군수·구청장은 제6조 제1항에 따른 지방보육정책위원회의 심의를 거쳐 2005년 1월 29일 이전에 인가받은 어린이집이 도심지 및 도서·벽지 등 지역의 여건상 놀이터를 설치하기 곤란한 경우로서 보육상 지장이 없다고 인정하는 경우에는 놀이터를 설치하지 아니하거나 놀이터 설치 기준을 완화하여 변경인가할 수 있다.

[본조신설 2011. 6. 7][[시행일 2011. 12. 8]]

제15조의3(비상재해대비시설)

① 어린이집을 설치·운영하는 자는 반드시 1층과 2층 이상 등 종류별 비상재해대비시설을 설치하여야 하며 설치에 관한 기준은 보건복지부령으로 정한다.

② 제1항에도 불구하고 특별자치도지사·시장·군수·구청장은 2009년 7월 3일 이전에 이미 인가받은 어린이집("기인가 어린이집"이라 한다. 이하 이 조에서 같다)이 비상재해 대비에 지장이 없다고 판단할 경우 종전 인가 당시 기준을 적용할 수 있다. 이 경우, 특별자치도지사·시장·군수·구청장은 기인가 어린이집이 비상재해 대비에 지장이 없는지 여부를 판단하기 위해 비상재해대비시설기준 심의위원회를 구성·운영하여야 하며 해당 위원회의 심의를 반드시 거쳐야 한다.

③ 제2항에 따른 비상재해대비시설기준 심의위원회의 위원은 5인 이상으로 하며 다음 각 호의 어느 하나에 해당하는 사람 중에서 특별자치도지사·시장·군수·구청장이 임명하거나 위촉한다. 이 경우 전체 위원의 2분의 1 이상은 제1호부터 제4호까지에 해당하는 사람으로 구성하여야 하며 위원장은 위원 중에서 호선한다.

1. 소방공무원
2. 소방기술사
3. 소방시설관리사
4. 「소방시설 설치·유지 및 안전관리에 관한 법률」 제4조의2에 따른 소방·방재 분야에 관한 전문지식을 갖춘 사람
5. 보육 관련 업무를 담당하는 공무원
6. 「고등교육법」 제2조에 따른 학교에 재직하고 있는 보육 관련 분야 교수

④ 위원의 임기, 운영 및 회의 등에 필요한 사항은 제6조에 따른 지방보육정책위원회 관련 규정을 준용한다.

[본조신설 2011. 12. 31]

제15조의4(폐쇄회로 텔레비전의 설치 등)

① 어린이집을 설치·운영하는 자는 아동학대 방지 등 영유아의 안전과 어린이집의 보안을 위하여 「개인정보 보호법」및 관련 법령에 따른 폐쇄회로 텔레비전(이하 "폐쇄회로 텔레비전"이라 한다)을 설치·관리하여야 한다. 다만, 다음 각 호의 어느 하나에 해당하는 경우에는 그러하지 아니하다.

1. 어린이집을 설치·운영하는 자가 보호자 전원의 동의를 받아 시장·군수·구청장에게 신고한 경우
2. 어린이집을 설치·운영하는 자가 보호자 및 보육교직원 전원의 동의를 받아 「개인정보 보호법」및 관련 법령에 따른 네트워크 카메라를 설치한 경우

② 제1항에 따라 폐쇄회로 텔레비전을 설치·관리하는 자는 영유아 및 보육교직원 등 정보주체의 권리가 침해되지 아니하도록 다음 각 호의 사항을 준수하여야 한다.

1. 아동학대 방지 등 영유아의 안전과 어린이집의 보안을 위하여 최소한의 영상정보만을 적법하고 정당하게 수집하고, 목적 외의 용도로 활용하지 아니하도록 할 것
2. 영유아 및 보육교직원 등 정보주체의 권리가 침해받을 가능성과 그 위험 정도를 고려하여 영상정보를 안전하게 관리할 것
3. 영유아 및 보육교직원 등 정보주체의 사생활 침해를 최소화하는 방법으로 영상정보를 처리할 것

③ 어린이집을 설치·운영하는 자는 폐쇄회로 텔레비전에 기록된 영상정보를 60일 이상 보관하여야 한다.

④ 제1항에 따른 폐쇄회로 텔레비전의 설치·관리기준 및 동의 또는 신고의 방법·절차·요건, 제3항에 따른 영상정보의 보관기준 및 보관기간 등에 필요한 사항은 보건복지부령으로 정한다.

[본조신설 2015. 5. 18] [[시행일 2015. 9. 19]]

제15조의5(영상정보의 열람금지 등)

① 폐쇄회로 텔레비전을 설치·관리하는 자는 다음 각 호의 어느 하나에 해당하는 경우를 제외하고는 제15조의4 제1항의 영상정보를 열람하게 하여서는 아니 된다.

1. 보호자가 자녀 또는 보호아동의 안전을 확인할 목적으로 열람시기·절차 및 방법 등 보건복지부령으로 정하는 바에 따라 요청하는 경우
2. 「개인정보 보호법」 제2조 제6호가목에 따른 공공기관이 제42조 또는 「아동복지법」 제66조 등 법령에서 정하는 영유아의 안전업무 수행을 위하여 요청하는 경우
3. 범죄의 수사와 공소의 제기 및 유지, 법원의 재판업무 수행을 위하여 필요한 경우
4. 그 밖에 보육관련 안전업무를 수행하는 기관으로서 보건복지부령으로 정하는 자가 업무의 수

행을 위하여 열람시기·절차 및 방법 등 보건복지부령으로 정하는 바에 따라 요청하는 경우

② 어린이집을 설치·운영하는 자는 다음 각 호의 어느 하나에 해당하는 행위를 하여서는 아니 된다.

1. 제15조의4제1항의 설치 목적과 다른 목적으로 폐쇄회로 텔레비전을 임의로 조작하거나 다른 곳을 비추는 행위
2. 녹음기능을 사용하거나 보건복지부령으로 정하는 저장장치 이외의 장치 또는 기기에 영상정보를 저장하는 행위

③ 어린이집을 설치·운영하는 자는 제15조의4제1항의 영상정보가 분실·도난·유출·변조 또는 훼손되지 아니하도록 내부 관리계획의 수립, 접속기록 보관 등 대통령령으로 정하는 바에 따라 안전성 확보에 필요한 기술적·관리적 및 물리적 조치를 하여야 한다.

④ 국가 및 지방자치단체는 어린이집에 설치한 폐쇄회로 텔레비전의 설치·관리와 그 영상정보의 열람으로 영유아 및 보육교직원 등 정보주체의 권리가 침해되지 아니하도록 설치·관리 및 열람 실태를 보건복지부령으로 정하는 바에 따라 매년 1회 이상 조사·점검하여야 한다.

⑤ 폐쇄회로 텔레비전의 설치·관리와 그 영상정보의 열람에 관하여 이 법에서 규정된 것을 제외하고는 「개인정보 보호법」(제25조는 제외한다)을 적용한다.

[본조신설 2015. 5. 18] [[시행일 2015. 9. 19]]

제16조(결격사유)

다음 각 호의 어느 하나에 해당하는 자는 어린이집을 설치·운영할 수 없다. [개정 2011. 6. 7, 2013. 8. 13, 2014. 5. 28, 2015. 5. 18] [[시행일 2015. 9. 19]]

1. 미성년자·피성년후견인 또는 피한정후견인
2. 「정신보건법」 제3조 제1호의 정신질환자
3. 「마약류 관리에 관한 법률」 제2조 제1호의 마약류에 중독된 자
4. 파산선고를 받고 복권되지 아니한 자
5. 금고 이상의 실형을 선고받고 그 집행이 종료(집행이 종료된 것으로 보는 경우를 포함한다)되거나 집행이 면제된 날부터 5년(「아동복지법」 제3조 제7호의2에 따른 아동학대관련범죄를 저지른 경우에는 20년)이 경과되지 아니한 자
6. 금고 이상의 형의 집행유예를 선고받고 그 유예기간 중에 있는 사람. 다만, 「아동복지법」 제3조 제7호의2에 따른 아동학대관련범죄로 금고 이상의 형의 집행유예를 선고받은 경우에는 그 집행유예가 확정된 날부터 20년이 지나지 아니한 사람
7. 제45조에 따라 어린이집의 폐쇄명령을 받고 5년이 경과되지 아니한 자
8. 제54조에 따라 300만 원 이상의 벌금형이 확정된 날부터 2년이 지나지 아니한 사람 또는 「아

동복지법」 제3조 제7호의2에 따른 아동학대관련범죄로 벌금형이 확정된 날부터 10년이 지나지 아니한 사람

9. 제23조의3에 따른 교육명령을 이행하지 아니한 자

[전문개정 2007. 10. 17]

제3장 보육교직원[개정 2011. 6. 7][[시행일 2011. 12. 8]]

제17조(보육교직원의 배치)

① 어린이집에는 보육교직원을 두어야 한다. [개정 2011. 6. 7][[시행일 2011. 12. 8]]

② 어린이집에는 보육교사의 업무 부담을 경감할 수 있도록 보조교사 등을 둔다. [신설 2015. 5. 18] [[시행일 2015. 9. 19]]

③ 휴가 또는 보수교육 등으로 보육교사의 업무에 공백이 생기는 경우에는 이를 대체할 수 있는 대체교사를 배치한다. [신설 2015. 5. 18] [[시행일 2015. 9. 19]]

④ 보육교직원 및 그 밖의 인력의 배치기준 등에 필요한 사항은 보건복지부령으로 정한다. [개정 2008. 2. 29 제8852호(정부조직법), 2010. 1. 18 제9932호(정부조직법), 2011. 6. 7, 2015. 5. 18] [[시행일 2015. 9. 19]]

[전문개정 2007. 10. 17]

[본조제목개정 2011. 6. 7][[시행일 2011. 12. 8]]

제18조(보육교직원의 직무)

① 어린이집의 원장은 어린이집을 총괄하고 보육교사와 그 밖의 직원을 지도·감독하며 영유아를 보육한다. [개정 2011. 6. 7][[시행일 2011. 12. 8]]

② 보육교사는 영유아를 보육하고 어린이집의 원장이 불가피한 사유로 직무를 수행할 수 없을 때에는 그 직무를 대행한다. [개정 2011. 6. 7][[시행일 2011. 12. 8]]

[전문개정 2007. 10. 17]

[본조제목개정 2011. 6. 7][[시행일 2011. 12. 8]]

제18조의2(보육교직원의 책무)

보육교직원은 영유아를 보육함에 있어 영유아에게 신체적 고통이나 고성·폭언 등의 정신적 고통을 가하여서는 아니 된다.

[본조신설 2015. 5. 18] [[시행일 2015. 9. 19]]

제19조(보육교직원의 임면 등)

① 특별자치도지사·시장·군수·구청장은 보육교직원의 권익 보장과 근로여건 개선을 위하여 보육교직원의 임면(任免)과 경력 등에 관한 사항을 관리하여야 한다. [개정 2011. 6. 7, 2011. 8. 4] [[시행일 2012. 2. 5]]

② 어린이집의 원장은 보건복지부령으로 정하는 바에 따라 보육교직원의 임면에 관한 사항을 특별자치도지사·시장·군수·구청장에게 보고하여야 한다. [개정 2008. 2. 29 제8852호(정부조직법), 2010. 1. 18 제9932호(정부조직법), 2011. 6. 7, 2011. 8. 4] [[시행일 2012. 2. 5]]

[전문개정 2007. 10. 17]

[본조제목개정 2011. 6. 7][[시행일 2011. 12. 8]]

제20조(결격사유)

다음 각 호의 어느 하나에 해당하는 자는 어린이집에 근무할 수 없다. [개정 2011. 6. 7, 2013. 8. 13]

1. 제16조 각 호의 어느 하나에 해당하는 자
2. 제46조나 제47조에 따라 자격정지 중인 자
3. 제48조 제1항에 따라 자격이 취소된 후 같은 조 제2항에 따른 자격 재교부 기한이 경과되지 아니한 자

[전문개정 2007. 10. 17]

제21조(어린이집의 원장 또는 보육교사의 자격)

① 어린이집의 원장은 대통령령으로 정하는 자격을 가진 자로서 보건복지부장관이 검정·수여하는 자격증을 받은 자이어야 한다. [개정 2008. 2. 29 제8852호(정부조직법), 2010. 1. 18 제9932호(정부조직법), 2011. 6. 7][[시행일 2011. 12. 8]]

② 보육교사는 다음 각 호의 어느 하나에 해당하는 자로서 보건복지부장관이 검정·수여하는 자격증을 받은 자이어야 한다. [개정 2008. 1. 17, 2008. 2. 29 제8852호(정부조직법), 2010. 1. 18 제9932호(정부조직법), 2011. 8. 4] [[시행일 2012. 2. 5]]

1. 「고등교육법」 제2조에 따른 학교에서 보건복지부령으로 정하는 보육 관련 교과목과 학점을 이수하고 전문학사학위 이상을 취득한 사람

   1의2. 법령에 따라 「고등교육법」 제2조에 따른 학교를 졸업한 사람과 같은 수준 이상의 학력이 있다고 인정된 사람으로서 보건복지부령으로 정하는 보육 관련 교과목과 학점을 이수하고 전문학사학위 이상을 취득한 사람

2. 고등학교 또는 이와 같은 수준 이상의 학교를 졸업한 자로서 시·도지사가 지정한 교육훈련시설에서 소정의 교육과정을 이수한 사람

③ 제2항에 따른 보육교사의 등급은 1·2·3급으로 하고, 등급별 자격기준은 대통령령으로 정한다.

④ 제2항 제2호에 따른 교육훈련시설의 지정 및 지정 취소, 교육과정 등에 필요한 사항은 보건복지부령으로 정한다. [신설 2011. 8. 4] [[시행일 2012. 2. 5]]

[전문개정 2007. 10. 17]

[본조제목개정 2011. 6. 7][[시행일 2011. 12. 8]]

제22조(어린이집의 원장 또는 보육교사 자격증의 교부 등)

① 보건복지부장관은 제21조 제1항 및 제2항에 따라 어린이집의 원장 또는 보육교사의 자격을 검정하고 자격증을 교부하여야 한다. [개정 2008. 2. 29 제8852호(정부조직법), 2010. 1. 18 제9932호(정부조직법), 2011. 6. 7]

② 보건복지부장관은 제1항에 따른 어린이집의 원장 또는 보육교사의 자격증을 교부받거나 재교부(이하 "보육자격증 교부 등"이라 한다)를 받으려는 사람에게 보건복지부령으로 정하는 바에 따라 수수료를 받을 수 있다. [신설 2011. 6. 7]

③ 삭제 [2011. 8. 4] [[시행일 2012. 2. 5]]

④ 삭제 [2011. 8. 4] [[시행일 2012. 2. 5]]

⑤ 제51조의2 제1항 제2호에 따라 보육자격증 교부 등에 관한 업무를 위탁받은 공공 또는 민간 기관·단체는 제2항에 따라 납부받은 수수료를 보건복지부장관의 승인을 받아 보육자격증 교부 등에 필요한 경비에 직접 충당할 수 있다. [신설 2011. 6. 7, 2011. 8. 4] [[시행일 2012. 2. 5]]

⑥ 보육자격증 교부 등에 필요한 사항은 보건복지부령으로 정한다. [개정 2008. 2. 29 제8852호(정부조직법), 2010. 1. 18 제9932호(정부조직법), 2011. 6. 7]

[전문개정 2007. 10. 17]

[본조제목개정 2011. 6. 7]

제22조의2(명의대여 등의 금지)

어린이집의 원장 또는 보육교사는 다른 사람에게 자기의 성명이나 어린이집의 명칭을 사용하여 어린이집의 원장 또는 보육교사의 업무를 수행하게 하거나 자격증을 대여하여서는 아니 된다. [개정 2011. 6. 7][[시행일 2011. 12. 8]]

[전문개정 2007. 10. 17]

제23조(어린이집 원장의 보수교육)

① 보건복지부장관은 어린이집 원장의 자질 향상을 위한 보수교육(補修敎育)을 실시하여야 한

다. 이 경우 보수교육은 집합교육을 원칙으로 한다. [개정 2008. 2. 29 제8852호(정부조직법), 2010. 1. 18 제9932호(정부조직법), 2011. 6. 7, 2011. 12. 31, 2015. 5. 18] [[시행일 2015. 9. 19]]

② 제1항에 따른 보수교육은 사전직무교육과 직무교육으로 구분한다. [개정 2011. 12. 31] [[시행일 2012. 7. 1]]

③ 삭제 [2011. 8. 4] [[시행일 2012. 2. 5]]

④ 제1항에 따른 보수교육에는 다음 각 호의 사항에 관한 내용을 포함하여야 한다. [신설 2015. 5. 18, 2015. 12. 29]

1. 성폭력 및 아동학대 예방
2. 실종·유괴의 예방과 방지
3. 감염병 및 약물의 오남용 예방 등 보건위생 관리
4. 재난대비 안전
5. 교통안전
6. 어린이집 원장의 인성함양(영유아의 인권보호 교육을 포함한다)
7. 그 밖에 보건복지부령으로 정하는 사항

⑤ 그 밖에 보수교육의 기간·방법 등에 필요한 사항은 보건복지부령으로 정한다. [개정 2008. 2. 29 제8852호(정부조직법), 2010. 1. 18 제9932호(정부조직법), 2011. 8. 4, 2015. 5. 18] [[시행일 2015. 9. 19]]

[전문개정 2007. 10. 17]

[본조제목개정 2011. 12. 31] [[시행일 2012. 7. 1]]

제23조의2(보육교사의 보수교육)

① 보건복지부장관은 보육교사의 자질 향상을 위한 보수교육(補修敎育)을 실시하여야 한다. 이 경우 보수교육은 집합교육을 원칙으로 한다. [개정 2015. 5. 18] [[시행일 2015. 9. 19]]

② 제1항에 따른 보수교육은 직무교육과 승급교육으로 구분한다.

③ 제1항에 따른 보수교육에는 다음 각 호의 사항에 관한 내용을 포함하여야 한다. [신설 2015. 5. 18, 2015. 12. 29]

1. 성폭력 및 아동학대 예방
2. 실종·유괴의 예방과 방지
3. 감염병 및 약물의 오남용 예방 등 보건위생 관리
4. 재난대비 안전
5. 교통안전
6. 보육교사의 인성함양(영유아의 인권보호 교육을 포함한다)
7. 그 밖에 보건복지부령으로 정하는 사항

④ 그 밖에 보수교육의 기간·방법 등에 필요한 사항은 보건복지부령으로 정한다. [개정 2015. 5. 18] [[시행일 2015. 9. 19]]

[본조신설 2011. 12. 31] [[시행일 2012. 7. 1]]

제23조의3(교육명령)

① 보건복지부장관은 「아동복지법」 제3조 제7호의2에 따른 아동학대관련범죄를 저지른 사람이 제16조 제5호부터 제8호까지의 결격사유 및 제20조 제1호의 결격사유(제16조 제5호부터 제8호까지의 결격사유에 해당하는 경우에 한정한다)에 해당하지 아니하게 되어 어린이집을 설치·운영하거나 어린이집에 근무하려는 경우에는 그 사람에 대하여 사전에 아동학대 방지를 위한 교육을 받도록 명하여야 한다. 이 경우 교육 실시에 드는 비용은 교육을 받는 사람이 부담한다. [개정 2015. 5. 18] [[시행일 2015. 9. 19]]

② 제1항에 따른 교육명령의 조치와 관련한 절차, 교육기관, 교육 방법·내용 등에 필요한 사항은 보건복지부령으로 정한다.

[본조신설 2013. 8. 13] [[시행일 2014. 2. 14]]

제4장 어린이집의 운영[개정 2011. 6. 7][[시행일 2011. 12. 8]]

제24조(어린이집의 운영기준 등)

① 어린이집을 설치·운영하는 자는 보건복지부령으로 정하는 운영기준에 따라 어린이집을 운영하여야 한다. [개정 2008. 2. 29 제8852호(정부조직법), 2010. 1. 18 제9932호(정부조직법), 2011. 6. 7][[시행일 2011. 12. 8]]

② 국가나 지방자치단체는 제12조에 따라 설치된 국공립어린이집을 법인·단체 또는 개인에게 위탁하여 운영할 수 있다. 이 경우 최초 위탁은 보건복지부령으로 정하는 국공립어린이집 위탁제 선정관리 기준에 따라 심의하며, 다음 각 호의 어느 하나에 해당하는 자에게 위탁하는 경우를 제외하고는 공개경쟁의 방법에 따른다. [개정 2008. 1. 17, 2011. 6. 7, 2011. 8. 4] [[시행일 2012. 2. 5]]

1. 민간어린이집을 국가 또는 지방자치단체에 기부채납하여 국공립어린이집으로 전환하는 경우 기부채납 전에 그 어린이집을 설치·운영한 자
2. 국공립어린이집 설치 시 해당 부지 또는 건물을 국가 또는 지방자치단체에 기부채납하거나 무상으로 사용하게 한 자
3. 「주택법」에 따라 설치된 민간어린이집을 국공립어린이집으로 전환하는 경우 전환하기 전에

그 어린이집을 설치·운영한 자

③ 제14조에 따라 직장어린이집을 설치한 사업주는 이를 법인·단체 또는 개인에게 위탁하여 운영할 수 있다. [개정 2011. 6. 7][[시행일 2011. 12. 8]]

④ 제2항과 제3항에 따른 어린이집 위탁 및 위탁 취소 등에 필요한 사항은 보건복지부령으로 정한다. [개정 2008. 2. 29 제8852호(정부조직법), 2010. 1. 18 제9932호(정부조직법), 2011. 6. 7, 2011. 8. 4] [[시행일 2012. 2. 5]]

[전문개정 2007. 10. 17]

[본조제목개정 2011. 6. 7][[시행일 2011. 12. 8]]

제25조(어린이집운영위원회)

① 어린이집의 원장은 어린이집 운영의 자율성과 투명성을 높이고 지역사회와의 연계를 강화하여 지역 실정과 특성에 맞는 보육을 실시하기 위하여 어린이집에 어린이집운영위원회를 설치·운영할 수 있다. 다만, 제26조에 따른 취약보육(脆弱保育)을 우선적으로 실시하여야 하는 어린이집과 대통령령으로 정하는 어린이집은 어린이집운영위원회를 설치·운영하여야 한다. [개정 2011. 6. 7][[시행일 2011. 12. 8]]

② 어린이집운영위원회는 그 어린이집의 원장, 보육교사 대표, 학부모 대표 및 지역사회 인사(직장어린이집의 경우에는 그 직장의 어린이집 업무 담당자로 한다)로 구성한다. 이 경우 학부모 대표가 2분의 1 이상이 되도록 구성하여야 한다. [개정 2011. 6. 7, 2015. 5. 18] [[시행일 2015. 9. 19]]

③ 어린이집의 원장은 어린이집운영위원회의 위원 정수를 5명 이상 10명 이내의 범위에서 어린이집의 규모 등을 고려하여 정할 수 있다. [개정 2011. 6. 7][[시행일 2011. 12. 8]]

④ 어린이집운영위원회는 다음 각 호의 사항을 심의한다. [개정 2011. 6. 7, 2011. 8. 4, 2013. 8. 13, 2015. 5. 18] [[시행일 2015. 9. 19]]

1. 어린이집 운영 규정의 제정이나 개정에 관한 사항
2. 어린이집 예산 및 결산의 보고에 관한 사항
3. 영유아의 건강·영양 및 안전에 관한 사항
   3의2. 아동학대 예방에 관한 사항
4. 보육 시간, 보육과정의 운영 방법 등 어린이집의 운영에 관한 사항
5. 보육교직원의 근무환경 개선에 관한 사항
6. 영유아의 보육환경 개선에 관한 사항
7. 어린이집과 지역사회의 협력에 관한 사항
8. 보육료 외의 필요경비를 받는 경우 제38조에 따른 범위에서 그 수납액 결정에 관한 사항
9. 그 밖에 어린이집 운영에 대한 제안 및 건의사항

⑤ 어린이집운영위원회는 연간 4회 이상 개최하여야 한다. [신설 2015. 5. 18] [[시행일 2015. 9. 19]]

⑥ 그 밖에 어린이집운영위원회의 설치·운영에 필요한 사항은 보건복지부령으로 정한다. [개정 2008. 2. 29 제8852호(정부조직법), 2010. 1. 18 제9932호(정부조직법), 2011. 6. 7, 2015. 5. 18] [[시행일 2015. 9. 19]]

[전문개정 2007. 10. 17]

[본조제목개정 2011. 6. 7][[시행일 2011. 12. 8]]

제25조의2(부모모니터링단)

① 시·도지사 또는 시장·군수·구청장은 어린이집 보육환경을 모니터링하고 개선을 위한 컨설팅을 하기 위하여 부모, 보육·보건 전문가로 점검단(이하 이 조에서 "부모모니터링단"이라 한다)을 구성·운영할 수 있다.

② 부모모니터링단은 다음 각 호의 직무를 수행한다.

1. 어린이집 급식, 위생, 건강 및 안전관리 등 운영상황 모니터링
2. 어린이집 보육환경 개선을 위한 컨설팅
3. 그 밖에 보육 관련 사항으로서 보건복지부령으로 정하는 사항

③ 부모모니터링단은 10명 이내로 구성하며 시·도지사 또는 시장·군수·구청장이 위촉한다.

④ 시·도지사 및 시장·군수·구청장은 부모모니터링단으로 위촉된 사람에게 직무 수행에 필요한 교육을 실시할 수 있다.

⑤ 국가와 지방자치단체는 부모모니터링단의 구성·운영 및 교육 등에 필요한 비용의 전부 또는 일부를 예산의 범위에서 지원할 수 있다.

⑥ 부모모니터링단은 제2항 각 호의 직무를 수행하기 위하여 어린이집에 출입할 수 있으며, 이 경우 미리 시·도지사 또는 시장·군수·구청장의 승인을 받아야 한다.

⑦ 부모모니터링단이 제6항에 따른 승인을 받아 어린이집에 출입하는 경우에는 승인서와 신분을 표시하는 증표를 어린이집의 원장 등 관계자에게 내보여야 한다.

⑧ 부모모니터링단은 공무원이 제42조에 따라 어린이집 운영 상황을 조사하기 위하여 어린이집에 출입하는 경우에는 공무원과 함께 어린이집에 출입할 수 있다. 이 경우 시·도지사 또는 시장·군수·구청장의 승인을 생략할 수 있다.

⑨ 제1항부터 제8항까지에 따른 부모모니터링단의 구성·운영, 교육, 비용 지원 및 직무 수행 등에 필요한 세부사항은 보건복지부령으로 정한다.

[본조신설 2013. 6. 4] [[시행일 2013. 12. 5]]

제25조의3(보호자의 어린이집 참관)

① 보호자는 영유아의 보육환경·보육내용 등 어린이집의 운영실태를 확인하기 위하여 어린이집 원장에게 어린이집 참관을 요구할 수 있다. 이 경우 어린이집 원장은 ① 보호자는 영유아의 보육환경·보육내용 등 어린이집의 운영실태를 확인하기 위하여 어린이집 원장에게 어린이집 참관을 요구할 수 있다. 이 경우 어린이집 원장은 특별한 사유가 없으면 이에 따라야 한다.

② 제1항에 따른 참관 기준 및 방법 등에 필요한 사항은 보건복지부령으로 정한다.

[본조신설 2015. 5. 18] [[시행일 2015. 9. 19]]

제26조(취약보육의 우선 실시 등)

① 국가나 지방자치단체, 사회복지법인, 그 밖의 비영리법인이 설치한 어린이집과 대통령령으로 정하는 어린이집의 원장은 영아·장애아·「다문화가족지원법」 제2조 제1호에 따른 다문화가족의 아동 등에 대한 보육(이하 "취약보육"이라 한다)을 우선적으로 실시하여야 한다. [개정 2008. 12. 19, 2011. 6. 7][[시행일 2011. 12. 8]]

② 보건복지부장관, 시·도지사 및 시장·군수·구청장은 취약보육을 활성화하는 데에 필요한 각종 시책을 수립·시행하여야 한다. [개정 2008. 2. 29 제8852호(정부조직법), 2010. 1. 18 제9932호(정부조직법)] [[시행일 2010. 3. 19]]

③ 취약보육의 종류와 실시 등에 필요한 사항은 보건복지부령으로 정한다. [개정 2008. 2. 29 제8852호(정부조직법), 2010. 1. 18 제9932호(정부조직법)] [[시행일 2010. 3. 19]]

[전문개정 2007. 10. 17]

제26조의2(일시보육서비스)

① 국가 또는 지방자치단체는 제34조에 따른 무상보육 및 「유아교육법」 제24조에 따른 무상교육 지원을 받지 아니하는 영유아에 대하여 필요한 경우 일시보육서비스를 지원할 수 있다. 이 경우 일시보육서비스의 종류, 지원대상, 지원방법, 그 밖에 일시보육서비스의 제공에 필요한 사항은 보건복지부령으로 정한다.

② 특별자치시장·특별자치도지사·시장·군수·구청장은 다음 각 호의 어느 하나에 해당하는 시설을 일시보육서비스를 제공하는 기관(이하 이 조에서 "일시보육서비스지정기관"이라 한다)으로 지정할 수 있다.

1. 육아종합지원센터
2. 어린이집
3. 그 밖에 일시보육서비스의 제공이 가능한 시설로서 보건복지부령으로 정하는 시설

③ 보건복지부장관, 시·도지사 또는 시장·군수·구청장은 일시보육서비스지정기관에 예산의 범위에서 일시보육서비스의 제공에 필요한 비용을 보조할 수 있다.

④ 시장·군수·구청장은 일시보육서비스지정기관이 다음 각 호의 어느 하나에 해당하는 경우에는 제2항에 따른 지정을 취소할 수 있다.

1. 일시보육서비스지정기관이 지급받은 보조금 및 비용을 목적 외의 용도에 사용하였을 경우
2. 일시보육서비스지정기관이 거짓이나 그 밖의 부정한 방법으로 보조금 및 비용을 지급받았을 경우
3. 그 밖에 대통령령으로 정하는 사유가 있는 경우

⑤ 일시보육서비스지정기관의 안전사고 예방 및 사고에 따른 영유아 생명·신체 등의 피해 보상에 관하여는 제31조의2를 준용한다. 이 경우 "어린이집"은 "일시보육서비스지정기관"으로, "어린이집의 원장"은 "일시보육서비스지정기관의 장"으로 본다.

[본조신설 2013. 6. 4] [[시행일 2013. 12. 5]]

제27조(어린이집 이용대상)

어린이집의 이용대상은 보육이 필요한 영유아를 원칙으로 한다. 다만, 필요한 경우 어린이집의 원장은 만 12세까지 연장하여 보육할 수 있다. [개정 2011. 6. 7][[시행일 2011. 12. 8]]

[전문개정 2007. 10. 17]

[본조제목개정 2011. 6. 7][[시행일 2011. 12. 8]]

제28조(보육의 우선 제공)

① 국가나 지방자치단체, 사회복지법인, 그 밖의 비영리법인이 설치한 어린이집과 대통령령으로 정하는 어린이집의 원장은 다음 각 호의 어느 하나에 해당하는 자가 우선적으로 어린이집을 이용할 수 있도록 하여야 한다. 다만, 「고용정책 기본법」 제40조 제2항에 따라 고용촉진시설의 설치·운영을 위탁받은 공공단체 또는 비영리법인이 설치·운영하는 어린이집의 원장은 근로자의 자녀가 우선적으로 어린이집을 이용하게 할 수 있다. [개정 2007. 10. 17 제8655호(한부모가족지원법), 2008. 2. 29 제8852호(정부조직법), 2009. 10. 9, 2010. 1. 18 제9932호(정부조직법), 2011. 6. 7, 2013. 8. 13, 2016. 2. 3] [[시행일 2016. 8. 4]]

1. 「국민기초생활 보장법」에 따른 수급자
2. 「한부모가족지원법」 제5조에 따른 보호대상자의 자녀
3. 「국민기초생활 보장법」 제24조에 따른 차상위계층의 자녀
4. 「장애인복지법」 제2조에 따른 장애인 중 보건복지부령으로 정하는 장애등급 이상에 해당하는 자의 자녀

5. 「다문화가족지원법」 제2조 제1호에 따른 다문화가족의 자녀
6. 제1형 당뇨를 가진 경우로서 의학적 조치가 용이하고 일상생활이 가능하여 보육에 지장이 없는 영유아
7. 그 밖에 소득수준 및 보육수요 등을 고려하여 보건복지부령으로 정하는 자의 자녀

② 사업주는 사업장 근로자의 자녀가 우선적으로 직장어린이집을 이용할 수 있도록 하여야 한다. [개정 2011. 6. 7][[시행일 2011. 12. 8]]

[전문개정 2007. 10. 17]

제29조(보육과정)

① 보육과정은 영유아의 신체·정서·언어·사회성 및 인지적 발달을 도모할 수 있는 내용을 포함하여야 한다.

② 보건복지부장관은 표준보육과정을 개발·보급하여야 하며 필요하면 그 내용을 검토하여 수정·보완하여야 한다. [개정 2008. 2. 29 제8852호(정부조직법), 2010. 1. 18 제9932호(정부조직법)] [[시행일 2010. 3. 19]]

③ 어린이집의 원장은 제2항의 표준보육과정에 따라 영유아를 보육하도록 노력하여야 한다. [개정 2011. 6. 7][[시행일 2011. 12. 8]]

④ 어린이집의 원장은 보호자의 동의를 받아 일정 연령 이상의 영유아에게 보건복지부령으로 정하는 특정한 시간대에 한정하여 보육과정 외에 어린이집 내외에서 이루어지는 특별활동프로그램(이하 "특별활동"이라 한다)을 실시할 수 있다. 이 경우 어린이집의 원장은 특별활동에 참여하지 아니하는 영유아를 위하여 특별활동을 대체할 수 있는 프로그램을 함께 마련하여야 한다. [신설 2013. 8. 13] [[시행일 2014. 2. 14]]

⑤ 제1항에 따른 보육과정, 제4항에 따른 특별활동 대상 영유아의 연령 및 특별활동의 내용 등에 필요한 사항은 보건복지부령으로 정한다. [개정 2008. 2. 29 제8852호(정부조직법), 2010. 1. 18 제9932호(정부조직법), 2013. 8. 13] [[시행일 2014. 2. 14]]

[전문개정 2007. 10. 17]

제29조의2(어린이집 생활기록)

어린이집의 원장은 영유아 생활지도 및 초등학교 교육과의 연계 지도에 활용할 수 있도록 영유아의 발달상황 등을 종합적으로 관찰·평가하여 보건복지부장관이 정하는 기준에 따라 생활기록부를 작성·관리하여야 한다. [개정 2008. 2. 29 제8852호(정부조직법), 2010. 1. 18 제9932호(정부조직법), 2011. 6. 7][[시행일 2011. 12. 8]]

[전문개정 2007. 10. 17]

[본조제목개정 2011. 6. 7][[시행일 2011. 12. 8]]

제30조(어린이집 평가인증)

① 보건복지부장관은 보육서비스의 질적 수준을 향상시키기 위하여 어린이집 설치·운영자의 신청에 따라 어린이집의 보육환경, 보육과정 운영 및 보육인력의 전문성 등을 평가하여 해당 어린이집에 대한 평가인증을 실시할 수 있다. [개정 2011. 8. 4] [[시행일 2012. 2. 5]]

② 보건복지부장관은 제1항에 따른 평가인증을 받으려는 어린이집 설치·운영자에게 보건복지부령으로 정하는 바에 따라 평가인증에 필요한 비용을 받을 수 있다.

③ 보건복지부장관은 제1항에 따른 평가인증의 결과에 따라 보육사업 실시에 필요한 지원을 할 수 있다.

④ 보건복지부장관은 제1항에 따른 어린이집 평가인증의 결과를 보건복지부령으로 정하는 바에 따라 공표할 수 있다. [개정 2011. 8. 4] [[시행일 2013. 8. 5]]

⑤ 보건복지부장관은 제1항에 따라 평가인증을 받은 어린이집의 설치·운영자가 다음 각 호의 어느 하나에 해당하는 경우에는 그 평가인증을 취소할 수 있다. 다만, 제1호에 해당하는 경우에는 그 인증을 취소하여야 한다. [개정 2011. 8. 4] [[시행일 2012. 2. 5]]

1. 거짓이나 그 밖의 부정한 방법으로 평가인증을 받은 경우
2. 어린이집의 설치·운영자가 이 법을 위반하여 금고 이상의 형을 선고받고 그 형이 확정된 경우
3. 제40조 제2호 또는 제3호에 따라 보조금의 반환명령을 받았거나, 제45조 또는 제46조부터 제48조까지의 규정에 따른 행정처분을 받은 경우(시정명령을 받은 경우는 제외한다)
4. 그 밖에 평가인증을 유지하기 어렵다고 인정되는 경우로서 보건복지부령으로 정하는 경우

⑥ 제51조의2 제1항 제4호에 따라 평가인증에 관한 업무를 위탁받은 공공 또는 민간 기관·단체는 제2항에 따라 납부받은 수수료를 보건복지부장관의 승인을 받아 평가인증에 필요한 경비에 직접 충당할 수 있다. [개정 2011. 8. 4] [[시행일 2012. 2. 5]]

⑦ 제1항에 따른 어린이집 평가인증의 실시 및 유효기간 등에 필요한 사항은 보건복지부령으로 정한다. [개정 2011. 8. 4] [[시행일 2012. 2. 5]]

[전문개정 2011. 6. 7][[시행일 2011. 12. 8]]

제5장 건강·영양 및 안전

제31조(건강관리 및 응급조치)

① 어린이집의 원장은 영유아와 보육교직원에 대하여 정기적으로 건강진단을 실시하는 등 건강관리를 하여야 한다. [개정 2011. 6. 7][[시행일 2011. 12. 8]]

② 어린이집의 원장은 영유아에게 질병·사고 또는 재해 등으로 인하여 위급 상태가 발생한 경우 즉시 응급의료기관에 이송하여야 한다. [개정 2011. 6. 7][[시행일 2011. 12. 8]]

③ 제1항에 따른 건강진단 등에 필요한 사항은 보건복지부령으로 정한다. [개정 2008. 2. 29 제8852호(정부조직법), 2010. 1. 18 제9932호(정부조직법)] [[시행일 2010. 3. 19]]

[전문개정 2007. 10. 17]

제31조의2(어린이집 안전공제사업 등)

① 어린이집 상호 간의 협동조직을 통하여 어린이집의 안전사고를 예방하고 어린이집 안전사고로 인하여 생명·신체 또는 재산상의 피해를 입은 영유아 및 보육교직원 등에 대한 보상을 하기 위하여 보건복지부장관의 허가를 받아 어린이집 안전공제사업(이하 "공제사업"이라 한다)을 할 수 있다. [개정 2010. 1. 18 제9932호(정부조직법), 2011. 6. 7, 2011. 8. 4][[시행일 2012. 2. 5]]

② 공제사업을 위하여 설립되는 어린이집 안전공제회(이하 "공제회"라 한다)는 법인으로 하며, 주된 사무소의 소재지에 설립등기를 함으로써 성립한다. [개정 2011. 6. 7][[시행일 2011. 12. 8]]

③ 어린이집의 원장은 공제회의 가입자가 된다. [개정 2011. 8. 4] [[시행일 2012. 2. 5]]

④ 공제회에 가입한 어린이집의 원장은 공제사업의 수행에 필요한 출자금과 다음 각 호의 공제료 등을 공제회에 납부하여야 한다. 다만, 제2호와 제3호의 공제료는 어린이집의 원장이 선택하여 납부할 수 있다. [신설 2011. 8. 4] [[시행일 2012. 2. 5]]

1. 영유아의 생명·신체에 대한 피해를 보상하기 위한 공제료
2. 보육교직원 등의 생명·신체에 대한 피해를 보상하기 위한 공제료
3. 어린이집의 재산상의 피해를 보상하기 위한 공제료

⑤ 공제회의 기본재산은 회원의 출자금 등으로 조성한다. 다만, 보건복지부장관은 공제회의 주된 사무소의 설치 및 운영에 필요한 비용의 일부를 지원할 수 있다. [개정 2010. 1. 18 제9932호(정부조직법), 2011. 8. 4] [[시행일 2012. 2. 5]]

⑥ 공제회의 회원자격, 임원에 관한 사항 및 출자금의 부담기준에 관한 사항은 정관으로 정한다. [개정 2011. 8. 4] [[시행일 2012. 2. 5]]

⑦ 공제회의 설립허가 기준 및 절차, 정관기재사항, 운영 및 감독 등에 관하여 필요한 사항은 대통령령으로 정한다. [개정 2011. 8. 4] [[시행일 2012. 2. 5]]

⑧ 공제회는 공제사업의 범위, 공제료, 공제사업에 충당하기 위한 책임준비금 등 공제사업의 운영에 관하여 필요한 사항을 포함한 공제규정을 정하여 보건복지부장관의 허가를 받아야 한다. 공제규정을 변경하고자 하는 때에도 또한 같다. [개정 2010. 1. 18 제9932호(정부조직법), 2011. 8. 4] [[시행일 2012. 2. 5]]

⑨ 공제회에 관하여 이 법에 규정된 것을 제외하고는 「민법」중 재단법인에 관한 규정을 준용한다. [개정 2011. 8. 4] [[시행일 2012. 2. 5]]

⑩ 이 법에 따른 공제회의 사업에 대하여는 「보험업법」을 적용하지 아니한다. [개정 2011. 8. 4] [[시행일 2012. 2. 5]]

⑪ 어린이집의 원장이 제4항 제3호의 공제료를 납부하는 경우 「사회복지사업법」 제34조의2에 따른 보험가입의무를 이행한 것으로 본다. [신설 2011. 8. 4] [[시행일 2012. 2. 5]]

[본조신설 2008. 12. 19] [[시행일 2009. 7. 1]]

[본조제목개정 2011. 6. 7][[시행일 2011. 12. 8]]

제31조의3(예방접종 여부의 확인)

① 어린이집의 원장은 영유아에 대하여 최초로 보육을 실시한 날부터 30일 이내에 특별자치도지사·시장·군수·구청장 또는 영유아의 보호자로부터 「감염병의 예방 및 관리에 관한 법률」 제27조에 따라 특별자치도지사·시장·군수·구청장 또는 예방접종을 한 자가 발급한 예방접종증명서 또는 그 밖에 이에 준하는 증명자료를 제출받아 영유아의 예방접종에 관한 사실을 확인할 수 있다.

② 어린이집의 원장은 제1항에 따른 확인 결과 예방접종을 받지 아니한 영유아에게는 필요한 예방접종을 받도록 보호자를 지도할 수 있으며, 필요한 경우 관할 보건소장에게 예방접종 지원 등의 협조를 요청할 수 있다.

③ 어린이집의 원장은 영유아의 예방접종 여부 확인 및 관리를 위하여 제29조의2에 따른 어린이집 생활기록에 예방접종 여부 및 내역에 관한 사항을 기록하여 관리하여야 한다.

[본조신설 2011. 8. 4] [[시행일 2012. 2. 5]]

제32조(치료 및 예방조치)

① 어린이집의 원장은 제31조에 따른 건강진단 결과 질병에 감염되었거나 감염될 우려가 있는 영유아에 대하여 그 보호자와 협의하여 질병의 치료와 예방에 필요한 조치를 하여야 한다. [개정 2011. 6. 7][[시행일 2011. 12. 8]]

② 어린이집의 원장은 제31조에 따른 건강진단의 결과나 그 밖에 의사의 진단 결과 감염병에 감염 또는 감염된 것으로 의심되거나 감염될 우려가 있는 영유아, 어린이집 거주자 및 보육교직

원을 보건복지부령으로 정하는 바에 따라 어린이집으로부터 격리시키는 등 필요한 조치를 할 수 있다. [신설 2011. 8. 4] [[시행일 2012. 2. 5]]

③ 어린이집의 원장은 제1항의 조치를 위하여 필요하면「지역보건법」 제10조와 제13조에 따른 보건소 및 보건지소, 「의료법」 제3조에 따른 의료기관에 협조를 구할 수 있다. [개정 2011. 6. 7, 2011. 8. 4, 2015. 5. 18 제13323호(지역보건법)] [[시행일 2015. 11. 19]]

④ 제2항에 따라 협조를 요청받은 보건소·보건지소 및 의료기관의 장은 적절한 조치를 취하여야 한다. [개정 2011. 8. 4] [[시행일 2012. 2. 5]]

⑤ 어린이집의 원장은 간호사(간호조무사를 포함한다)로 하여금 영유아가 의사의 처방, 지시에 따라 투약행위를 할 때 이를 보조하게 할 수 있다. 이 경우 어린이집의 원장은 보호자의 동의를 받아야 한다. [신설 2016. 2. 3] [[시행일 2016. 8. 4]]

[전문개정 2007. 10. 17]

제33조(급식 관리)

어린이집의 원장은 영유아에게 보건복지부령으로 정하는 바에 따라 균형 있고 위생적이며 안전한 급식을 하여야 한다. [개정 2008. 2. 29 제8852호(정부조직법), 2010. 1. 18 제9932호(정부조직법), 2011. 6. 7][[시행일 2011. 12. 8]]

[전문개정 2007. 10. 17]

제33조의2(어린이집 차량안전관리)

어린이집의 원장은 영유아의 통학을 위하여 차량을 운영하는 경우 「도로교통법」 제52조에 따라 미리 어린이통학버스로 관할 경찰서장에게 신고하여야 한다.

[본조신설 2013. 8. 13] [[시행일 2014. 2. 14]]

제6장 비 용

제34조(무상보육)

① 국가와 지방자치단체는 영유아에 대한 보육을 무상으로 하되, 그 내용 및 범위는 대통령령으로 정한다.

② 국가와 지방자치단체는 장애아 및 「다문화가족지원법」 제2조 제1호에 따른 다문화가족의 자녀의 무상보육에 대하여는 대통령령으로 정하는 바에 따라 그 대상의 여건과 특성을 고려하여 지원할 수 있다.

③ 제1항에 따른 무상보육 실시에 드는 비용은 대통령령으로 정하는 바에 따라 국가나 지방자치단체가 부담하거나 보조하여야 한다.

④ 보건복지부장관은 어린이집 표준보육비용 등을 조사하고 그 결과를 바탕으로 예산의 범위에서 관계 행정기관의 장과 협의하여 제3항에 따른 국가 및 지방자치단체가 부담하는 비용을 정할 수 있다.

⑤ 국가와 지방자치단체는 자녀가 2명 이상인 경우에 대하여 추가적으로 지원할 수 있다.

⑥ 제12조 후단에도 불구하고 국가와 지방자치단체는 제1항 및 제2항에 따른 무상보육을 받으려는 영유아와 장애아 및 다문화가족의 자녀를 보육하기 위하여 필요한 어린이집을 설치·운영하여야 한다.

[전문개정 2013. 1. 23] [[시행일 2013. 3. 1]]

제34조의2(양육수당)

① 국가와 지방자치단체는 어린이집이나 「유아교육법」 제2조에 따른 유치원을 이용하지 아니하는 영유아에 대하여 영유아의 연령과 보호자의 경제적 수준을 고려하여 양육에 필요한 비용을 지원할 수 있다. [개정 2011. 6. 7][[시행일 2011. 12. 8]]

② 제1항에 따른 영유아가 제26조의2에 따른 일시보육서비스를 이용하는 경우에도 그 영유아에 대하여는 제1항에 따른 양육에 필요한 비용을 지원할 수 있다. [신설 2013. 6. 4] [[시행일 2013. 12. 5]]

③ 국가와 지방자치단체는 제1항에 따라 양육에 필요한 비용을 지원받는 영유아가 90일 이상 지속하여 해외에 체류하는 경우에는 그 기간 동안 양육에 필요한 비용의 지원을 정지한다. [신설 2015. 5. 18] [[시행일 2015. 9. 19]]

④ 보건복지부장관 및 지방자치단체의 장은 제3항에 따라 양육수당의 지급을 정지하는 경우 서면으로 그 이유를 분명하게 밝혀 영유아의 보호자에게 통지하여야 한다. [신설 2015. 5. 18] [[시행일 2015. 9. 19]]

⑤ 제1항에 따른 비용 지원의 대상·기준 등에 대하여 필요한 사항은 대통령령으로 정한다. [개정 2013. 6. 4, 2015. 5. 18] [[시행일 2015. 9. 19]]

[본조신설 2008. 12. 19] [[시행일 2009. 7. 1]]

제34조의3(보육서비스 이용권)

① 국가와 지방자치단체는 제34조 및 제34조의2에 따른 비용 지원을 위하여 보육서비스 이용권(이하 "이용권"이라 한다)을 영유아의 보호자에게 지급할 수 있다. [개정 2011. 6. 7, 2011. 8. 4, 2013. 1. 23] [[시행일 2013. 3. 1]]

② 삭제 [2011. 8. 4] [[시행일 2012. 2. 5]]

③ 이용권의 지급 및 이용 절차 등에 관하여 필요한 사항은 보건복지부령으로 정한다. [개정 2010. 1. 18 제9932호(정부조직법), 2011. 8. 4] [[시행일 2012. 2. 5]]

[본조신설 2008. 12. 19] [[시행일 2009. 7. 1]]

제34조의4(비용 지원의 신청)

① 영유아의 보호자는 제34조 및 제34조의2에 따른 비용의 지원을 신청할 수 있다. [개정 2011. 6. 7, 2013. 1. 23] [[시행일 2013. 3. 1]]

② 제1항에 따른 신청을 할 때 다음 각 호의 자료 또는 정보 제공에 대한 보호자 및 그 가구원의 동의 서면을 제출하여야 한다.

1. 「금융실명거래 및 비밀보장에 관한 법률」제2조제2호 및 제3호에 따른 금융자산 및 금융거래의 내용에 대한 자료 또는 정보 중 예금의 평균잔액과 그 밖에 대통령령으로 정하는 자료 또는 정보(이하 "금융정보"라 한다)
2. 「신용정보의 이용 및 보호에 관한 법률」제2조제1호에 따른 신용정보 중 채무액과 그 밖에 대통령령으로 정하는 자료 또는 정보(이하 "신용정보"라 한다)
3. 「보험업법」 각 호에 따른 보험에 가입하여 납부한 보험료와 그 밖에 대통령령으로 정하는 자료 또는 정보(이하 "보험정보"라 한다)

③ 제1항에 따른 비용 지원의 신청 방법 및 절차는 보건복지부령으로 정한다. [개정 2011. 8. 4] [[시행일 2012. 2. 5]]

[본조신설 2008. 12. 19] [[시행일 2009. 7. 1]]

제34조의5(조사·질문)

① 보건복지부장관 또는 지방자치단체의 장은 제34조의4 제1항에 따른 신청자 및 지원이 확정된 자에 대하여 비용 지원대상 자격확인을 위하여 필요한 서류나 그 밖의 소득·재산 등에 관한 자료의 제출을 요구할 수 있으며, 소속 공무원으로 하여금 비용 지원 신청자 및 지원이 확정된 자의 주거, 그 밖의 필요한 장소에 방문하여 서류 등을 조사하게 하거나 관계인에게 필요한 질문을 하게 할 수 있다. [개정 2010. 1. 18 제9932호(정부조직법), 2016. 2. 3] [[시행일 2016. 8. 4]]

② 보건복지부장관 또는 지방자치단체의 장은 제1항에 따른 조사 또는 비용 지원사업을 수행하기 위하여 필요한 금융정보, 신용정보, 보험정보, 국세·지방세·토지·건물·건강보험·국민연금·고용보험·산재보험 등에 관한 자료의 제공을 관계 기관의 장에게 요청할 수 있다. 이 경우 자료의 제공을 요청받은 관계 기관의 장은 특별한 사유가 없는 한 이에 응하여야 한다. [개정 2010. 1. 18 제9932호(정부조직법)] [[시행일 2010. 3. 19]]

③ 제1항에 따라 방문·조사·질문을 하는 자는 그 권한을 표시하는 증표 및 조사기간, 조사범위, 조사담당자, 관계 법령 등이 기재된 서류를 지니고 이를 관계인에게 내보여야 한다. [개정 2016. 2. 3] [[시행일 2016. 8. 4]]

④ 보건복지부장관 또는 지방자치단체의 장은 비용 지원 신청자 또는 지원이 확정된 자가 제1항에 따른 서류 또는 자료의 제출을 거부하거나 조사·질문을 거부·방해 또는 기피하는 경우에는 비용 지원의 신청을 각하하거나 지원결정을 취소·중지 또는 변경할 수 있다. [개정 2010. 1. 18 제9932호(정부조직법)] [[시행일 2010. 3. 19]]

⑤ 제1항에 따른 조사·질문의 범위·시기 및 내용에 관하여 필요한 사항은 보건복지부령으로 정한다. [개정 2010. 1. 18 제9932호(정부조직법)] [[시행일 2010. 3. 19]]

⑥ 보육비용 지원대상에 대한 주민등록 주소지 등을 파악하기 위하여 「전자정부법」 제36조 제1항에 따라 행정정보를 공동이용할 수 있다. [개정 2010. 2. 4 제10012호(전자정부법)] [[시행일 2010. 5. 5]]

⑦ 제1항에 따른 조사 또는 질문의 내용·절차·방법 등에 관하여는 이 법에서 정하는 사항을 제외하고는 「행정조사기본법」에서 정하는 바에 따른다. [신설 2016. 2. 3] [[시행일 2016. 8. 4]]

[본조신설 2008. 12. 19] [[시행일 2009. 7. 1]]

제34조의6(금융정보 등의 제공)

① 국가 및 지방자치단체는 제34조 및 제34조의2에 따른 비용을 지원하고자 할 때 비용 지원 신청자 및 그 가구원의 재산을 평가하기 위하여 「금융실명거래 및 비밀보장에 관한 법률」 제4조 제1항과 「신용정보의 이용 및 보호에 관한 법률」 제23조 제1항에도 불구하고 비용 지원 신청자 및 그 가구원이 제34조의4에 따라 제출한 동의 서면을 전자적 형태로 바꾼 문서에 의하여 금융기관 등 관한 법률」 제2조 제1호에 따른 금융회사 등, 「신용정보의 이용 및 보호에 관한 법률」 제2조 제5호에 따른 신용정보집중기관을 말한다. 이하 같다)의 장에게 금융정보·신용정보 또는 보험정보(이하 "금융정보 등"이라 한다)의 제공을 요청할 수 있다. [개정 2011. 6. 7, 2011. 7. 14 제10854호(금융실명거래 및 비밀보장에 관한 법률), 2013. 1. 23] [[시행일 2013. 3. 1]]

② 국가 및 지방자치단체는 제34조 및 제34조의2에 따른 비용 지원이 확정된 자에 대하여 비용지원대상 자격확인을 위하여 필요하다고 인정하는 경우 「금융실명거래 및 비밀보장에 관한 법률」 제4조 제1항과 「신용정보의 이용 및 보호에 관한 법률」 제32조에도 불구하고 대통령령으로 정하는 기준에 따라 인적사항을 기재한 문서 또는 정보통신망으로 금융기관 등의 장에게 금융정보 등을 제공하도록 요청할 수 있다. [신설 2011. 6. 7, 2013. 1. 23] [[시행일 2013. 3. 1]]

③ 제1항 및 제2항에 따라 금융정보 등의 제공을 요청받은 금융기관 등의 장은 「금융실명거래 및 비밀보장에 관한 법률」 제4조와 「신용정보의 이용 및 보호에 관한 법률」 제32조에도 불구

하고 명의인의 금융정보 등을 제공하여야 한다. [개정 2011. 6. 7][[시행일 2011. 12. 8]]

④ 제3항에 따라 금융정보 등을 제공한 금융기관 등의 장은 금융정보 등의 제공사실을 명의인에게 통보하여야 한다. 다만, 명의인의 동의가 있는 경우에는 「금융실명거래 및 비밀보장에 관한 법률」 제4조의2 제1항에도 불구하고 통보하지 아니할 수 있다. [개정 2011. 6. 7][[시행일 2011. 12. 8]]

⑤ 제1항부터 제3항까지의 규정 따른 금융정보 등의 제공요청 및 제공은 「정보통신망 이용촉진 및 정보보호 등에 관한 법률」 제2조 제1항 제1호에 따른 정보통신망을 이용하여야 한다. 다만, 정보통신망의 손상 등 불가피한 경우에는 그러하지 아니하다. [개정 2011. 6. 7][[시행일 2011. 12. 8]]

⑥ 제1항부터 제4항까지의 규정에 따른 업무에 종사하거나 종사하였던 자는 업무를 수행하면서 취득한 금융정보 등을 이 법으로 정한 목적 외의 다른 용도로 사용하거나 다른 사람 또는 기관에 제공하거나 누설하여서는 아니 된다. [개정 2011. 6. 7][[시행일 2011. 12. 8]]

⑦ 제1항, 제2항 및 제4항에 따른 금융정보 등의 제공요청 및 제공 등에 관하여 필요한 사항은 대통령령으로 정한다. [개정 2011. 6. 7][[시행일 2011. 12. 8]]

[본조신설 2008. 12. 19] [[시행일 2009. 4. 1]]

제34조의7(비용 지원 신청 관련 정보의 고지)

① 보건복지부장관 또는 지방자치단체의 장은 영유아의 보호자에게 제34조의4에 따른 비용 지원의 신청과 관련한 정보를 서면 등의 방식으로 고지하여야 한다.

② 제1항에 따른 고지의 방식·시기·내용 및 절차 등에 필요한 사항은 보건복지부령으로 정한다. [본조신설 2015. 5. 18] [[시행일 2015. 9. 19]]

제35조

삭제 [2013. 1. 23] [[시행일 2013. 3. 1]]

제36조(비용의 보조 등)

국가나 지방자치단체는 대통령령으로 정하는 바에 따라 제10조에 따른 어린이집의 설치, 보육교사(대체교사를 포함한다)의 인건비, 초과보육(超過保育)에 드는 비용 등 운영 경비 또는 지방육아종합지원센터의 설치·운영, 보육교직원의 복지 증진, 취약보육의 실시 등 보육사업에 드는 비용, 제15조의4에 따른 폐쇄회로 텔레비전 설치비의 전부 또는 일부를 보조한다. [개정 2011. 6. 7, 2011. 8. 4, 2013. 6. 4, 2015. 5. 18] [[시행일 2015. 9. 19]]

[전문개정 2007. 10. 17] [[시행일 2008. 7. 28]]

제37조(사업주의 비용 부담)

제14조에 따라 어린이집을 설치한 사업주는 대통령령으로 정하는 바에 따라 그 어린이집의 운영과 보육에 필요한 비용의 전부 또는 일부를 부담하여야 한다. [개정 2011. 6. 7][[시행일 2011. 12. 8]]

[전문개정 2007. 10. 17]

[본조제목개정 2007. 10. 17]

제38조(보육료 등의 수납)

제12조부터 제14조까지의 규정에 따라 어린이집을 설치·운영하는 자는 그 어린이집의 소재지를 관할하는 시·도지사가 정하는 범위에서 그 어린이집을 이용하는 자로부터 보육료와 그 밖의 필요 경비 등을 받을 수 있다. 다만, 시·도지사는 필요시 어린이집 유형과 지역적 여건을 고려하여 그 기준을 다르게 정할 수 있다. [개정 2011. 6. 7][[시행일 2011. 12. 8]]

[전문개정 2007. 10. 17]

제39조(세제 지원)

① 제14조와 제37조에 따라 사업주가 직장어린이집을 설치·운영하는 데에 드는 비용과 보호자가 영유아의 보육을 위하여 지출한 보육료와 그 밖에 보육에 드는 비용에 관하여는 「조세특례제한법」에서 정하는 바에 따라 조세를 감면한다. [개정 2011. 6. 7, 2014. 5. 20] [[시행일 2015. 1. 1]]

② 제10조 제4호의 직장어린이집을 제외한 어린이집의 운영비에 대하여도 「조세특례제한법」에서 정하는 바에 따라 조세를 감면한다. [개정 2011. 6. 7, 2011. 8. 4] [[시행일 2012. 2. 5]]

[전문개정 2007. 10. 17]

[본조제목개정 2007. 10. 17]

제40조(비용 및 보조금의 반환명령)

국가나 지방자치단체는 어린이집의 설치·운영자, 육아종합지원센터의 장, 보수교육 위탁실시자 등이 다음 각 호의 어느 하나에 해당하는 경우에는 이미 교부한 비용과 보조금의 전부 또는 일부의 반환을 명할 수 있다. [개정 2011. 6. 7, 2011. 8. 4, 2011. 12. 31, 2013. 6. 4] [[시행일 2013. 12. 5]]

1. 어린이집 운영이 정지·폐쇄 또는 취소된 경우
2. 사업 목적 외의 용도에 보조금을 사용한 경우
3. 거짓이나 그 밖의 부정한 방법으로 보조금을 교부받은 경우
4. 삭제 [2011. 8. 4] [[시행일 2012. 2. 5]]
5. 착오 또는 경미한 과실로 보조금을 교부받은 경우로서 보건복지부령이 정하는 사유에 해당하

는 경우

[전문개정 2007. 10. 17]

제40조의2(보육비용 지원액의 환수)

① 국가 또는 지방자치단체는 보호자가 거짓이나 그 밖의 부정한 방법으로 제34조 및 제34조의2에 따른 비용을 지원받은 경우에는 그 비용의 전부 또는 일부를 환수할 수 있다. [개정 2013. 1. 23] [[시행일 2013. 3. 1]]

② 제1항에 따라 환수하는 경우에 비용을 반환할 자가 기한 내에 반환하지 아니한 때에는 국세 또는 지방세 체납처분의 예에 따라 징수한다.

[본조신설 2011. 6. 7]

제7장 지도 및 감독

제41조(지도와 명령)

보건복지부장관, 시·도지사 및 시장·군수·구청장은 보육사업의 원활한 수행을 위하여 어린이집 설치·운영자 및 보육교직원에 대하여 필요한 지도와 명령을 할 수 있다. [개정 2008. 2. 29 제8852호(정부조직법), 2010. 1. 18 제9932호(정부조직법), 2011. 6. 7][[시행일 2011. 12. 8]]

[전문개정 2007. 10. 17]

제42조(보고와 검사)

① 보건복지부장관, 시·도지사 또는 시장·군수·구청장은 어린이집을 설치·운영하는 자로 하여금 그 어린이집에 관하여 필요한 보고를 하게 하거나 관계 공무원으로 하여금 그 어린이집의 운영 상황을 조사하게 하거나 장부와 그 밖의 서류를 검사하게 할 수 있다. [개정 2008. 2. 29 제8852호(정부조직법), 2010. 1. 18 제9932호(정부조직법), 2011. 6. 7][[시행일 2011. 12. 8]]

② 제1항에 따라 관계 공무원이 그 직무를 수행할 때에는 그 권한을 표시하는 증표를 지니고 이를 관계인에게 내보여야 한다.

[전문개정 2007. 10. 17]

제42조의2(위법행위의 신고 및 신고자 보호)

① 누구든지 다음 각 호의 어느 하나에 해당하는 자를 관계 행정기관이나 수사기관에 신고 또는

고발할 수 있다.

1. 거짓이나 그 밖의 부정한 방법으로 보조금을 교부받거나 유용한 자
2. 제24조 제1항에 따른 어린이집 운영기준을 지키지 아니한 자
3. 제33조에 따른 급식관리기준을 지키지 아니한 자
4. 제33조의2에 따른 어린이집 차량안전관리 기준을 지키지 아니한 자
5. 「아동복지법」 제3조 제7호에 따른 아동학대 행위를 한 자
6. 그 밖에 보건복지부령으로 정하는 자

② 어린이집을 설치·운영하는 자는 보육교직원이 제1항에 따른 신고 또는 고발을 하였다는 이유로 「공익신고자 보호법」 제2조 제6호에 따른 불이익조치를 하여서는 아니 된다.

③ 제1항에 따른 신고 절차·방법 등에 필요한 사항은 보건복지부령으로 정한다.

[본조신설 2015. 5. 18] [[시행일 2015. 9. 19]]

제43조(어린이집의 폐지·휴지 및 재개 등의 신고)

① 제13조 제1항에 따라 인가된 어린이집을 폐지하거나 일정기간 운영을 중단하거나 운영을 재개하려는 자는 보건복지부령으로 정하는 바에 따라 미리 특별자치도지사·시장·군수·구청장에게 신고하여야 한다. [개정 2008. 2. 29 제8852호(정부조직법), 2010. 1. 18 제9932호(정부조직법), 2011. 6. 7, 2011. 8. 4] [[시행일 2012. 2. 5]]

② 어린이집의 원장은 어린이집이 폐지되거나 일정기간 운영이 중단되는 경우에는 보건복지부령으로 정하는 바에 따라 그 어린이집에서 보육 중인 영유아가 다른 어린이집으로 옮길 수 있도록 하는 등 영유아의 권익을 보호하기 위한 조치를 취하여야 한다. [개정 2008. 2. 29 제8852호(정부조직법), 2010. 1. 18 제9932호(정부조직법), 2011. 6. 7][[시행일 2011. 12. 8]]

[전문개정 2007. 10. 17]

[본조제목개정 2011. 6. 7][[시행일 2011. 12. 8]]

제43조의2(어린이집에 대한 휴원명령)

① 보건복지부장관, 시·도지사 또는 시장·군수·구청장은 천재지변이나 감염병 발생 등 긴급한 사유로 정상적인 보육이 어렵다고 인정하는 경우 어린이집의 원장에게 휴원을 명할 수 있다.

② 제1항에 따른 명령을 받은 어린이집의 원장은 지체 없이 어린이집을 휴원하여야 하며, 휴원 시 보호자가 영유아를 가정에서 양육할 수 없는 경우 등 긴급보육수요에 대비하여 긴급보육 계획을 가정통신문 등을 통하여 보호자에게 미리 안내하는 등 어린이집 운영에 필요한 조치를 하여야 한다.

③ 제1항에 따른 휴원명령의 기준 및 제2항에 따른 조치 등에 관하여 필요한 사항은 보건복지부

령으로 정한다.

[본조신설 2015. 12. 29] [[시행일 2016. 3. 30]]

제44조(시정 또는 변경 명령)

보건복지부장관, 시·도지사 또는 시장·군수·구청장은 어린이집이 다음 각 호의 어느 하나에 해당하면 어린이집의 원장 또는 그 설치·운영자에게 기간을 정하여 그 시정 또는 변경을 명할 수 있다. [개정 2008. 2. 29 제8852호(정부조직법), 2010. 1. 18 제9932호(정부조직법), 2011. 6. 7, 2011. 8. 4, 2013. 6. 4, 2013. 8. 13, 2015. 5. 18, 2015. 12. 29]

1. 제13조 제1항에 따른 변경인가를 받지 아니하고 어린이집을 운영하는 경우
2. 제15조, 제15조의2 및 제15조의3에 따른 어린이집의 설치기준을 위반한 경우

 2의2. 제15조의4에 따른 폐쇄회로 텔레비전의 설치·관리 및 영상정보의 보관기준을 위반한 경우

3. 제17조 제2항에 따른 보육교직원의 배치기준을 위반한 경우

 3의2. 제19조 제2항에 따른 보육교직원의 임면에 관한 사항을 보고하지 아니하거나 거짓으로 보고한 경우

4. 제24조 제1항에 따른 어린이집의 운영기준을 위반한 경우

 4의2. 제25조 제1항 단서를 위반하여 어린이집운영위원회를 설치·운영하지 아니한 경우

 4의3. 제29조 제4항 전단을 위반하여 영유아에게 특별활동을 제공한 경우

 4의4. 제29조 제4항 후단을 위반하여 특별활동에 참여하지 아니하는 영유아에게 특별활동을 대체할 수 있는 프로그램을 제공하지 아니한 경우

 4의5. 제29조의2에 따른 생활기록부를 작성·관리하지 아니한 경우

 4의6. 제32조 제1항에 따른 질병의 치료와 예방조치를 하지 아니한 경우

 4의7. 제33조에 따른 균형 있고 위생적이며 안전한 급식을 하지 아니한 경우

5. 제38조에 따른 보육료 등을 한도액을 초과하여 받은 경우
6. 제42조에 따른 보고를 하지 아니하거나 거짓으로 보고한 경우 또는 조사·검사를 거부하거나 기피한 경우
7. 제43조 제1항에 따른 신고를 하지 아니하고 어린이집을 폐지하거나 일정기간 운영을 중단하거나 운영을 재개한 경우

 7의2. 제43조의2 제2항을 위반하여 휴원하지 아니하거나 긴급보육수요에 대비한 조치를 하지 아니한 경우

8. 제49조의2에 따른 정보의 공시에 관한 사항을 위반한 경우

[전문개정 2007. 10. 17]

제44조의2(직장어린이집 설치의무 미이행 사업장에 대한 이행명령)

시·도지사, 시장·군수·구청장은 제14조에 따른 사업장의 사업주가 직장어린이집의 설치 등 의무를 이행하지 아니하는 경우에는 상당한 기간을 정하여 그 의무를 이행할 것을 명할 수 있다.
[본조신설 2014. 5. 20] [[시행일 2016. 1. 1]]

제44조의3(이행강제금)

① 시·도지사, 시장·군수·구청장은 제44조의2에 따른 명령을 이행하지 아니한 자에 대하여 그 명령의 이행에 필요한 상당한 기간을 정하여 그 기간 내에 이행할 것을 다시 명할 수 있으며, 이를 이행하지 아니한 경우에는 같은 조에 따른 명령이 있었던 날을 기준으로 하여 1년에 2회, 매회 1억 원의 범위에서 이행강제금을 부과·징수할 수 있다.
② 시·도지사, 시장·군수·구청장은 제1항에 따른 이행강제금을 부과하기 전에 상당한 기간을 정하여 그 기간 내에 이행하지 아니할 때에는 이행강제금을 부과·징수한다는 뜻을 미리 문서로 계고(戒告)하여야 한다.
③ 시·도지사, 시장·군수·구청장은 제1항에 따른 이행강제금을 부과하는 때에는 이행강제금의 금액, 부과사유, 납부기한, 수납기관, 불복방법 등을 적은 문서로 통지하여야 한다.
④ 시·도지사, 시장·군수·구청장은 제44조의2에 따른 명령을 받은 자가 그 명령을 이행하는 경우에는 새로운 이행강제금의 부과를 중지하되, 이미 부과된 이행강제금은 징수하여야 한다.
⑤ 시·도지사, 시장·군수·구청장은 제1항에 따라 이행강제금 부과처분을 받은 자가 납부기한까지 이행강제금을 납부하지 아니하는 경우에는 「지방세외수입금의 징수 등에 관한 법률」에 따라 징수한다.
⑥ 제1항에 따른 이행강제금의 부과기준, 부과·징수된 이행강제금의 반환절차 등 필요한 사항은 대통령령으로 정한다.
[본조신설 2014. 5. 20] [[시행일 2016. 1. 1]]

제45조(어린이집의 폐쇄 등)

① 보건복지부장관, 시·도지사 및 시장·군수·구청장은 어린이집을 설치·운영하는 자(이하 이 조에서 "설치·운영자"라 한다)가 다음 각 호의 어느 하나에 해당하면 1년 이내의 어린이집 운영정지를 명하거나 어린이집의 폐쇄를 명할 수 있다. 이 경우 보육교직원 등 설치·운영자의 관리·감독 하에 있는 자가 제4호에 해당하는 행위를 한 경우에는 설치·운영자가 한 행위로 본다(설치·운영자가 그 행위를 방지하기 위하여 상당한 주의와 감독을 게을리하지 아니한 경우에는 그러하지 아니하다). [개정 2008. 2. 29 제8852호(정부조직법), 2010. 1. 18 제9932호(정부조직법), 2011. 6.

7. 2013. 8. 13. 2014. 5. 28. 2015. 5. 18] [[시행일 2015. 9. 19]]

1. 거짓이나 그 밖의 부정한 방법으로 보조금을 교부받거나 보조금을 유용(流用)한 경우
2. 제40조에 따른 비용 또는 보조금의 반환명령을 받고 반환하지 아니한 경우
3. 제44조에 따른 시정 또는 변경 명령을 위반한 경우
4. 「아동복지법」 제3조 제7호에 따른 아동학대 행위를 한 경우
5. 「도로교통법」 제53조 제3항을 위반하여 어린이통학버스(제33조의2 및 「도로교통법」 제52조에 따른 신고를 하지 아니한 경우를 포함한다)에 보육교직원을 함께 태우지 아니한 채 어린이통학버스 운행 중 발생한 교통사고로 영유아가 사망하거나 신체에 보건복지부령으로 정하는 중상해를 입은 경우

② 삭제 [2011. 6. 7][[시행일 2011. 12. 8]]

③ 특별자치시장·특별자치도지사·시장·군수·구청장은 설치·운영자 또는 보육교직원이 제1항 제4호에 따른 아동학대 행위를 한 것으로 의심되는 경우 즉시 제42조에 따른 보고를 받거나 조사·검사를 실시하여야 한다. [신설 2015. 5. 18] [[시행일 2015. 9. 19]]

④ 특별자치시장·특별자치도지사·시장·군수·구청장은 제3항에 따른 보고나 조사·검사를 실시한 후 지체 없이 「아동복지법」 제45조에 따른 아동보호전문기관 등 관계 기관과 협의하여 제1항에 따른 행정처분 여부를 결정하여야 한다. [신설 2015. 5. 18] [[시행일 2015. 9. 19]]

⑤ 특별자치도지사·시장·군수·구청장은 어린이집이 제1항에 따라 운영정지 또는 폐쇄되는 경우에는 어린이집에 보육 중인 영유아를 다른 어린이집으로 옮기도록 하는 등 영유아의 권익을 보호하기 위하여 필요한 조치를 하여야 한다. [신설 2011. 8. 4, 2015. 5. 18] [[시행일 2015. 9. 19]]

⑥ 제1항에 따른 행정처분의 세부기준은 보건복지부령으로 정한다. [개정 2008. 2. 29 제8852호(정부조직법), 2010. 1. 18 제9932호(정부조직법), 2011. 6. 7, 2011. 8. 4, 2015. 5. 18] [[시행일 2015. 9. 19]]

[전문개정 2007. 10. 17]

[본조제목개정 2011. 6. 7][[시행일 2011. 12. 8]]

제45조의2(과징금 처분)

① 보건복지부장관, 시·도지사 또는 시장·군수·구청장은 어린이집의 설치·운영자가 제45조 제1항 각 호의 어느 하나에 해당하여 어린이집 운영정지를 명하여야 하는 경우로서 그 운영정지가 영유아 및 보호자에게 심한 불편을 주거나 그 밖에 공익을 해칠 우려가 있으면 어린이집 운영정지 처분을 갈음하여 3천만 원 이하의 과징금을 부과할 수 있다.

② 제1항에 따른 과징금을 부과하는 위반행위의 종류와 위반 정도 등에 따른 과징금의 금액 등에 필요한 사항은 대통령령으로 정한다.

③ 보건복지부장관, 시·도지사 또는 시장·군수·구청장은 제1항에 따른 과징금을 내야 할 자가 납

부기한까지 내지 아니한 경우에는 국세 체납처분의 예 또는 「지방세외수입금의 징수 등에 관한 법률」에 따라 징수한다. [개정 2013. 8. 6 제11998호(지방세외수입금의 징수 등에 관한 법률)] [[시행일 2014. 8. 7]]

[본조신설 2011. 6. 7 종전의 제45조의2는 제45조의3으로 이동][[시행일 2011. 12. 8]]

제45조의3(행정제재처분효과의 승계)

① 어린이집을 설치·운영하는 자가 그 어린이집을 양도하거나 사망한 때 또는 법인의 합병이 있는 때에는 종전의 어린이집을 설치·운영한 자에게 제45조 제1항 각 호의 사유로 행한 행정제재처분의 효과는 그 행정처분일부터 1년간 그 양수인·상속인 또는 합병 후 신설되거나 존속하는 법인에 승계되며, 행정제재처분의 절차가 진행 중인 경우에는 양수인·상속인 또는 합병 후 신설되거나 존속하는 법인에 대하여 행정제재처분의 절차를 속행할 수 있다. 다만, 양수인·상속인 또는 합병 후 신설되거나 존속하는 법인이 양수 또는 합병할 때 그 처분 또는 위반사실을 알지 못하였음을 증명하는 경우에는 그러하지 아니하다. [개정 2011. 6. 7, 2015. 5. 18] [[시행일 2015. 9. 19]]

② 제1항의 양수인·상속인 또는 합병 후 신설되거나 존속하는 법인이 어린이집을 양수·상속 또는 합병할 때에는 종전의 어린이집을 설치·운영한 자가 제45조 제1항 각 호의 사유로 행정처분의 절차가 진행 중인지 및 행정제재 처분을 받은 이력이 있는지 여부를 확인하여야 하며, 보건복지부장관, 시·도지사 및 시장·군수·구청장은 양수인·상속인 또는 합병 후 신설되거나 존속하는 법인이 그 확인을 요청하는 경우 이를 보건복지부령으로 정하는 바에 따라 확인하는 서류를 발부할 수 있다. [신설 2015. 5. 18] [[시행일 2015. 9. 19]]

[본조신설 2008. 1. 17] [[시행일 2008. 4. 18]] [본조개정 2011. 6. 7 제45조의2에서 이동][[시행일 2011. 12. 8]]

제46조(어린이집의 원장의 자격정지)

보건복지부장관은 어린이집의 원장이 다음 각 호의 어느 하나에 해당하면 1년(「아동복지법」 제3조 제7호에 따른 아동학대 행위로 제1호가목에 해당하게 된 경우에는 2년) 이내의 범위에서 보건복지부령으로 정하는 바에 따라 그 자격을 정지시킬 수 있다. [개정 2008. 2. 29 제8852호(정부조직법), 2010. 1. 18 제9932호(정부조직법), 2011. 6. 7, 2013. 6. 4, 2015. 5. 18] [[시행일 2015. 9. 19]]

1. 어린이집의 원장이 업무 수행 중 고의나 중대한 과실로 영유아에게 손해를 입힌 경우로서 다음 각 목의 어느 하나에 해당하는 경우

가. 영유아의 생명을 해치거나 신체 또는 정신에 중대한 손해를 입힌 경우

나. 제24조에 따른 운영기준을 위반하여 손해를 입힌 경우

다. 제33조에 따라 보건복지부령으로 정한 급식기준을 위반하여 손해를 입힌 경우

라. 그 밖에 손해를 입힌 경우

2. 해당 업무 수행에 필요한 자격이 없는 자를 채용하여 보육교사·간호사 또는 영양사 등의 업무를 수행하게 한 경우

3. 제23조에 따른 보수교육을 연속하여 3회 이상 받지 아니한 경우

4. 거짓이나 그 밖의 부정한 방법으로 보조금을 교부받거나 보조금을 유용한 경우

5. 「공익신고자 보호법」 제2조 제2호에 따른 공익신고를 한 보육교직원에게 같은 조 제6호에 따른 불이익조치를 한 경우

[전문개정 2007. 10. 17]

[본조제목개정 2011. 6. 7][[시행일 2011. 12. 8]]

제47조(보육교사의 자격정지)

보건복지부장관은 보육교사가 다음 각 호의 어느 하나에 해당하면 1년(「아동복지법」 제3조 제7호에 따른 아동학대 행위로 제1호에 해당하게 된 경우에는 2년) 이내의 범위에서 보건복지부령으로 정하는 바에 따라 그 자격을 정지시킬 수 있다. [개정 2008. 2. 29 제8852호(정부조직법), 2010. 1. 18 제9932호(정부조직법), 2011. 12. 31, 2015. 5. 18] [[시행일 2015. 9. 19]]

1. 보육교사가 업무 수행 중 그 자격과 관련하여 고의나 중대한 과실로 손해를 입힌 경우
2. 제23조의2에 따른 보수교육을 연속하여 3회 이상 받지 아니한 경우

[전문개정 2007. 10. 17]

제48조(어린이집의 원장 또는 보육교사의 자격취소)

① 보건복지부장관은 어린이집의 원장 또는 보육교사가 다음 각 호의 어느 하나에 해당하면 그 자격을 취소할 수 있다. [개정 2008. 2. 29 제8852호(정부조직법), 2010. 1. 18 제9932호(정부조직법), 2011. 6. 7, 2011. 8. 4 제11002호(아동복지법), 2013. 8. 13, 2015. 5. 18] [[시행일 2015. 9. 19]]

1. 거짓이나 그 밖의 부정한 방법으로 자격증을 취득한 경우
2. 자격 취득자가 업무 수행 중 그 자격과 관련하여 고의나 중대한 과실로 손해를 입히고 금고 이상의 형을 선고받은 경우
3. 「아동복지법」 제3조제7호의2에 따른 아동학대관련범죄로 처벌을 받은 경우
4. 제22조의2에 따른 명의대여 금지 등의 의무를 위반한 경우
5. 자격정지처분기간 종료 후 3년 이내에 자격정지처분에 해당하는 행위를 한 경우
6. 자격정지처분을 받고도 자격정지처분기간 이내에 자격증을 사용하여 자격 관련 업무를 수행한 경우
7. 자격정지처분을 3회 이상 받은 경우

8. 제46조 제4호에 해당하여 금고 이상의 형을 선고받은 경우

② 보건복지부장관은 제1항에 따라 자격이 취소된 사람에게는 그 취소된 날부터 다음 각 호의 구분에 따라 자격을 재교부하지 못한다. [신설 2013. 8. 13, 2015. 5. 18] [[시행일 2015. 9. 19]]

1. 제1항 각 호의 사항 중 제3호 이외의 어느 하나에 해당하는 경우: 2년
2. 제1항 제3호에 해당하는 경우: 10년(다만, 「아동복지법」 제3조 제7호의2에 따른 아동학대관련범죄로 금고 이상의 실형을 선고받고 그 집행이 종료되거나 집행이 면제된 날부터 20년이 지나지 아니한 사람 또는 「아동복지법」 제3조 제7호의2에 따른 아동학대관련범죄로 금고 이상의 형의 집행유예가 확정된 날부터 20년이 지나지 아니한 사람에게는 자격을 재교부할 수 없다.)

[전문개정 2007. 10. 17]

[본조제목개정 2011. 6. 7][[시행일 2011. 12. 8]]

제49조(청문)

보건복지부장관, 시·도지사 및 시장·군수·구청장은 제45조부터 제48조까지의 행정처분을 하려면 청문을 하여야 한다. [개정 2008. 2. 29 제8852호(정부조직법), 2010. 1. 18 제9932호(정부조직법)] [[시행일 2010. 3. 19]]

[전문개정 2007. 10. 17]

제49조의2(어린이집 정보의 공시 등)

① 어린이집의 원장은 어린이집이 보유·관리하는 다음 각 호의 정보를 매년 1회 이상 공시하여야 한다. 이 경우 어린이집의 원장은 공시한 정보(이하 이 조에서 "공시정보"라 한다)를 특별자치시장·특별자치도지사·시장·군수·구청장에게 제출하여야 하고 보건복지부장관은 공시정보와 관련된 자료의 제출을 요구할 수 있다.

1. 어린이집의 시설, 설치·운영자, 보육교직원 등 기본현황
2. 제29조에 따른 어린이집 보육과정에 관한 사항
3. 제38조에 따라 수납하는 보육료와 그 밖의 필요경비에 관한 사항
4. 어린이집 예산·결산 등 회계에 관한 사항
5. 영유아의 건강·영양 및 안전관리에 관한 사항
6. 그 밖에 보육여건 및 어린이집 운영에 관한 사항으로서 대통령령으로 정하는 사항

② 공시정보의 구체적인 범위와 공시의 횟수·시기 및 방법 등에 필요한 사항은 대통령령으로 정한다.

③ 보건복지부장관은 제1항에 따른 공시에 필요한 양식을 마련·보급하고 공시정보를 수집 및 관

리할 수 있다. 이 경우 보건복지부장관은 보육정책 수립, 학술연구 진흥, 통계 작성 등에 활용하기 위하여 공시정보를 연계·가공할 수 있다.

④ 보건복지부장관, 시·도지사 또는 시장·군수·구청장은 어린이집의 원장이 해당 정보를 공시하지 아니하거나 게을리할 경우 이에 대한 시정을 권고하여야 한다.

⑤ 어린이집의 원장은 어린이집을 홍보하거나 「표시·광고의 공정화에 관한 법률」에 따른 표시 또는 광고를 할 때에는 제1항에 따라 공시된 정보와 다르게 알려서는 아니 된다.

⑥ 보건복지부장관, 시·도지사 또는 시장·군수·구청장은 제5항의 위반 여부를 확인할 필요가 있는 경우에는 해당 어린이집의 원장에게 관련 자료의 제출을 요청할 수 있다. 이 경우 요청을 받은 어린이집의 원장은 정당한 사유가 없는 한 관련 자료를 보건복지부장관, 시·도지사 또는 시장·군수·구청장에게 제출하여야 한다.

[본조신설 2013. 6. 4] [[시행일 2013. 12. 5]]

제49조의3(위반사실의 공표)

① 보건복지부장관, 시·도지사 또는 시장·군수·구청장은 제45조 또는 제45조의2에 따른 행정처분을 받은 어린이집으로서 다음 각 호의 어느 하나의 경우에 해당하는 어린이집에 대하여 그 위반행위, 처분내용, 해당 어린이집의 명칭, 대표자의 성명, 어린이집 원장의 성명(대표자와 동일인이 아닌 경우만 해당한다) 및 그 밖에 다른 어린이집과의 구별에 필요한 사항으로서 대통령령으로 정하는 사항을 공표하여야 한다. 다만, 제1호의 경우에는 보건복지부령으로 정하는 금액 이상인 경우에 한하여 공표하여야 한다. [개정 2015. 5. 18] [[시행일 2015. 9. 19]]

1. 거짓이나 그 밖의 부정한 방법으로 보조금을 교부받거나 보조금을 유용한 경우
2. 제24조에 따른 운영기준 및 제33조에 따라 보건복지부령으로 정한 급식기준을 위반하여 영유아의 생명을 해치거나 신체 또는 정신에 중대한 피해가 발생한 경우

② 보건복지부장관, 시·도지사 또는 시장·군수·구청장은 제46조부터 제48조까지의 행정처분을 받은 사람으로서 「아동복지법」 제3조 제7호에 따른 아동학대 행위를 하여 영유아의 생명을 해치거나 신체 또는 정신에 중대한 피해를 입힌 어린이집의 원장 및 보육교사에 대하여 법 위반 이력과 명단, 그 밖에 대통령령으로 정하는 사항을 공표하여야 한다. [개정 2015. 5. 18] [[시행일 2015. 9. 19]]

③ 보건복지부장관, 시·도지사 또는 시장·군수·구청장은 제1항 및 제2항에 따른 공표를 실시하기 전에 공표대상자에게 그 사실을 통지하여 소명자료를 제출하거나 출석하여 의견진술을 할 수 있는 기회를 부여하여야 한다.

④ 제1항 및 제2항에 따른 공표의 절차·방법, 그 밖에 필요한 사항은 대통령령으로 정한다.

[본조신설 2013. 6. 4] [[시행일 2013. 12. 5]]

제8장 보칙

제50조(경력의 인정)

① 어린이집에 근무하는 자 중 「유아교육법」에 따른 유치원교원의 자격을 가진 자에 대하여는 어린이집에서의 근무경력을 「유아교육법」에 따른 교육경력으로 인정한다. [개정 2011. 6. 7][[시행일 2011. 12. 8]]

② 유치원(「유아교육법」제2조 제6호에 따른 방과후 과정 수업과정을 운영하고 있는 유치원을 말한다)에 근무하는 자 중 이 법에 따른 보육교사의 자격을 가진 자에 대하여는 유치원에서의 근무경력을 이 법에 따른 보육경력으로 인정한다. [개정 2012. 3. 21 제11382호(유아교육법)]

[전문개정 2007. 10. 17]

제51조(권한의 위임)

이 법에 따른 보건복지부장관 또는 시·도지사의 권한은 대통령령으로 정하는 바에 따라 그 일부를 시·도지사 또는 시장·군수·구청장에게 위임할 수 있다.

[전문개정 2011. 8. 4] [[시행일 2012. 2. 5]]

제51조의2(업무의 위탁)

① 보건복지부장관, 시·도지사 또는 시장·군수·구청장은 대통령령으로 정하는 바에 따라 다음 각 호에 해당하는 업무를 공공기관 또는 민간기관·단체 등에 위탁할 수 있다. [개정 2011. 12. 31, 2013. 6. 4] [[시행일 2013. 12. 5]]

1. 제7조 제1항에 따른 육아종합지원센터의 운영업무
2. 제22조 제1항에 따른 어린이집의 원장 또는 보육교사의 자격 검정 및 보육자격증 교부 등에 관한 업무
3. 제23조 제1항 및 제23조의2 제1항에 따른 보수교육의 실시 업무
4. 제30조 제1항에 따른 어린이집 평가인증에 관한 업무
5. 제34조의3 제1항에 따른 이용권에 관한 업무

② 보건복지부장관, 시·도지사 또는 시장·군수·구청장은 제1항에 따라 업무를 위탁한 경우에는 예산의 범위에서 그에 필요한 비용을 보조할 수 있다.

③ 보건복지부장관, 시·도지사 또는 시장·군수·구청장은 다음 각 호의 어느 하나에 해당하는 경우에는 제1항에 따른 위탁을 취소할 수 있다.

1. 수탁기관이 제2항에 따라 지급받은 보조금을 목적 외의 용도에 사용하였을 경우

2. 수탁기관이 거짓이나 그 밖의 부정한 방법으로 제2항에 따른 보조금을 지급받았을 경우
3. 그 밖에 대통령령으로 정하는 사유가 있는 경우

[본조신설 2011. 8. 4] [[시행일 2012. 2. 5]]

제51조의3(관계 기관 간 업무협조)

① 특별자치시장·특별자치도지사·시장·군수·구청장은 제16조 또는 제20조에 따른 결격사유의 확인을 위하여 관계 기관의 장에게 범죄경력자료 등에 대한 조회요청을 할 수 있다.

② 제1항에 따른 조회요청을 받은 관계 기관의 장은 정당한 사유 없이 이를 거부하여서는 아니 된다.

[본조신설 2014. 5. 28]

제52조(도서·벽지·농어촌지역 등의 어린이집)

① 특별자치도지사·시장·군수·구청장은 도서·벽지·농어촌지역 등에 있는 어린이집으로서 제15조에 따른 어린이집의 설치기준 및 제17조 제2항에 따른 보육교직원의 배치기준을 적용하기 어렵다고 인정하는 경우에는 제6조에 따른 지방보육정책위원회의 심의를 거쳐 관할 시·도지사의 승인을 받아 이를 달리 적용할 수 있다. [개정 2011. 6. 7, 2011. 8. 4] [[시행일 2012. 2. 5]]

② 제1항에 따른 도서·벽지·농어촌지역 등의 구체적인 범위, 어린이집의 설치기준 및 보육교직원의 배치기준은 보건복지부령으로 정한다. [개정 2008. 2. 29 제8852호(정부조직법), 2010. 1. 18 제9932호(정부조직법), 2011. 6. 7][[시행일 2011. 12. 8]]

[전문개정 2007. 10. 17]

[본조제목개정 2011. 6. 7][[시행일 2011. 12. 8]]

제53조(어린이집연합회)

① 보육사업의 원활한 추진과 어린이집의 균형적인 발전, 어린이집 간의 정보 교류 및 상호 협조 증진을 위하여 어린이집연합회를 설립할 수 있다. [개정 2011. 6. 7][[시행일 2011. 12. 8]]

② 어린이집연합회의 조직과 운영, 기능 등에 필요한 사항은 보건복지부령으로 정한다. [개정 2008. 2. 29 제8852호(정부조직법), 2010. 1. 18 제9932호(정부조직법), 2011. 6. 7][[시행일 2011. 12. 8]]

[전문개정 2007. 10. 17]

[본조제목개정 2011. 6. 7][[시행일 2011. 12. 8]]

제9장 벌칙

제54조(벌칙)

① 제34조의6 제6항을 위반한 자는 5년 이하의 징역 또는 5천만 원 이하의 벌금에 처한다. 이 경우 징역형과 벌금형은 병과(倂科)할 수 있다. [신설 2008. 12. 19, 2011. 6. 7, 2014. 5. 28]

② 다음 각 호의 어느 하나에 해당하는 자는 3년 이하의 징역 또는 3천만 원 이하의 벌금에 처한다. [개정 2015. 5. 18] [[시행일 2015. 9. 19]]

1. 거짓이나 그 밖의 부정한 방법으로 보조금을 교부받거나 보조금을 유용한 자
2. 제15조의5 제2항 제1호를 위반하여 폐쇄회로 텔레비전의 설치 목적과 다른 목적으로 폐쇄회로 텔레비전을 임의로 조작하거나 다른 곳을 비추는 행위를 한 자
3. 제15조의5 제2항 제2호를 위반하여 녹음기능을 사용하거나 보건복지부령으로 정하는 저장장치 이외의 장치 또는 기기에 영상정보를 저장한 자

③ 제15조의5 제3항에 따른 안전성 확보에 필요한 조치를 하지 아니하여 영상정보를 분실·도난·유출·변조 또는 훼손당한 자는 2년 이하의 징역 또는 2천만 원 이하의 벌금에 처한다. [신설 2015. 5. 18] [[시행일 2015. 9. 19]]

④ 다음 각 호의 어느 하나에 해당하는 자는 1년 이하의 징역 또는 1천만 원 이하의 벌금에 처한다. [개정 2008. 12. 19, 2011. 6. 7, 2013. 1. 23, 2014. 5. 28, 2015. 5. 18] [[시행일 2015. 9. 19]]

1. 제13조 제1항에 따른 설치인가를 받지 아니하고 어린이집의 명칭을 사용하거나 사실상 어린이집의 형태로 운영한 자
2. 거짓이나 그 밖의 부정한 방법으로 제13조 제1항에 따른 어린이집의 설치인가 또는 변경인가를 받은 자
3. 제22조의2를 위반하여 자기의 성명이나 어린이집의 명칭을 사용하여 어린이집의 원장 또는 보육교사의 업무를 수행하게 하거나 자격증을 대여한 자 및 그 상대방
4. 거짓이나 그 밖의 부정한 방법으로 제34조 및 제34조의2에 따른 비용을 지원받거나 타인으로 하여금 지원을 받게 한 자
5. 제34조의3에 따른 보육서비스 이용권을 부정사용한 자
6. 거짓이나 그 밖의 부정한 방법으로 제38조에 따른 보육료 등을 수납한 어린이집의 설치·운영자
7. 제45조 제1항에 따른 어린이집 운영정지명령 또는 어린이집의 폐쇄명령을 위반하여 사업을 계속한 자
8. 삭제 [2011. 6. 7][[시행일 2011. 12. 8]]

[전문개정 2007. 10. 17]

제54조의2

삭제 [2015. 5. 18] [[시행일 2015. 9. 19]]

제55조(양벌규정)

법인의 대표자나 법인 또는 개인의 대리인, 사용인, 그 밖의 종업원이 그 법인 또는 개인의 업무에 관하여 제54조의 위반행위를 하면 그 행위자를 벌하는 외에 그 법인 또는 개인에게도 해당 조문의 벌금형을 과(科)한다. 다만, 법인 또는 개인이 그 위반행위를 방지하기 위하여 해당 업무에 관하여 상당한 주의와 감독을 게을리하지 아니한 경우에는 그러하지 아니하다.

[전문개정 2011. 6. 7]

제56조(과태료)

① 제43조 제1항에 따른 신고를 하지 아니하고 어린이집을 폐지하거나 일정기간 운영을 중단하거나 운영을 재개한 자에게는 500만 원 이하의 과태료를 부과한다. [개정 2011. 6. 7]

② 다음 각 호의 어느 하나에 해당하는 자에게는 300만 원 이하의 과태료를 부과한다. [개정 2015. 5. 18] [[시행일 2015. 9. 19]]

1. 제26조 제1항에 따른 취약보육을 우선적으로 실시하지 아니한 자
2. 제28조 제1항 각 호에 해당하는 자를 우선적으로 보육하지 아니한 자
3. 제31조에 따른 건강진단 또는 응급조치 등을 이행하지 아니한 자
4. 제15조의4에 따른 폐쇄회로 텔레비전을 설치하지 아니하거나 설치·관리의무를 위반한 자
5. 제15조의5 제1항에 따른 열람요청에 응하지 아니한 자

③ 제1항과 제2항에 따른 과태료는 대통령령으로 정하는 바에 따라 보건복지부장관, 시·도지사 또는 시장·군수·구청장이 부과·징수한다. [개정 2008. 2. 29 제8852호(정부조직법), 2010. 1. 18 제9932호(정부조직법), 2011. 6. 7]

④ 삭제 [2011. 6. 7]

⑤ 삭제 [2011. 6. 7]

⑥ 삭제 [2011. 6. 7]

[전문개정 2007. 10. 17]

부칙 [1991. 1. 14 제4328호]

제1조 (施行日) 이 법은 공포한 날부터 시행한다.

제2조 (탁아시설에 관한 경과조치) 이 법 시행 당시 아동복지법에 의하여 설치된 탁아시설은 이 법에 의하여 설치된 보육시설로 본다.

제3조 (사업장 육아시설 등에 관한 경과조치) 이 법 시행 당시 남녀고용평등법에 의하여 설치된 사업장육아시설과 시범탁아소는 이 법에 의하여 설치된 보육시설로 본다.

제4조 (새마을유아원에 대한 경과조치) 이 법 시행 당시 유아교육진흥법에 의한 새마을유아원이 이 법에 의한 보육시설로 인정받기 위하여 이 법 시행일부터 1년 이내에 시장·군수에게 신고한 경우에는 이 법에 의하여 설치된 보육시설로 본다.

제5조 (미인가탁아시설등에 대한 경과조치) 이 법 시행 당시 아동복지법에 의한 인가를 받지 아니하거나 신고를 하지 아니하고 운영되고 있는 탁아시설이 이 법에 의한 보육시설로 인정받기 위하여 이 법 시행일부터 6월 이내에 시장·군수에게 신고한 경우에는 이 법에 의하여 설치된 보육시설로 본다.

제6조 (시설 및 종사자에 대한 경과조치) 이 법 시행 당시 아동복지법에 의한 탁아시설, 남녀고용평등법에 의한 사업장육아시설 및 시범탁아소와 유아교육진흥법에 의한 새마을유아원 등이 부칙 제2조 내지 제5조의 규정에 의하여 이 법에 의한 보육시설로 인정받은 경우에는 이 법 시행일부터 3년 이내에 이 법에 의한 시설 및 종사자를 갖추어야 한다.

제7조 (재단법인에 대한 경과조치) 이 법 시행 당시 아동복지법에 의한 탁아시설 및 유아교육진흥법에 의한 새마을유아원이 부칙 제2조 및 제4조의 규정에 의하여 이 법에 의한 보육시설로 인정받은 경우로서 동 탁아시설 내지 새마을유아원만을 운영하는 자가 민법에 의하여 설립된 재단법인인 경우에는 동 법인을 보육시설의 운영만을 목적으로 사회복지사업법에 의하여 설립된 사회복지법인으로 본다.

부칙 [1997. 8. 22 제5358호(사회복지사업법)]

제1조 (施行日) 이 법은 1998년 7월 1일부터 시행한다. <단서 생략>

제2조 내지 제8조 생략

제9조 (다른 법률의 개정 등) ① 내지 ③생략

④ 영유아보육법 중 다음과 같이 개정한다.

제7조 제2항 중 "시장·군수의 인가를 받아"를 "시장·군수에게 신고를 하고"로 하고, 동조 제3항 중 "시장·군수의 인가를 받아"를 "시장·군수에게 신고를하고"로 하며, 동조 제5항 중 "설치인가 및"을 삭제한다.

제12조의 제목 "(인가의 취소 등)"을 "(시설의 폐쇄 등)"으로 하고 동조 본문 중 "제7조 제2항 및 제3항에 의한 인가를 취소할 수 있다"를 "시설을 폐쇄할 수 있다"로 한다.

제31조 제1호 중"인가를 받지"를 "신고를 하지"로 하고, 동조 제3호 중"인가의 취소"를 "시설의 폐쇄"로 한다.

⑤ 내지 ⑧ 생략

부칙 [1997. 12. 13 제5453호(행정절차법의시행에따른공인회계사법등의정비에관한법률)]

제1조 (施行日) 이 법은 1998년 1월 1일부터 시행한다. 〈단서 생략〉

제2조 (초지법 등의 개정에 따른 경과조치) ①내지 ⑤ 생략

⑥ 이 법 시행일부터 1998년 6월 30일까지는 영유아보육법 제13조의 개정규정 중 "시설을 폐쇄"를 "인가를 취소"로 본다.

⑦ 및 ⑧ 생략

부칙 [1997. 12. 13 제5454호(정부부처명칭등의변경에따른건축법등의정비에관한법률)]

이 법은 1998년 1월 1일부터 시행한다. 〈단서 생략〉

부칙 [1997. 12. 24 제5472호]

이 법은 1998년 3월 1일부터 시행한다.

부칙 [1999. 2. 8 제5845호]

① (施行日) 이 법은 공포 후 3월이 경과한 날부터 시행한다.

② (재개신고에 관한 적용례) 제11조 제1항의 개정규정에 의한 보육시설 운영의 재개신고는 이 법 시행 후 최초로 휴지신고를 하는 자부터 적용한다.

부칙 [1999. 9. 7 제6024호(국민기초생활보장법)]

제1조 (시행일) 이 법은 2000년 10월 1일부터 시행한다. 〈단서 생략〉

제2조 생략

제3조 (다른 법률의 개정) ① 영유아보육법 중 다음과 같이 개정한다.

제17조 제1항 및 제21조 중 "생활보호법에 의한 생활보호대상자"를 각각 "국민기초생활보장법에 의한 수급자"로 한다.

② 내지 ⑧생략

제4조 내지 제13조 생략

부칙 [2001. 1. 29 제6400호(정부조직법)]

제1조 (시행일) 이 법은 공포한 날부터 시행한다. 〈단서 생략〉

제2조 생략

제3조 (다른 법률의 개정) ① 내지 〈62〉 생략

〈67〉 영유아보육법 중 다음과 같이 개정한다.

제19조 제1항 중 "교육부장관"을 "교육인적자원부장관"으로 한다.

〈64〉 내지 〈79〉 생략

제4조 생략

부칙 [2004. 1. 29 제7153호]

제1조 (시행일) 이 법은 공포 후 1년이 경과한 날부터 시행한다.

제2조 (보육정보센터 및 보육지도원에 관한 경과조치) 이 법 시행 당시 종전의 규정에 의한 보육정보센터 및 보육지도원은 각각 이 법에 의한 보육정보센터 및 보육전문요원으로 본다.

제3조 (보육교사 등에 관한 경과조치) ①이 법 시행 당시 종전의 규정에 의한 보육시설의 장 및 보육교사의 자격은 이 법에 의한 자격으로 인정한다.

②제1항의 규정에 의하여 보육교사의 자격을 인정받은 자 및 이 법 시행 당시 종전의 제9조 제2항 제1호의 규정에 의한 학과를 전공 중인 자는 그 학과를 졸업했을 경우와 제9조 제2항 제2호의 규정에 의한 교육과정을 이수 중인 자는 그 과정을 수료했을 경우에 이 법에 의한 자격을 인정한다.

③제1항 또는 제2항의 규정에 의하여 자격을 인정받은 자에게는 제22조의 규정에 의한 자격증을 교부할 수 있다.

제4조 (보육시설에 관한 경과조치) 이 법 시행 당시 종전의 규정에 의하여 신고한 보육시설은 이 법에 의하여 인가를 받은 것으로 본다.

제5조 (보육시설연합회에 관한 경과조치) 이 법 시행 당시 종전의 규정에 의한 보육시설연합회는 이 법에 의한 보육시설연합회로 본다.

제6조 (행정처분 등에 대한 경과조치) 이 법 시행 당시 종전의 규정에 의하여 행정기관 등이 행한 명령 그 밖의 행위 또는 각종 신고 그 밖의 행정기관 등에 대한 행위는 이 법에 의한 행정기관 등의 행위 또는 행정기관 등에 대한 행위로 본다.

제7조 (벌칙에 관한 경과조치) 이 법 시행전의 행위에 대한 벌칙의 적용에 있어서는 종전의 규정에 의한다.

제8조 (다른 법률과의 관계) 이 법 시행 당시 다른 법령에서 종전의 영유아보육법의 규정을 인용한 경우에는 이 법 중 그에 해당하는 규정이 있는 때에는 종전의 규정에 갈음하여 이 법의 해당 조항을 인용한 것으로 본다.

부칙 [2004. 3. 11 제7186호(정부조직법)]

제1조 (시행일) 이 법은 공포한 날부터 시행한다. 다만, 다음 각호의 사항은 각호의 구분에 의한 날부터 시행한다.

1. 및 2. 생략

제2조 및 제3조 생략

제4조 (다른 법률의 개정) ① 내지 ⑧생략

⑨ 상유아보육법 중 다음과 같이 개정한다.

제4조 제1항 중 "보건복지부"를 "여성부"로 한다.

제7조 제3항 후단 및 제5항, 제8조, 제9조 제1항 본문·단서, 제9조 제2항 제1호·제2호 및 제3항 중 "보건복지부령"을 각각 "여성부령"으로 하고, 제10조 제1항·제2항 중 "보건복지부장관"을 각각 "여성부장관"으로 한다.

제11조 제1항·제2항 중 각각 "보건복지부령"을 각각 "여성부령"으로 하고, 제12조 각 호 외의 부분, 제13조 중 "보건복지부장관"을 각각 "여성부장관"으로 한다.

제15조 제2항 중 "보건복지부령"을 "여성부령"으로 하고, 제16조 단서 중 "보건복지부장관"을 "여성부장관"으로 한다.

제17조 제1항 및 제18조 중 "보건복지부령"을 각각 "여성부령"으로 하고, 제19조 제1항 중 "보건복지부장관"을 "여성부장관"으로 한다.

제20조 제1항 및 제21조 단서 중 "보건복지부령"을 각각 "여성부령"으로 하고, 제29조 제1항 및 제30조 중 "보건복지부장관"을 각각 "여성부장관"으로 한다.

⑩ 내지 ⑭생략

제5조 생략

부칙 [2004. 12. 31 제7302호]

이 법은 2005년 1월 30일부터 시행한다.

부칙 [2005.3.24 제7413호(정부조직법)]

제3조(다른 법률의 개정) 장애아동 복지지원법 일부를 다음과 같이 개정한다.

제22조 제1항 중 “같은 법 제35조”를 “같은 법 제34조”로 한다.

부 칙[2013. 3. 23 제11690호(정부조직법)]

제1조(시행일) ① 이 법은 공포한 날부터 시행한다.

② 생략

제2조부터 제5조까지 생략

제6조(다른 법률의 개정) ①부터 〈478〉까지 생략

〈479〉 영유아보육법 일부를 다음과 같이 개정한다.

제5조 제3항 각 호 외의 부분 중 "국무총리실장"을 "국무조정실장"으로 하고, 같은 항 제1호 중 "교육과학기술부차관"을 "교육부차관"으로 한다.

〈480〉부터 〈710〉까지 생략

제7조 생략

부 칙[2013. 6. 4 제11858호]

제1조(시행일) 이 법은 공포 후 6개월이 경과한 날부터 시행한다. 다만, 제46조 제1호의 개정규정은 공포 후 3개월이 경과한 날부터 시행한다.

제2조(다른 법률의 개정) 장애아동 복지지원법 일부를 다음과 같이 개정한다.

제10조 제1항 제11호 중 "보육정보센터"를 "육아종합지원센터"로 한다.

부 칙[2013. 8. 6 제11998호(지방세외수입금의 징수 등에 관한 법률)]

제1조(시행일) 이 법은 공포 후 1년이 경과한 날부터 시행한다.

제2조 생략

제3조(다른 법률의 개정) ①부터 〈46〉까지 생략

〈47〉 영유아보육법 일부를 다음과 같이 개정한다.

제45조의2 제3항 중 "국세 또는 지방세 체납처분의 예에 따라 징수한다"를 "국세 체납처분의 예 또는「지방세외수입금의 징수 등에 관한 법률」에 따라 징수한다"로 한다.

〈48〉부터 〈71〉까지 생략

부 칙[2013. 8. 13 제12068호]

이 법은 공포 후 6개월이 경과한 날부터 시행한다. 다만, 제16조, 제20조, 제45조 및 제48조의 개정규정은 공포한 날부터 시행한다.

부 칙[2014. 1. 14 제12251호(공공주택건설 등에 관한 특별법)]

제1조(시행일) 이 법은 공포한 날부터 시행한다.

제2조부터 제4조까지 생략

제5조(다른 법률의 개정) ①부터 ⑦까지 생략

⑧ 영유아보육법 일부를 다음과 같이 개정한다.

제11조의2 중 "보금자리주택건설"을 "공공주택건설"로 한다.

⑨부터 〈16〉까지 생략

제6조 생략

부 칙[2014. 5. 20 제12619호]

이 법은 2015년 1월 1일부터 시행한다. 다만, 제44조의2 및 제44조의3의 개정규정은 2016년 1월 1일부터 시행한다.

부 칙[2014. 5. 28 제12697호]

제1조(시행일) 이 법은 공포한 날부터 시행한다. 다만, 제45조 제1항 제5호의 개정규정은 공포 후 6개월이 경과한 날부터 시행한다.

제2조(결격사유에 관한 적용례) 제16조 제8호의 개정규정은 2013년 8월 13일 이후 행위로 벌금형이 확정된 사람에게 적용한다.

제3조(어린이집 폐쇄 등에 관한 적용례) 제45조 제1항 제5호의 개정규정은 같은 개정규정 시행 후 최초로 발생하는 교통사고로 영유아가 사망하거나 신체에 보건복지부령으로 정한 중상해를 입은 경우부터 적용한다.

제4조(금치산자 등에 대한 경과조치) 제16조 제1호의 개정규정에 따른 피성년후견인 또는 피한정후견인에는 법률 제10429호 민법 일부개정법률 부칙 제2조에 따라 금치산 또는 한정치산 선고의 효력이 유지되는 사람을 포함하는 것으로 본다.

제5조(결격사유에 관한 경과조치) 제16조 제6호 및 제7호의 개정규정에도 불구하고 이 법 시행 전에 「아동복지법」 제17조를 위반하여 금고 이상의 형의 집행유예를 선고받고 그 집행유예가 확정된 사람과 제45조에 따른 폐쇄명령을 받은 자에 대하여는 종전의 규정에 따른다.

부 칙[2015. 5. 18 제13321호]

제1조(시행일) 이 법은 공포 후 4개월이 경과한 날부터 시행한다.

제2조(결격사유에 관한 적용례) 제16조의 개정규정은 이 법 시행 이후의 행위로 형이 확정되었거나 제45조에 따라 최초로 폐쇄명령을 받은 사람부터 적용한다.

제3조(해외체류기간에 관한 적용례) 제34조의2 제3항의 개정규정에 따른 해외체류기간은 이 법 시행 후 해외에 체류한 날부터 적용한다.

제4조(폐쇄회로 텔레비전 설치에 관한 경과조치) 이 법 시행 당시 종전의 규정에 따라 어린이집을 설치·운영하는 자는 이 법 시행일부터 3개월 이내에 제15조의4의 개정규정에 따른 폐쇄회로 텔레비전을 설치하여야 한다. 다만, 제15조의4 제1항 단서에 따라 폐쇄회로 텔레비전을 설치하지 아니하거나 네트워크 카메라를 설치한 경우에는 그러하지 아니하다.

제5조(행정처분에 관한 경과조치) 이 법 시행 전의 위반행위에 대한 행정처분에 관하여는 종전의 규정에 따른다.

제6조(교육명령에 관한 경과조치) 제23조의3의 개정규정에도 불구하고 부칙 제2조에 따라 종전의 제16조가 적용되는 사람에 대한 교육명령에 관하여는 종전의 규정에 따른다.

제7조(위법행위의 신고 및 신고자 보호에 관한 경과조치) 제42조의2 제1항 각 호의 어느 하나에 해당하는 자를 이 법 시행 전에 관계 행정기관 또는 수사기관에 신고하거나 고발한 사람은 제42조의2의 개정규정에 따라 신고하거나 고발한 사람으로 본다.

제8조(벌칙이나 과태료에 관한 경과조치) 이 법 시행 전의 행위에 대하여 벌칙이나 과태료 규정을 적용할 때에는 종전의 규정에 따른다.

부 칙[2015. 5. 18 제13323호(지역보건법)]

제1조(시행일) 이 법은 공포 후 6개월이 경과한 날부터 시행한다.

제2조 생략

제3조(다른 법률의 개정) ①부터 ⑥까지 생략

⑦ 영유아보육법 일부를 다음과 같이 개정한다.

제32조 제3항 중 "「지역보건법」 제7조와 제10조"를 "「지역보건법」 제10조와 제13조"로 한다.

⑧ 및 ⑨ 생략

제4조 생략

부 칙[2015. 8. 28 제13498호(공공주택 특별법)]

제1조(시행일) 이 법은 공포 후 4개월이 경과한 날부터 시행한다. 〈단서 생략〉

제7조(다른 법률의 개정) ①부터 ⑧까지 생략

⑨ 영유아보육법 일부를 다음과 같이 개정한다.

제11조의2 중 "「공공주택건설 등에 관한 특별법」"을 "「공공주택 특별법」"으로 한다.

⑩부터 ⑮까지 생략

부 칙[2015. 12. 29 제13656호]

이 법은 공포한 날부터 시행한다. 다만, 제43조의2의 개정규정은 공포 후 3개월이 경과한 날부터 시행한다.

부 칙[2016. 2. 3 제14001호]

제1조(시행일) 이 법은 공포 후 6개월이 경과한 날부터 시행한다. 다만, 제32조 제5항의 개정규정은 공포한 날부터 시행한다.

제2조(부모협동어린이집에 관한 경과조치) 이 법 시행 당시 종전의 규정에 따라 인가를 받은 부모협동어린이집은 제10조 제6호의 개정규정에 따른 협동어린이집으로 본다.

부 칙[2017. 3. 14 제14597호]

제1조(시행일) 이 법은 공포 후 6개월이 경과한 날부터 시행한다. 다만, 제10조 제4호 및 제12조의 개정규정은 공포한 날부터 시행한다.

제2조(어린이집의 종류에 관한 적용례) 제10조 제4호의 개정규정은 같은 개정규정 시행 당시 종전의 규정에 따라 국가나 지방자치단체의 장이 설치·운영하는 직장어린이집에도 적용한다.

참고문헌

강인애(1998). 문제중심학습: 또 하나의 구성주의적 교수-학습 모형. 대구교육대학교 초등교육연구 논총. 제12집, 153-179.

교육부(2015a). 초·중등학교 교육과정 총론. 서울: 교육부.

교육부(2015b). 국가 수준 학교 성교육 표준안(초·중·고). 서울: 교육부.

교육부 보도자료(2015). 2015 개정 교육과정 총론 및 각론 확정·발표(2015. 9. 23). 서울: 교육부.

교육부 보도자료(2017). 「2017년 초등돌봄교실 운영 계획」 발표(2017. 1. 11). 서울: 교육부.

교육정책네트워크 정보센터 기획기사(2013a. 8. 25.). 미국의 초·중·고등학생 돌봄 프로그램 현황.

교육정책네트워크 정보센터 기획기사(2013b. 8. 25.). 독일의 초·중·고등학생 돌봄 프로그램 현황.

교육정책네트워크 정보센터 기획기사(2013c. 8. 25.). 일본의 초·중·고등학생 돌봄 프로그램 현황.

김경미, 김경희, 김두애, 나정심, 배성옥, 이은자, 이정민, 임옥경, 하은미, 홍순옥(2005). 일상생활에서 발견하는 유아발달심리. 서울: 창지사.

김수동, 양애경(2014). 한국의 방과 후 돌봄교실과 일본의 방과후아동교실 정책의 비교 분석과 한국의 방과 후 돌봄교실에 주는 시사점. 한국일본교육학연구, 18(2), 41-60.

김영혜(2002). 학생상담 자원봉사자 연수교재. 부산광역시교육과학연구원.

김옥수(2003). 학생상담 자원봉사자 연수교재. 부산광역시교육과학연구원.

김재인, 유희정, 조연순, 박영애, 서영숙, 이옥, 이향란, 이순형, 최일섭, 이소은, 황혜신(2000). 방과후아동보육실태 분석과 종합대책 수립을 위한 연구. 서울: 한국여성개발원.

김재인, 서영숙, 이옥, 김인순, 이향란(2002). 방과후아동보육의 합리적 제도화 방안, 서울: 여성부.

김재인, 이향란(2004). 외국의 방과후아동보육제도 연구. 서울: 한국여성개발원.

김지민(2010). 미국의 방과후아동보육에 대한 연구. 방과후아동지도연구, 7(1), 1-19.

김현주, 손은경, 신혜영(2013). 부모교육. 서울: 공동체.

김형태(2009). 상담의 이론과 실제. 서울: 동문사.

김호권, 이성진, 이상호 역(1977). 교육평가총론. 서울: 한국능력개발사.

대전투데이(2014. 5. 6). 어린이 10명 중 5명 "식사 혼자하거나 거른다".

민영순(1996). 교육심리학. 서울: 문음사.

박미아, 문현경, 김을상, 조금호, 이규한(1996). Case-control study를 이용한 유치원 원아의 비만 관련 요인 연구. 대한 영양사회 학술지, 2(1), 29-37.

박선숙(1998). 방과후아동보육 프로그램의 실태 및 의견조사 분석. 계명대학교 대학원 석사학위논문.

박은혜, 조혜선, 이성희, 황보영(2011). 영유아 안전교육. 서울: 파란마음.

보건복지부(2015). 전국 지역아동센터 실태조사 보고서. 서울: 보건복지부.

보건복지부(2017). 2017 지역아동센터 지원 사업안내. 서울: 보건복지부.

부산일보(2005. 11. 28). 방과후교실 내년 대폭 확대.
부산일보(2006. 1. 31). 방과 후 학생에 '교육 선택권'.
부산일보(2010. 7. 22). 이제는 출산효율을 함께 생각할 때.
서영숙, 김경혜(1996). 보육학개론. 서울: 양서원.
서영숙, 서혜전, 이향란, 김현자, 노성향, 안소영, 양윤이, 김진숙(2014). 방과후아동지도, 서울: 양서원.
서영숙, 오현주, 허정경(2001). 방과후아동지도론. 서울: 양서원.
신혜영, 유민임(2002). 방과후아동지도. 서울: 창지사.
신혜영, 유민임(2007). 개정 방과후아동지도. 서울: 창지사.
세계일보(2016. 2. 4). 3명 중 1명 방과 후 홀로 방치.
송명자(1996). 발달심리학. 서울: 학지사.
송해덕(1998). 구성주의적 학습환경설계 모델들의 특성과 차이점 비교분석 연구. 교육학연구. 36(1), 187-212.
심성경, 조순옥, 이정숙, 이춘자, 이선경, 이효숙(2014). 유아교육개론. 서울: 창지사.
양승희, 유지연, 조현정(2012). 보육과정. 서울: 동문사.
양진건, 이항재, 한규원(2008). 새로운 교육학개론. 서울: 교육과학사.
여성가족부(2015a). 2016년도 청소년방과후아카데미 운영 지침. 서울: 여성가족부.
여성가족부(2015b). 청소년방과후아카데미 종사자 관리체계 개선 및 2015년 사업 효과·만족도 조사연구. 서울: 여성가족부, 한국청소년활동진흥원.
영남일보(2016. 12. 6). 우울증 청소년, 흡연·음주 비율 2배 이상 높다.
오성삼, 구병두(1996). 교육과정 및 평가의 이해. 서울: 양서원.
오영희, 김경희(1999). 유아교육개론. 서울: 동현출판사.
유기섭(1990). 교육심리학. 서울: 동문사.
윤영애, 강순미, 조대현(2012). 아동발달. 서울: 태영출판사.
이경화, 고진영(2001). 방과후아동지도론. 서울: 중앙교육개발원.
이기숙(2000). 유아교육과정. 서울: 교문사.
이연섭(1984). 유아교육과정. 서울: 창지사.
이영석, 박재환, 김경중(1985). 유아교육개론. 서울: 형설출판사.
이옥(1994). "초등학교 저학년 아동을 위한 방과후보육 프로그램의 방향." 1994 삼성어린이개발센터 국제학술대회. 서울: 삼성어린이개발센터.
이옥(1995). 학령기 아동을 위한 방과후 탁아프로그램 연구. 아동학회지. 16(1), 3-20.
이옥, 노성향(1996). 방과후아동 보육론. 서울: 창지사.
이은해(2000). 아동발달의 평가와 측정. 서울: 교문사.
이창덕, 임칠성, 심영택, 원진숙(2000). 삶과 화법. 서울: 박이정.
이인원, 양진희, 이은진(2015). 교육방법 및 교육공학. 서울: 양서원.

임인재(1976). 심리측정의 원리. 서울: 교육출판사.

임재택(1995). 유아교육기관 운영관리. 서울: 양서원.

임재택, 박재환(2000). 유아교육과정. 서울: 양서원.

이향란(2006). 스웨덴과 미국의 방과후아동보육제도 비교 연구. 방과후아동지도연구. 3(2), 17-35.

장선철(2010). 유아생활지도. 서울: 태영출판사.

정미리(2000). 독일의 방과 후 프로그램, 방과후아동지도사를 위한 워크숍. 한국아동학회 방과후아동지도연구회.

정민자, 박초아, 이진숙(1997). 방과후아동지도. 서울: 양서원.

정양은(1992). 심리학통론. 서울: 법문사.

정종진(1999). 교육평가의 이해. 서울: 양서원.

조인숙, 오선영, 유정은(1998). 방과후아동보육시설 운영의 이론과 실제. 서울: 창지사.

지옥정(1997). 유아교육 현장에서의 프로젝트 접근법. 서울: 창지사.

진영은(2003). 교육과정과 교육평가의 탐구. 서울: 학지사.

최경숙, 박영아(2005). 아동발달. 서울: 창지사.

최민수(2001). 영유아 건강과 안전. 서울: 학지사.

최정은(2014). 새사연 이슈진단. 불행한 방과 후, 외국은 무엇이 다른가. 새로운 사회를 여는 연구원

통계청(2015). 경제활동인구조사. 서울: 통계청

한국교직원신문(2005. 11. 7). '방과후학교' 대폭 늘린다.

한국교육개발원(2017). 2017 초등돌봄교실 운영 길라잡이. 서울: 한국교육개발원.

한국방과후아동지도학회(2014). 방과후아동지도전문가 자격시험 문제집. 서울: 양서원.

한국선(2002). 일본의 방과후아동지도, 제11차 방과후아동지도사를 위한 워크숍. 한국방과후아동지도학회.

한국여성개발원(1994a). 방과후아동지도사 교육프로그램 개발. 서울: 한국여성개발원.

한국여성개발원(1994b). 방과후아동지도사 교육교재. 서울: 한국여성개발원.

한국여성개발원(1996). 방과후아동지도 프로그램 개발. 서울: 한국여성개발원.

한국여성개발원(2000). 방과후아동지도사 국가기술 자격종목 개발연구. 서울: 한국여성개발원.

허현주(2001). 방과후교실에서의 숙제 및 학습지도. 제9차 방과후아동지도사를 위한 워크숍. 한국아동학회 방과후아동지도연구회.

홍길회, 정미자(2014). 영유아 건강교육. 서울: 동문사.

황정규(1998). 학교학습과 교육평가. 서울: 교육과학사.

황해익(2011). 유아교육평가의 이해. 서울: 정민사.

Afterschool Alliance(2014). "America after 3pm". 2014 report.

Albrecht, Kay M. & Plantz, M. c.(eds.) (1991). *Developmentally appropriate practice in school-age child care programs*. VA : American Home Economics Association.

Anglin, J. M.(1993). Vocabulary development: A morphological analysis. *Monographs of the Society for Research in Child Development, 58*(10, Serial No. 238).

Baden, R. K., Genser, A., Levine, J. A., & Seligson, M. (1982). *School-age child care: An action manual*. London : Auburn House Publishing Company.

Decker, C. A. & Decker, J. R. (1976). *Planning and administering early childhood programs*. OH : Charles E. Merrill Publishing Co.

Durlak, J. A., Weissberg, R. P., &Pachan, M. (2010). A meta-analysis of after-school programs that seek to promote personal and social skills in children and adolescents. *American Journal of Community Psychology, 45*(3-4), 294–309.

Halpern, R. (1992). *The role of after-school program in the lives of inner city children*. N.Y. : Praeger.

Havighurst, R. J. (1972). *Developmental tasks and education*, 3rd ed. N.Y. : David Mckay.

Hurlock, E. B. (1955). *Developmental psychology*. N.Y. : McGraw-Hill Book Co.

Miller, B. & Mark, F. (1990). After School Arrangements in Middle Childhood: A Review of the Literature. Wellesley College Center for Research on Woman, Wellesley, MA.

Sisson, Linda. (1990). *Kids Club: A school-age program guide for directors*. Nashville : School-Age Notes

StEG(2013): GANZTAGSSCHULE 2012/2013 Deskriptive Befunde einer bundesweiten Befragung.

http://www.afterschoolalliance.org

http://www.afterschool.go.kr

http://www.afterschool.or.kr

http://blog.naver.com/ysgoodfriend/

http://dis.mohw.go.kr/temp_main_7.html

http://www.edpolicy.net

http://www.eduschool.org

http://www.fightcrime.org

https://www.icareinfo.go.kr

https://www.icareinfo.go.kr

https://ksbaby.doctor.co.kr/ frame_baby.html).

http://member.hitel.net/~chamchi/firstaid/

http://www.policystudies.com

http://www.saesayon.org

http://swis.or.kr/

http://www.youth.go.kr/yaca/index.do

http://www.youth-n.com

저 자 소 개

신 혜 영

덕성여자대학교 유아교육학과
이화여자대학교 대학원 교육학과 유아교육전공(교육학석사)
동아대학교 대학원 교육학과(교육학박사)
현) 부산여자대학교 유아교육과 교수

유 민 임

부산여자대학교 유아교육과
부산대학교 교육대학원 유아교육학과(교육학석사)
대구대학교 대학원 유아교육학과(교육학박사)
현) 부산여자대학교 유아교육과 교수

방과후아동지도론

초판 1쇄 인쇄 2017년 7월 1일
초판 1쇄 발행 2017년 7월 10일

지 은 이 | 신혜영, 유민임
펴 낸 이 | 김기섭
책임편집 | 이윤미
펴 낸 곳 | 창지사 www.changjisa.com
08589 서울시 금천구 가산디지털 1로 83 파트너스타워 1차 9층
전화(02) 719-2211~3
팩스(02) 701-9386
등 록 | 1977년 4월 28일·제1-421호

ISBN 978-89-426-0949-9 (93370)

값 19,000원

「이 도서의 국립중앙도서관 출판예정도서목록(CIP)은 서지정보유통지원시스템 홈페이지 (http://seoji.nl.go.kr)와 국가자료공동목록시스템(http://www.nl.go.kr/kolisnet)에서 이용하실 수 있습니다.(CIP제어번호: CIP2017015737」